中国社会科学院重大课题
国家"十五"重点出版项目

列国志

GUIDE TO THE WORLD STATES

中国社会科学院《列国志》编辑委员会

◉ 孙培德　史菊琴　编著

卡塔尔

社会科学文献出版社

SOCIAL SCIENCES ACADEMIC PRESS (CHINA)

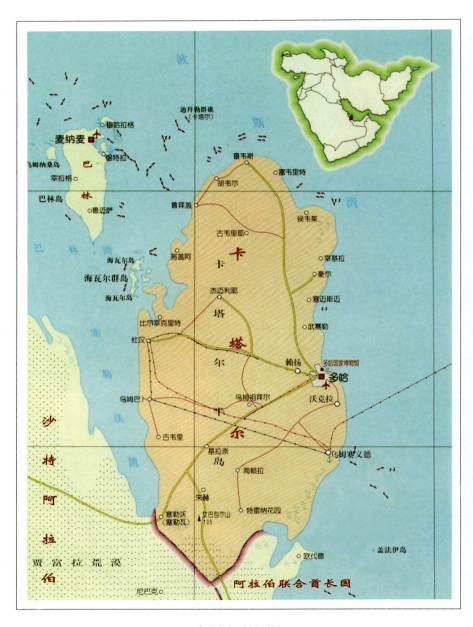

波斯湾

迪拜勒群礁
（卡塔尔）

麦纳麦

巴林岛

乌姆纳桑岛
宰拉格

鲁迈萨

巴林湾

海瓦尔岛
海瓦尔群岛
海瓦尔岛

塞勒沃
（塞勒瓦）

沙特阿拉伯

贾富拉荒漠

尼巴克

锡哈拉格
锡特拉

鲁韦斯
富韦里特

胡韦尔

鲁拜盖

古韦里耶

努盖阿

比尔宰克里特

杜汉

卡

塔

尔

卡

塔

尔

侯韦莱

宰基拉
豪尔

塞迈斯迈

武赛勒

赖扬

杰迈利耶

乌姆巴卜

古韦里

基拉奈岛

宋赫

艾巴包尔山
105

海赖拉

特雷纳花园

乌姆祖拜尔

沃克拉

多哈国家博物馆
多哈

乌姆赛义德

欧代德

盖法伊岛

阿拉伯联合酋长国

卡塔尔行政区划图

卡塔尔国旗

卡塔尔国徽

卡塔尔埃米尔王宫

普通公房住宅区

高级官员住宅区

海上石油钻井平台

液化天然气工厂一角

多哈海滨公园一角

卡塔尔的羚羊

卡塔尔国家博物馆

现代化体育设施

卡塔尔人的两项富贵嗜好——纯种阿拉伯马与猎鹰

激烈的骑骆驼比赛

多哈贝达公园海蚌含珠雕塑

男人服饰

卡塔尔的一处古迹

女人服饰

前　言

　　自 1840 年前后中国被迫开关、步入世界以来，对外国舆地政情的了解即应时而起。还在第一次鸦片战争期间，受林则徐之托，1842 年魏源编辑刊刻了近代中国首部介绍当时世界主要国家舆地政情的大型志书《海国图志》。林、魏之目的是为长期生活在闭关锁国之中、对外部世界知之甚少的国人"睁眼看世界"，提供一部基本的参考资料，尤其是让当时中国的各级统治者知道"天朝上国"之外的天地，学习西方的科学技术，"师夷之长技以制夷"。这部著作，在当时乃至其后相当长一段时间内，产生过巨大影响，对国人了解外部世界起到了积极的作用。

　　自那时起中国认识世界、融入世界的步伐就再也没有停止过。中华人民共和国成立以后，尤其是 1978 年改革开放以来，中国更以主动的自信自强的积极姿态，加速融入世界的步伐。与之相适应，不同时期先后出版过相当数量的不同层次的有关国际问题、列国政情、异域风俗等方面的著作，数量之多，可谓汗牛充栋。它们

对时人了解外部世界起到了积极的作用。

当今世界，资本与现代科技正以前所未有的速度与广度在国际间流动和传播，"全球化"浪潮席卷世界各地，极大地影响着世界历史进程，对中国的发展也产生极其深刻的影响。面临不同以往的"大变局"，中国已经并将继续以更开放的姿态、更快的步伐全面步入世界，迎接时代的挑战。不同的是，我们所面临的已不是林则徐、魏源时代要不要"睁眼看世界"、要不要"开放"问题，而是在新的历史条件下，在新的世界发展大势下，如何更好地步入世界，如何在融入世界的进程中更好地维护民族国家的主权与独立，积极参与国际事务，为维护世界和平，促进世界与人类共同发展做出贡献。这就要求我们对外部世界有比以往更深切、全面的了解，我们只有更全面、更深入地了解世界，才能在更高的层次上融入世界，也才能在融入世界的进程中不迷失方向，保持自我。

与此时代要求相比，已有的种种有关介绍、论述各国史地政情的著述，无论就规模还是内容来看，已远远不能适应我们了解外部世界的要求。人们期盼有更新、更系统、更权威的著作问世。

中国社会科学院作为国家哲学社会科学的最高研究机构和国际问题综合研究中心，有11个专门研究国际问题和外国问题的研究所，学科门类齐全，研究力量雄厚，有能力也有责任担当这一重任。早在20世纪90年代初，中国社会科学院的领导和中国社会科学出版社就提出编撰"简明国际百科全书"的设想。1993年3月11日，时任中国社会科学院院长的胡绳先生在科研局的一份报告上批示："我想，国际片各所可考虑出一套列国志，体例类似几年前出的《简明中国百科全书》，以一国（美、日、英、法等）或几个国家（北欧各国、印支各国）为一册，请考虑可行否。"

　　中国社会科学院科研局根据胡绳院长的批示，在调查研究的基础上，于1994年2月28日发出《关于编纂〈简明国际百科全书〉和〈列国志〉立项的通报》。《列国志》和《简明国际百科全书》一起被列为中国社会科学院重点项目。按照当时的计划，首先编写《简明国际百科全书》，待这一项目完成后，再着手编写《列国志》。

　　1998年，率先完成《简明国际百科全书》有关卷编写任务的研究所开始了《列国志》的编写工作。随后，其他研究所也陆续启动这一项目。为了保证《列国志》这套大型丛书的高质量，科研局和社会科学文献出版社于1999年1月27日召开国际学科片各研究所及世界历史研究所负责人会议，讨论了这套大型丛书的编写大纲及基本要求。根据会议精神，科研局随后印发了《关于〈列国志〉编写工作有关事项的通知》，陆续为启动项目

拨付研究经费。

为了加强对《列国志》项目编撰出版工作的组织协调，根据时任中国社会科学院院长的李铁映同志的提议，2002 年 8 月，成立了由分管国际学科片的陈佳贵副院长为主任的《列国志》编辑委员会。编委会成员包括国际片各研究所、科研局、研究生院及社会科学文献出版社等部门的主要领导及有关同志。科研局和社会科学文献出版社组成《列国志》项目工作组，社会科学文献出版社成立了《列国志》工作室。同年，《列国志》项目被批准为中国社会科学院重大课题，国家新闻出版总署将《列国志》项目列入国家重点图书出版计划。

在《列国志》编辑委员会的领导下，《列国志》各承担单位尤其是各位学者加快了编撰进度。作为一项大型研究项目和大型丛书，编委会对《列国志》提出的基本要求是：资料翔实、准确、最新，文笔流畅，学术性和可读性兼备。《列国志》之所以强调学术性，是因为这套丛书不是一般的"手册"、"概览"，而是在尽可能吸收前人成果的基础上，体现专家学者们的研究所得和个人见解。正因为如此，《列国志》在强调基本要求的同时，本着文责自负的原则，没有对各卷的具体内容及学术观点强行统一。应当指出，参加这一浩繁工程的，除了中国社会科学院的专业科研人员以外，还有院外的一些在该领域颇有研究的专家学者。

　　现在凝聚着数百位专家学者心血、约计 200 卷的《列国志》丛书，将陆续出版与广大读者见面。我们希望这样一套大型丛书，能为各级干部了解、认识当代世界各国及主要国际组织的情况，了解世界发展趋势，把握时代发展脉络，提供有益的帮助；希望它能成为我国外交外事工作者、国际经贸企业及日渐增多的广大出国公民和旅游者走向世界的忠实"向导"，引领其步入更广阔的世界；希望它在帮助中国人民认识世界的同时，也能够架起世界各国人民认识中国的一座"桥梁"，一座中国走向世界、世界走向中国的"桥梁"。

《列国志》编辑委员会

2003 年 6 月

CONTENTS

目　录

CONTENTS

目　录

CONTENTS

目　录

CONTENTS

目　录

CONTENTS

目　录

CONTENTS

目　录

CONTENTS

目　录

CONTENTS

目 录

CONTENTS

目　录

CONTENTS

目 录

CONTENTS

目　录

自　序

　　笔者曾在西亚北非地区国家学习、工作和生活了 20 年左右，但由于种种原因而未能到卡塔尔常驻或参观访问，只是乘飞机在多哈机场作短暂停留并从空中俯瞰了一下，未免有所遗憾。感谢中国社会科学院西亚非洲研究所，尤其是赵国忠教授，给予编写列国志《卡塔尔》的机会，使我们得以从各种图书资料中全面、详细地了解和认识这一神奇的国家，并为之向公众作一个简介。

　　卡塔尔的神奇表现在诸多方面：国小人少而人均国民收入或者说人均国民生产总值长期处于世界前列；富甲天下而不过分炫耀，更少财大气粗的傲慢之状；作为地名其历史悠久，作为国家而属新兴；虽起步相对较晚，但发展速度较快；在各方面向现代化建设迈进之中，十分注意保持自己的民族特色、传统和风俗习惯；在为数有限的人口中，3/4 为外籍人，但相互共处和睦并相得益彰；虽出于历史传统为男人的天下，而妇女受教育的程度并不逊于须眉，女大学生人数还超过了男生；在地区国家中主张提高妇女地位的情况较好，但男女有别和男女授受不亲的界线划分依然十分严格；人口和面积在阿拉伯国家中排列靠后，而在亚洲运动会上所获奖牌数却位于阿拉伯国家前茅；取消新闻检查和新闻部的建制在地区国家中独树一帜，言论自由常使美国地区称霸行径昭然若揭……如此等等，充分反映了卡塔尔与众不同的特色，在各种矛盾之中享有和谐的平衡，令人刮目相看。

卡塔尔

在编写本书过程中，得到赵国忠教授的指导、安维华教授与许林根先生的认真审稿、周玉珠和由健等同志提供资料的热情帮助，特此表示衷心的感谢。

笔者短于实地的亲身经历，在承接编写任务的有限时间里又有搜集资料不十分齐全的问题，书中疏漏和错误在所难免，恳请专家、读者指正。

孙培德　史菊琴
2009 年 3 月于北京

第一章

国土与人民

卡塔尔的正式名称为卡塔尔国 "The State of Qatar"，它被标记在卡塔尔国的国徽上。

卡塔尔国徽呈圆形，由大、小两个同心圆和几个具象征意义的图案组成。内环小圆的黄色底面上，两把阿拉伯弯刀象征捍卫祖国的独立和自由；弯刀上面是蓝白相间的波纹，浮载白色的帆船，象征海上贸易和渔业生产；帆船旁小岛上有两棵椰枣树，象征丰富的自然资源。外环大圆为卡塔尔国旗图案，上半部圆环的白色底面上标有阿拉伯文国名"卡塔尔国"；下半部圆环的红褐色底面上标有英文国名"STATE OF QATAR"；外环大圆上下两部分呈锯齿状连接。

卡塔尔国旗呈横面长方形，长、宽之比为5：2；由白色和红褐色两种颜色组成，两种颜色纵向分隔，交会处呈锯齿状，白色有9齿，红色有8齿加上下2个半齿；旗杆在白色旗面一侧。卡塔尔国徽和国旗启用于1971年7月国家独立前夕。

卡塔尔一词系阿拉伯文译音，原词有"水滴"或"雨点"之意。乘飞机从空中俯视，卡塔尔半岛仅有近1/10的周长连接阿拉伯半岛的陆地，其余均伸入阿拉伯湾（波斯湾），为海水环绕，确有形似水滴之处。然而，这个水滴在地图上不仅不呈倒挂状，而且也不

卡塔尔

显现椭圆形，其东西宽与南北长之比为 1：2～1：3，加之海岸线曲折多海湾，更近似五指合拢的手掌状，因此，有些书刊将卡塔尔半岛描述为形似仙人掌。此外，还有人将卡塔尔半岛描述为拇指状。

卡塔尔历史悠久，其古代流动居民的遗迹可追溯到新石器时代，并与美索不达米亚两河流域文明密切相连。根据国际上有记载的历史，卡塔尔名字首次显现于公元前 5 世纪，古希腊历史学家希罗多德（Herodotus）著文中，他提及卡塔尔原始居民为善于航海的伽南人；后来的地理学家托勒密（Ptolemy）则在其航海绘图中标上卡塔尔之名。尽管卡塔尔作为地名很早以前就存在了，但作为独立国家则属新兴。在 1971 年 9 月 3 日独立前的漫长岁月里，卡塔尔长期处于本地区强权势力或欧洲入侵势力的统治或托管之下，这一状况也决定了卡塔尔与地区邻国有着千丝万缕的联系。

卡塔尔国土狭小，仅 1 万多平方公里。由于干燥缺水，卡塔尔半岛表面多沙漠荒原，自然条件不太理想。但卡塔尔富有石油和天然气，尤其在它的领海区域更是如此，这使之富甲天下，并带来自然景观的变化。

卡塔尔人口较少，在阿拉伯世界和海湾地区国家均排列靠后。而且，卡塔尔居民中外籍人口所占比例较大，几乎 3 倍于本国子民。但卡塔尔民族特色并未被淹没，依然生机盎然。尽管卡塔尔人口近年有大幅度增长，而其石油和天然气资源的收入也有大幅度上升，人均国民收入仍长期名列地区和世界前茅。

在 20 世纪 30 年代，卡塔尔曾一度贫困不堪，但丰富的石油和天然气资源使它由穷变富，随之而来的是政治、社会与经济建设的巨大变化。然而，卡塔尔在各方面朝现代化迈步的同时，仍高度重视坚持自己的民族特色：耸立的豪楼华宅中仍保留部分卡塔尔传统建筑风格，引进西方文化时不忘卡塔尔国情民俗；改革开放不亚于地区共和制国家，而政体仍为家族世袭统治，且基本保持社会和谐与协调。

第一节 自然地理

一 地理位置

卡塔尔国由卡塔尔半岛及其周围的岛屿组成，国土总面积现为 11521 平方公里①，在与邻国解决边界分歧之前曾长期标为 11437 平方公里。卡塔尔国的面积在阿拉伯国家中，仅大于黎巴嫩和巴林，排名倒数第三。

卡塔尔位于亚洲西部阿拉伯海湾（波斯湾，下同）地区，地理位置在北纬 24°27′～26°10′、东经 50°45′～51°40′之间。其主体是卡塔尔半岛，约占全国面积的 99%，它伸入阿拉伯海湾，仅西南端与阿拉伯半岛东海岸的中段陆地相连。卡塔尔南部同沙特阿拉伯接壤，北部隔阿拉伯海湾指向伊朗，东、西面分别同阿拉伯联合酋长国、巴林隔海相望。

卡塔尔半岛南北长约 160 公里，东西宽 55～80 公里。国界线总长 623 公里，其中陆上与沙特阿拉伯交界 60 公里；海岸线长为 563 公里，如加上所属海岛周长，卡塔尔海岸线总长近 700 公里。

卡塔尔独立之初，曾同阿拉伯联合酋长国陆上接壤。1974年，卡塔尔同沙特阿拉伯、阿拉伯联合酋长国就边境领土划界进行谈判，决定以领土调整与补偿的方式重新划界，卡塔尔从此同阿拉伯联合酋长国陆上不再接壤。

二 行政区划

卡塔尔人口较少，且相对集中居住。其特点：一是东海岸的城镇数目和居民人口大大超过西海岸，明显东密

---

① 卡塔尔外交部：《导游手册》，2005 年 6 月。

西疏；二是城镇人口占压倒多数，乡村人口微乎其微，仅首都及其相邻城市赖扬两地人口，即占全国人口的80%多。卡塔尔目前按人口居住情况分别划分为9个市政区，其中多数市政区人口稀少。卡塔尔市政事务归内阁市政事务与农业部管辖。

多哈（El–Doha） 卡塔尔国首都，位于卡塔尔半岛东海岸的中部。多哈为卡塔尔政治、经济、文化与交通中心，并建有卡塔尔三大工业园区之一的多哈工业园区。多哈系卡塔尔人口最集中地区，据2004年3月官方人口统计，多哈人口34万人，约占全国人口的45.7%；据2006年年中的统计，多哈人口达37万人，约占全国人口的44%，仍为卡塔尔第一大城。多哈因其东部环抱的月牙形（C形）小海湾而得名。沿海湾而建的滨海大道长7公里，埃米尔王宫及政府主要机关都设在这条大道旁，公园与花园充斥道旁与豪华建筑之间，形成一道亮丽的风景线。近年来，随着卡塔尔经济、政治、新闻、体育、旅游等地位的提升，多哈的国际知名度越来越大。

赖扬（Rayyan） 原为首都多哈郊区，系卡塔尔新兴的市政区。该区因紧邻多哈而人口聚集众多，且增长较快。据2004年的统计，赖扬人口为27.3万人，约占全国人口的36.7%，为卡塔尔第二个人口高度集中之地；2006年年中的统计，赖扬人口已达31.7万人，约占全国人口的37.8%，越来越接近首都多哈的人口数量。由于紧靠多哈并曾是多哈的郊区，赖扬有时被外界误认为是首都的一个组成部分。

沃克拉（El–Wakrah） 位于多哈南约17公里处，靠首都较近。居住人口约3万人（2006年年中统计为34716人），人口数量在卡塔尔排列为前4、5名，城市建设相对较繁华。该城有一个捕鱼港，保留了一些带有伊斯兰建筑风格的老房子与清真寺。

乌姆赛义德（Umm Said） 亦简称为姆赛义德（Messaid），

因当地人发音将乌姆和赛义德两个词连读而成姆赛义德。乌姆赛义德位于卡塔尔东海岸南部，离多哈南 45 公里。现为卡塔尔重工业基地和陆上出口石油主要港口。

豪尔（El – Khor） 位于多哈北 57 公里，亦为卡塔尔东海岸滨海城市，曾为卡塔尔古老而著名的珍珠采集港，如今还保留一个老海港和一些作为古迹的建筑物，另新建一个地区博物馆。近年豪尔已开发成新的居民生活与旅游区，居民达 3 万余人（2006 年年中统计为 37600 人），人口数量在卡塔尔排列为前 3、4 名。

拉斯拉凡（Ras Raffan） 位于卡塔尔半岛东海岸北部，离多哈 85 公里。拉斯拉凡系卡塔尔天然气液化工业基地，并建有卡塔尔出口液化气的专用港口。该市政区原有人口约 1 万人，现有较大增加。在天然气开发迅猛进展过程中，该市的市政建设得到较大的发展。

什玛勒市（Madinat Al – Shamal） 其阿拉伯文意为北方之城，亦称北方市。位于卡塔尔半岛西海岸北部，离多哈 107 公里。此为卡塔尔新兴城市，系卡塔尔北部城乡市政中心。

杜汉（Dukhan） 位于卡塔尔半岛西海岸中部，与多哈东西相距 84 公里。该城市因在第二次世界大战前发现油田而开始出名，现仍为卡塔尔石油生产基地，系石油工业城。居民中外国侨民较多。

沙哈尼耶（Al – Shahaniyah） 位于卡塔尔半岛的腹部，在多哈与杜汉之间，距多哈 35 公里。该地以其骆驼赛场与训练场而闻名，另有野生动物公园和保护区。

三 地形特点

卡塔尔半岛地势总体上是西高东低。包括西部石油重镇杜汉在内的沿海地区，为起伏绵延的丘陵地带，长约

56 公里，纵深宽 5～6 公里。该地带一般不超过海平面 40 米，最高点为海拔 103 米。其中有不少风化成蘑菇状或其他奇形怪状的石灰岩小山包。其余地区相对平展，起伏较小，仅在南北两端有些小山包。

按自然地形地貌划分，卡塔尔半岛大致可分为南部沙漠与沙丘、西部丘陵与高地、东部沿海沼泽与盐碱平地、中部荒漠平原及东北部洼地等五个地带。另外，半岛周围分散的岛礁自成一个地带。

卡塔尔南部绝大部分为一望无际的风沙覆盖地区，东南部则多沙丘。这些沙丘在海风吹袭下，每年均改变形状、移动位置。南部同沙特阿拉伯交界地区有乌达德（Udaid）咸水湖，亦有一些雨季积水时才显现的沼泽地。

卡塔尔半岛东部沿海地带是居民集中居住的地区，首都多哈及邻近地区人口更为稠密。美丽的海边沙滩、繁忙的海港和傍海的城市建筑，成为卡塔尔最具有生机的象征。

卡塔尔半岛上植被较少，有限的自然绿地、草场大多在北部洼地地区。中部平原荒漠居多，冬季雨后有些绿地，平时仅有一些骆驼食用的刺草；其中有水井的地区则能形成一小块沙漠绿洲。东部沿海岸边有些沼泽植物。其余只有人工开发的农场、园林植被（多在沿海地区）。卡塔尔半岛在总体上显得荒地与沙漠居多，色彩枯黄单调。

卡塔尔半岛海岸多曲折，形成许多避风良港和大小不等的岬湾。其东部沿海水位较深，集中了卡塔尔主要的深水海港；西部沿海水位较浅，不利于大船停靠航行。

卡塔尔半岛沿海有许多有名或无名的岛礁，总面积约 100 平方公里。其中，有人居住的岛屿主要是哈鲁勒（Halul）岛，位于卡塔尔东部海上，离豪尔城 56 公里，呈椭圆形，海拔最高 80 米，面积约 7 平方公里（3.5 公里 × 2 公里），建有卡塔尔海军

基地和两个海上油田贮油与装船输出设施；位于乌姆赛义德港外
11 公里处的伊斯哈特岛（Al—Ashat）和位于卡塔尔西北角海岸
5 公里外的鲁坎岛（Lukan），均是卡塔尔的重要渔场；位于多哈
港外 8 公里处的萨菲利耶岛（Al—Safiriah），面积约 15 平方公里
（5 公里×3 公里），岛上建有壳牌石油公司设施；位于多哈港湾
的椰林岛面积虽小，但因与多哈滨海大道隔水不远，被开辟成旅
游景点。

四　河流与湖泊

卡塔尔基本上没有天然的淡水河流与湖泊，仅有为数有
限的季节性咸水河流和一个咸水湖，都位于卡塔尔与
沙特阿拉伯交界或相邻地区。

所谓的咸水河，多在雨季时才显现于沙漠洼地之中，水流入
海。这些河川近海地段为沼泽地，每逢海湾涨潮时，海水顺势倒
灌，形成咸水河流。乌达德咸水湖主体在卡塔尔半岛内陆地区，
但有一条狭长曲折的通道与阿拉伯湾海水相连。该湖南部边长直
线约 25 公里，为卡塔尔与沙特阿拉伯分界线一部分。

五　气候

卡塔尔属沙漠性气候，夏季炎热而冬季温暖。因春秋两
季均较短暂，故四季不甚分明，夏、冬两季相对较
长，尤其是夏季。春季在每年的 3～4 月间，较为短暂；夏季为
每年的 5～10 月，历时最长，其中 6 月至 9 月底酷热；秋季为短
暂一瞬；冬季为每年的 11 月至第二年的 2 月，相对长些。夏季
平均温度为 25～46℃，冬季平均温度为 9～20℃。昼夜温差较
大，平均在 20℃左右。相比之下，一年中冬季较为宜人。

卡塔尔仅在冬初有雨，但多为骤至忽散，雨量有限，年均降
水量为 75～130 毫米。卡塔尔虽为沙漠性气候，但因 90% 周边

临海，故湿度较大，平均在75%左右，有的沿海地区高达90%。

卡塔尔季风较多，春季常有沙尘暴肆虐。沙尘暴肆虐时，城市里户外天昏地暗，伸手不见五指，呼吸感觉困难；荒漠中飞沙走石，川沙如水激流，能将汽车挡风玻璃打毛，打掉迎风车面的油漆。

第二节　自然资源

一　地质构造

卡塔尔半岛大陆架以石灰岩为主，间以其他一些质地坚硬的岩石。其地面表层由灰白色石灰岩、黄沙与黄土、碎石构成。除丘陵与沙丘外，卡塔尔半岛地面表层系冲积而成。

卡塔尔半岛石灰岩中多有贝壳、珊瑚等海洋生物化石，大都可追溯到2400万年前的地质第三纪中新世时代，表明卡塔尔当时沉在富有海洋生物的海底。其中，迄今可见的最古老的化石显示，原在海底的卡塔尔陆地最早可回溯到5500万年前地质第三纪始新世时期。由于卡塔尔大陆表层由石灰岩分化物与海盐混合沉淀组成，因此，其表层岩石既可作为石膏使用，也可从中提炼岩盐。至今，卡塔尔人还常用地面表层石膏装饰豪华建筑与住宅，卡塔尔西部地区的原贝都因人则从地面表层中搜集和提炼岩盐。在石灰岩与海盐混合层上，杂有许多碎石与一层薄沙土，它们系500万年前阿拉伯湾西部原有陆地河流汇入海湾时的冲积物。有的冲积物来自离卡塔尔数百公里处，不少碎石经冲刷磨洗而成鹅卵状，正是这层薄沙土造就了现今卡塔尔的沙漠植物和生物。

卡塔尔地层遭海水洗浸的状况持续到200万年前的冰河期，

当时地球表面水流结成冰川，海平面随之下降。在冰河期中，地球气候自 12 万年前起进一步降温，直至 2 万年前达到极限。其间，在 7 万年前至 4.4 万年前阶段中，阿拉伯海湾的表面仍然超出目前的海平面。冰河期在 2 万年前逐步缓解，其后海水重返阿拉伯湾。

大约 1.5 万年前，阿拉伯湾水位退落并大面积干涸，卡塔尔半岛地面表层显现。后来，海水再度涌进阿拉伯湾，但海平面却较前大为下降。据考证，如今阿拉伯湾的海平面比 4000～7000 年前降低了约 2 米，这一状况使卡塔尔半岛远古居民捕鱼地点的遗迹远离目前的海岸线，多数相距有 1 公里之多。

卡塔尔半岛地表上的石灰岩山丘经长年风化，形成不少灰白色蘑菇形和其他奇形怪状的小山包，植根于风化的灰白色沙土之中，组成奇特、亮丽的风景线。如今，来自卡塔尔与国外四面八方的观赏游客络绎不绝，但必须驾乘四轮驱动车前往，以免在沙漠中陷车。

二 矿物

卡塔尔的矿物主要是丰富的石油与天然气。已探明的石油蕴藏量约为 34 亿吨或 257 亿桶（截至 2007 年 12 月），在阿拉伯国家中名列第六，位于沙特阿拉伯、伊拉克、科威特、阿联酋和利比亚之后；在含伊朗的西亚北非地区排名第七，居世界第 13 位。已探明的天然气蕴藏量约为 25.8 万亿立方米（2007 年 1 月），在阿拉伯国家名列第一，在西亚北非地区排位第二，仅次于伊朗；居世界第三，位于俄罗斯与伊朗之后。

卡塔尔石油蕴藏地主要位于西海岸中部的杜汉陆上油田及东海岸附近的海上油田。20 世纪 30 年代末发现石油以来，杜汉一直是卡塔尔石油的重要产地，后来海上油田逐步增多，总产量超过陆上油田。目前探明的卡塔尔石油储量已由 2005 年的 152 亿

桶增至 257 亿桶，其中唯一的陆上油田——杜汉油田储量约占 20 亿桶，其余约 86% 均为海上油田所有。海上油田中，包含一处与阿拉伯联合酋长国共同开发、分享的油田——布尔哈宁油田。

卡塔尔天然气最大蕴藏地在卡塔尔北部近海地区。1971 年发现的北部海上气田面积 6000 多平方公里，主要集中在卡塔尔的领海范围内，比卡塔尔陆上国土总面积一半还多。而且，这一气田为非伴生气田，其规模属世界第一，目前已探明储量约 25.5 万亿立方米，约占世界天然气总储量的 14%，约相当于 1600 亿桶石油，为卡塔尔石油储量 6 倍多。另外，卡塔尔在其他地区还有一些伴生天然气，其总储量目前探明为 3100 亿立方米。

卡塔尔除石油、天然气及相关的副产品外，其他矿产主要是石灰、石膏与水泥原料等。

三　植　物

卡塔尔高温与少雨的气候及土地表层多盐等自然条件，使植物生长受到较大的限制。全国总体植被率较低。

卡塔尔当地人习惯用"树"与"草"来区分多年生植物与一年生植物。卡塔尔自然生长的树类植物中，值得一提的有沙漠地带生长的杉树，当地人称之为"卡夫（Ghaf）"。它既耐旱又长寿，通常可活数百年，且分散生长，在茫茫荒漠之中四季常青，颇具坚忍不拔的气势。在卡塔尔东海岸沼泽地带中，生长一种红树（Mangroves），适应常年在盐分很高的水中浸泡，其根茎吸进盐水而在墨绿色的小叶上分泌出晶盐。卡塔尔红树比世界其他地区同类红树显得矮小，可能与其耐盐而耗能有关。红树成片成林地生长，既是海边鸟类、昆虫栖息之处，也是沿海鱼虾等水产物出没之地。红树还是卡塔尔人建房与制作生产工具等重要的木材来源。此外，在卡塔尔比较常见阿拉伯胶树（Acacias），其耐旱与耐盐碱能力都很强，叶小水蒸发量少，树干带尖刺可防动物的啃咬。在卡塔尔北部等洼地地带，也有一些带尖刺的树，其保存水分的能力较强。

卡塔尔一年生自然植物种类相对较多，主要是北部洼地的牧草，夏枯冬茂；中部荒漠地带的刺草，夏枯冬发；沿海沼泽地带的咸水草，四季不断。其中，沙漠植物耐旱力强，均长小叶或无叶，有叶子的则表面较坚硬，以保存水分或减少水分流失。夏季，卡塔尔一年生植物相对较少，到处枯黄一片；而在冬季，尤其是阵雨过后，沙漠地带也能出现许多生命周期较短的植物，有的长相还较诱人，如荒漠中冒出的淡黄色沙漠风信子、棒状开满粉红色小花的"红拇指"等。卡塔尔荒漠里一年生植物的生命力较顽强，其种子为等待雨水可在几年后才发芽。

卡塔尔人工种植的树类植物中，椰枣树居多，既丰产果实，又形成阿拉伯特色风景，多哈附近的椰林岛就是游客的必去之地。卡塔尔其他人工种植的多年生植物，多为装饰用的热带剑麻、仙人掌类。卡塔尔现有2.8万公顷可耕地，国家经营900多个农场，主要生产时令蔬菜及少量的谷物。

卡塔尔城市绿化尽管存在用水困难，但在市政部门大力关注下，还是较为成功，不乏花园绿地。然而，市民家居绿化就不那么容易，用海水淡化水浇灌的成本昂贵。故有人说，卡塔尔住户的富裕程度可从其种树多少窥见一斑，植树多的人家一般要富裕一些，即所谓"富不富，先看树"。

四　动　物

卡塔尔陆地野生动物主要有：沙漠灰兔、阿拉伯红狐、小个的沙狐、刺猬、野沙猫、跳鼠、蜥蜴与穿山甲等，还有少数罕见的沙狼。它们多数生活在靠近人烟的荒漠与洼地里，昼伏夜出的居多。卡塔尔还有种类繁多的蛇，包括有毒的

沙漠蝮蛇。

卡塔尔领海中动物品种较多。除传统的鱼虾外，常有海豚游弋，在首都多哈海滨大道旁时常可见。号称"美人鱼"的海牛以海湾（即波斯湾，简称海湾，阿拉伯语称阿拉伯湾）为家，不时光顾卡塔尔近海。卡塔尔海滩还是海龟重要的栖息之地。此外，为躲避印度洋风暴，鲸有时也进入卡塔尔近海。

卡塔尔海岸飞禽有长脚沙锥鸟、燕鸥、海鸥、鹌鹑、红腿海鸟与绿腿海鸟等，另有野水鸭和天鹅。在海边红树林等沼泽地可见多种鱼鹰、苍鹭、白鹭、长腿红火鹤及茶隼等。在沙漠地带，有食蜂鸟、云雀、树鹬和猎鹰。此外，卡塔尔还有乌鸦、燕雀、长尾鹦鹉等。

在卡塔尔生长的野生昆虫至少有 13 类，分别是蝴蝶、蜻蜓、螳螂、甲壳虫、蝉、蜜蜂、黄蜂、飞蛾、蟋蟀、蝎子、蝗虫、蚂蚁和蜘蛛。其中不含常见的苍蝇、蚊子、蟑螂等。

在 20 世纪 40～50 年代，白羚羊等阿拉伯羚羊曾一度在卡塔尔消失踪迹。60 年代，卡塔尔政府努力引进并重新放养这种有代表性的动物。现在，卡塔尔中部、北部地区分别建有野生动物保护区，放养了大批白羚羊和其他阿拉伯羚羊，有些私人农场也喂养这种动物。白羚羊除头部、小腿部呈灰褐色外，其余均为白色，头上长一对长长的环纹犄角，长达 70～75 厘米。一只成熟的白羚羊体重 100～150 公斤，站立高 90～120 厘米。一只成熟的阿拉伯羚羊则体重 30～40 公斤，昂头站立高达 90～120 厘米，角长在 25 厘米以内。

卡塔尔饲养的家畜主要是单峰骆驼、牛、羊等，饲养的家禽主要是鸡、鸭，饲养的宠物多为马、猫、狗。近年来，卡塔尔还从非洲引进鸵鸟进行饲养。饲养猎鹰也是卡塔尔人的一大嗜好，但如今一只珍贵的猎鹰价值近万美元，加之饲养费用昂贵，故饲养猎鹰已成为富家子弟的象征。

第三节 居民与宗教

一 人口

卡塔尔人口数量少，在中东地区和阿拉伯国家中的排列均靠后，为倒数第一、二位。据卡塔尔官方统计部门——发展计划总秘书局 2006 年年中公布的数字，卡塔尔全国人口为 83.8 万人，人口密度为 72.9 人/平方公里。另外，据卡塔尔国立国民银行 2007 年 10 月统计，卡塔尔全国人口在 2006 年底已达 92 万人，2007 年底可达 98 万人。

据 2004 年 3 月卡塔尔官方统计，卡塔尔全国人口为 74.4 万人，其中男性 49.6 万人，女性 24.8 万人；近年来，卡塔尔人口出生率平均为 3%，人口增长率平均为 9%。据 2005 年官方注册统计，当年卡塔尔出生婴儿登记 13401 人，出生率为 1.68%；死亡登记 1545 人，死亡率为 0.19%；结婚登记 2734 人，结婚率为 0.34%。

据卡塔尔政府发展计划总秘书局统计，2002～2006 年卡塔尔全国人口增长情况如表 1-1 所列。

表 1-1

	2002 年	2003 年	2004 年	2005 年	2006 年
人口总数(万人)	61.8	63.6	74.3	79.6	83.8
年度变化(%)	3.5	2.9	16.8	7.1	5.3

卡塔尔人口中，外籍人所占比例较大，达 75%。2005 年全国总人口统计中，卡塔尔人占 25%，外籍居民占 75%；这些外籍人中：阿拉伯人占 40%，巴基斯坦人占 18%，印度人占 18%，伊朗

人占 10%，其他外国人占 14%。1999 年全国人口统计中，卡塔尔人占 25%，其他阿拉伯国家（埃及、叙利亚、约旦、黎巴嫩和巴勒斯坦等）人占 25%，南亚人占 36%，伊朗人占 10%。

卡塔尔人口增长较快，增长幅度较大。19 世纪末全国仅有 7900 人，第二次世界大战期间增至 2.8 万人（外籍人占 40%），1964 年达 8 万人，1972 年升至 18 万人，1986 年人口普查时为 36.9 万人，1997 年人口调查时为 52.2 万人，2006 年则为 83.8 万多人。由此可见，卡塔尔人口在近一个世纪中增长近 100 倍，近 40 年中增长了近 10 倍，近 20 年中翻了一番，近 10 年中增长了 60%。

卡塔尔人口居住相对集中。据卡塔尔外交部对外宣传小册子统计，2005 年卡塔尔全国人口中，90% 以上的居民居住在城镇地区；83% 的居民居住在卡塔尔首都多哈市及其相邻的赖扬地区。如果除去几个居民人口逾万的城市，卡塔尔大部分地区人烟稀少。卡塔尔人口分布受谋生因素影响较大，除城镇外，只有那些有饮水井、可打鱼、能建农牧场的地区才有居民点。

据卡塔尔官方发展计划总秘书局统计列表，1997 年和 2004 年卡塔尔人口的地理分布情况如表 1－2。

表 1－2

地 区	1997 年		2004 年	
	人口数	占总人口百分比	人口数	占总人口百分比
多 哈	264009	50.6	339847	45.7
赖 扬	169774	32.5	272860	36.7
沃 克 拉	24283	4.7	31441	4.2
乌姆赛义德	18392	3.5	31605	4.3
豪 尔	17793	3.4	31547	4.2
其 他	27772	5.3	36729	4.9
总 计	522023	100	744029	100

卡塔尔人均寿命，按 2003 年官方统计，男性为 75 岁，女性为 74 岁。按 2004 年世界卫生组织统计，卡塔尔人均寿命为 76 岁，其中男性 76 岁，女性 75 岁。

按年龄分段，2004 年卡塔尔人口中 14 岁以下男女各占总人口的 12%，15～19 岁男女各占 4%，20～24 岁男女分别占 4% 和 3%，25～29 岁男女分别占 5% 和 3%，30～64 岁男女分别占 37% 和 12%，65 岁以上男女分别占 3% 和 1%。

2004 年统计，卡塔尔就业人数总计 437561 人，其中卡塔尔人仅 50282 人，余下 387279 人为非卡塔尔人。按从事行业划分：农业与渔业人口 12025 人，矿业 17997 人，产业工人 40039 人，供电、煤气、供水 4364 人，建筑业 117049 人，商业、餐馆与旅游业 64718 人，交通电信业 15218 人，金融保险与房地产业 16625 人，社会与个人服务业 149526 人。

二　民族

卡塔尔本国人属发源于阿拉伯半岛的闪族（亦称闪米特族 Semites）分支阿拉伯民族。阿拉伯民族以勇敢、忠诚和慷慨为主要信条，并以此为自豪。

卡塔尔现代人的主体部分，系 18 世纪由卡塔尔周边阿拉伯邻国的游牧部落迁移而来。这种部落迁徙大体分为三个波次，直至 19 世纪初叶才停止。有鉴于此，现今的卡塔尔本国人大多分别与科威特、沙特阿拉伯纳季德（内志）地区、巴林、阿拉伯联合酋长国及阿曼等国一些部落有着密切的血缘关系。

卡塔尔人除外籍人口外，无少数民族之分，但分属不同的部落与家族。主要有：统治卡塔尔近两个世纪的阿勒萨尼家族、阿瓦米尔家族、贝尼塔米姆部族、内地的贝尼哈贾尔人与沙漠中的梅纳希尔人。另有贝尼哈立德、瓦伊勒部落和盖赫旦等部落。近年来，卡塔尔新兴的家族有：阿提亚、库瓦里和卡阿比家族等，

这些家族都是阿勒萨尼统治家族的支持者。如今,卡塔尔人绝大多数已成为城镇居民或从事农渔业的乡村人口,但还有一些踪迹不定的游牧民,仍被称为贝都因人。

卡塔尔存在大量的外籍人,主要是来自南亚的印度、巴基斯坦人和邻国的伊朗人,他们与卡塔尔人属不同民族,在语言、风俗习惯等多方面不一样,有的在宗教信仰上也截然不同。

三 语言

卡塔尔国语为阿拉伯语,通用外语是英语。居民中来自巴基斯坦、印度和伊朗等外籍人,在各自范围内分别使用乌尔都语、印地语和波斯语等外语。

阿拉伯语属闪族语系,已在阿拉伯半岛流行了约 2000 年。阿拉伯语于 1974 年被联合国列为第六种工作语言。阿拉伯国家地域分布较广,从而使阿拉伯语有文言与方言之分。卡塔尔人的方言属西亚地区阿拉伯语系列,与北非地区阿拉伯语差别较大。尽管卡塔尔方言与邻国顺畅通用,但它还是带有一些独自的特性。

卡塔尔独立之前,曾长期受英国托管和影响,加之现居民中外籍人较多,故而英语使用较普遍,英语已成了中学的必修课程,并在不少小学和学前班中开设英语课。

四 宗教

卡塔尔居民的构成决定了其宗教信仰多元化,其中绝大多数人信奉伊斯兰教,少数人信奉印度教和基督教等。但是,卡塔尔宪法规定伊斯兰教为卡塔尔的国教,伊斯兰教法为卡塔尔国家立法的准则。

卡塔尔穆斯林绝大多数为逊尼派,主要属 18 世纪新出现的瓦哈布派,或原有的马立克、沙菲仪及罕百里等学说派别。卡塔尔也有少数什叶派穆斯林，但多为外籍居民。

公元 622 年伊斯兰教兴起前，包括卡塔尔在内的阿拉伯海湾地区已由多年信仰多神教、崇拜偶像图腾改为信奉基督教。伊斯兰教确立并开始对外扩展之际，公元 628 年，卡塔尔等地在其统治者带领下，以和平方式皈依伊斯兰教。从此，卡塔尔进入伊斯兰文明时代的新纪元，并为传播伊斯兰教曾派舰队横渡海湾，参与阿拉伯帝国征服波斯之战。

卡塔尔穆斯林较为虔诚，多数能按伊斯兰教五功（念清真言、礼拜、斋戒、朝觐和天课）行事。正式发言和行文开篇前，必称"奉普慈特慈的真主之名"；表示意愿时都用"如果真主愿意的话"。各清真寺每天 5 次广播，呼唤穆斯林进行礼拜。每逢周五上午，各清真寺组织集体做礼拜，听阿訇讲经说法。斋月也不允许外国人在公共场所吃喝。由于离麦加圣地较近，卡塔尔穆斯林经历朝觐者居多。卡塔尔人如今较富裕，缴纳天课税已轻而易举，且在斋月与宰牲节之际慷慨向穷人布施。

如同其他阿拉伯国家一样，卡塔尔内阁也设有宗教事务部，其名称为宗教基金和伊斯兰事务部（Ministry of Endowments and Islamic Affairs）。卡塔尔立法当局为该部规定的职责是：传播伊斯兰教并强化伊斯兰思想对人类发展的影响；兴建清真寺，管理清真寺并使之发挥最佳作用；传播伊斯兰文化并以各种可行方式增强宗教意识；同国际伊斯兰宗教组织加强联系；管理天课基金；监管宗教捐款并用好有关收入；监督将遗产确实分配给应受益者并为幼童与能力不足者代管遗产。

卡塔尔宗教基金和伊斯兰事务部下设单位及分工如下：（1）宗教捐赠局，负责经营捐赠的财政来源，管理有关捐赠基金，兴建与维修保养清真寺建筑。（2）伊斯兰事务局，负责传播伊斯兰文化，出版发行《古兰经》和伊斯兰教书刊，努力增建新的捐赠基金会。（3）传道与指导局，负责有计划地开展提高穆斯林

对宗教的知识与意识的工作，培养伊玛目（阿訇）与宣礼师（清真寺每天按时呼唤穆斯林做礼拜的人，音译"穆安津"），为非阿拉伯穆斯林及新皈依伊斯兰教者开设强化宗教认识的指导课程。（4）清真寺事务局，管理全国所有清真寺的行政事务。（5）遗产监管局，负责监管幼童及能力不足者所获的遗产，监督执行伊斯兰教法庭关于遗产监护人的判决。（6）社会事务局，负责根据国家社会安全法对需要帮助的居民提供资助，管理社会发展与职业培训中心及福利工厂。（7）研究与新闻中心，负责研究伊斯兰文化事务，组织伊斯兰教学者、教授书写伊斯兰教对热门问题的看法与观点的文章，散发伊斯兰教新闻刊物、小册子与日历，为重大宗教事务建立健全有关档案。（8）行政与财务局，负责本部的行政与财政事务。

卡塔尔对伊斯兰教事务管理有序，每年都能取得一些新的成就。其中可统计的主要成果有：（1）全国清真寺数目由独立前数十座发展到2000年的1060座，平均每600人一座。卡塔尔还向其他阿拉伯国家、伊斯兰国家提供捐款修建清真寺，例如在埃及开罗市中心援建了一座引人注目的双塔清真寺。目前，卡塔尔宗教部每年除做好全国清真寺的维修保养外，还新建了几座清真寺，并批准十几座清真寺的新建规划。（2）每年在国内外散发大量《古兰经》与伊斯兰教书刊。仅1995年，就散发各种文本（阿拉伯文、英文、西班牙文、葡萄牙文、韩文等）的《古兰经》5万册，各种文本的伊斯兰教书刊近19万册（其中在国外散发约7.8万册），有关声像资料1.2万份。（3）每年培养一批伊斯兰教学者、教授，不断充实清真寺伊玛姆与宣礼师的队伍。每年为数百名穆斯林开办宗教意识与知识学习班。（4）将伊斯兰教普及到中、小学校。卡塔尔中、小学校，无论公立还是民办的，均开设有必读的伊斯兰宗教课程，教授《古兰经》与宗教知识。大学中设伊斯兰经学院，培养宗教专业人才。（5）每年出席许多伊斯兰国家举办的各种伊斯兰教国际会议、会晤与研讨会，接待不少国家派来的穆斯林代表团或伊斯兰教学者。除在国内需要救济的穆斯林得到基本满足外，卡塔尔每年还向国内外伊斯兰教团体或组织资助大量的款项。（6）伊斯兰法庭在处理穆斯林家庭纠纷、婚丧嫁娶、财产分割等民事案件中发挥了较有效的作用。

第四节　民俗与节日

一　民俗

1. 服饰

卡塔尔人在家中休闲或到运动俱乐部时穿着较随意，而在公共场合讲究衣着端庄大方。卡塔尔人大多数喜爱本国的民族服装，视之为值得尊重并设法保留的一种传统习俗。卡塔尔允许并尊重外国人自由穿着自己喜爱的服装，但要求他们注意尊重伊斯兰文化，不能穿着过于暴露。即使是访问卡塔尔的外国人，如在公共场合，男性袒胸露背或穿背心短裤，女性穿无袖或透明衣服及超短裙等，均被认为衣着不整，不受欢迎。西式的泳装可以出现在酒店、俱乐部、游泳池、海滩和私人寓所，而穿比基尼进行日光浴是不被允许的。

卡塔尔男性虽有不少人是西装革履的现代化着装，而大多数人一年四季还是穿着套头垂地长袍（Dishdasha）类民族服装。夏天穿白色薄纤维袍，其他时间随季节改变而穿厚袍或外加一件夹袄，颜色多为灰、蓝或褐色。男孩不戴帽或戴易于使用的刺绣小帽（Taqieh）；成人则裹包头巾、戴头箍。夏天用乳白色头巾，其他季节用白底红格或白底黑格的头巾。所用头箍为黑色丝绳扎成，以重叠双圈形式戴在头上，通常垂有一两个穗子。每逢节庆

日，长袍外加罩一件带金丝边的斗篷或背心，加罩的外衣夏天用薄质丝布，冬天用厚毛质地的料子制成。如今，有不少卡塔尔人在传统长袍外用西装或衬里夹克取代斗篷背心。

卡塔尔妇女在公共场所，按传统风俗，要穿棉织长袍（Djelabia），穿齐踝袋状长裤，外披棉、丝或棉丝混纺黑披风（Abayah），头巾包发，脸蒙面纱。有关长袍大多用金银丝线绣上花纹图案，领口与袖口有更多装饰，长裤踝口处也多饰花刺绣。黑披风大多蒙头取代头巾。面罩则花色较多，有全蒙面的也有露出双眼的形式。现代卡塔尔妇女即使不完全采用传统服饰，至少要蒙头巾、穿长裙，秀发与肌肤是不能裸露在外的。除幼小女童外，未成年少女虽不用蒙面纱，但也需着披风或包头巾。妇女服饰主要体现在套袍的质地与刺绣花样上，而且只能在家或妇女活动圈内展现。在参加新娘的婚礼活动圈中，众多女性绚丽多彩的服饰及身上耀眼的金银首饰，呈现出一派群芳斗艳之势。

2. 饮食

卡塔尔居民多数为穆斯林，主要食用经阿訇口念以真主名义（奉普慈特慈的真主之名）宰杀的牛、羊、骆驼和家禽肉。按伊斯兰教规定，禁食猪肉、血、自死或未经念以真主的名义而宰杀的动物，并严格禁酒。通常情况下，也禁食驴、马、狗、猫等动物和无鳞鱼等。

卡塔尔海产丰富，渔业发达，自远古以来，当地居民一直食用海鱼、虾等海产品较多。

卡塔尔人主食是阿拉伯大饼（发酵面烤饼）和面包，也食用少量的大米和豆类。

卡塔尔人早餐较简单，主要食用饮料加奶酪、鸡蛋或点心，配以油橄榄、泡菜。有不少家庭早餐喜欢食用具有特色口味的焖煮蚕豆。通常情况下，卡塔尔人的午餐也不复杂，果腹为足；而对晚上正餐较为讲究，无论品种、数量、口味都属享受型；节日庆典、家庭聚会或招待客人的用餐则更为丰盛。

承袭祖先千年的习惯，卡塔尔人以生吃蔬菜、烧烤肉和鱼居多。其中，烤全羊为重大节日和招待贵宾的盛馔。卡塔尔人的传统日常餐食多以烤牛排、烤羊肉块、烤驼肉和鸡肉切片、烤鱼虾等，大饼或面包加上各色蔬菜沙拉。现代卡塔尔人日常生活中食用烧煮肉、菜及油焖米饭也较普遍。世界各国在卡塔尔开设餐馆，使卡塔尔人的饮食习惯较前不断有所变化。如今卡塔尔特色饭菜有：用椰枣、松子、葡萄干拌炒的米饭，用松枝烧烤的红鱼"哈穆拉"，包裹肉末米饭加果仁的油炸包，油炸或水煮大虾蘸羊肉末汤料的蘸汤大虾等。

卡塔尔人饮红茶和咖啡较多，特别是传统的烧煮咖啡较为讲究。出席卡塔尔人宴请，通常餐前饮茶，餐后喝咖啡。主人送上咖啡，意味宴请进入尾声，客人喝几口咖啡后，即可告辞。

虽然卡塔尔严禁携带酒类饮料入境，但对外国人享用含酒精饮料还留有一定余地。原先规定外国人可在指定的宾馆、酒吧购酒，在家中饮用，否则被视为犯法，会受到惩处。近来，这一政策有所放宽，外国游客可在经批准的宾馆、餐厅、俱乐部饮酒或享用酒类饮料。

如同其他国家的阿拉伯人一样，卡塔尔人亦认为左手不洁，不能用左手吃手抓饭；平时吃饭也不可双手同时抓食品，否则被认为没教养。

3. 居住建筑

在现代化建筑发展之前，卡塔尔多数家庭住宅是1间小屋的建筑，用泥砖砌墙、石灰抹壁，屋顶用木棍及椰枣树枝叶覆盖而成。因木棍一般只有2~3米长，故所建住宅难以高大。此类住宅的厨房（或烧烤炉）建在门外。人口多的大户人家，则建圆柱形房间呈辐射状的住宅，分几个互不开门但相连接的房间，每个房间门均朝天井或小花园。为防风沙尘土吹入与阳光暴晒，一

般民宅门户不大，窗户既少又小，室内光线虽暗却有冬暖夏凉的功效。由于卡塔尔木材短缺，民宅一般只有门窗用些好的木料，并且在搬迁时都会拆下带走。卡塔尔现今还保留了几处这种传统住宅，以示对传统建筑的纪念。过去达官富人的家宅有两层楼建筑，屋顶也有围墙平台，用于夏天夜晚架床纳凉；住宅四周另建有较高的围墙，隐私深讳；房屋的大门因带拱形框架而变得较为低矮，使造访者必须俯首而入，以示对房主的尊敬。

如今，卡塔尔本国人居住建筑大多已现代化，别墅与庭院式住宅取代了过去那种小泥屋。一般住宅均为独门独院，有一个绿化小院，建两层楼住房，屋顶有围墙平台，房内有客厅、起居间、餐厅、卧室及设备齐全的厨卫，房外还有停车库。政府官员住的公房模式与平民百姓住房大同小异，内装修与家具陈设则千差万别。尽管现代住宅西方化程度较大，但卡塔尔人仍很重视保留自己祖先遗留的文化习俗和建筑风格，有的将室内天花板建成游牧帐篷式样；多数人家用石膏抹墙并雕出阿拉伯式装饰；门窗精工细作，用现代工艺雕刻并加上传统装饰；一般人家至少保留一间建筑风格或家具布置式样传统化的房间。

卡塔尔重视公民安居乐业，故在百姓住房方面给予丰厚的福利，在海湾地区乃至世界上均别具一格。政府设有专门的公房局负责考察、核查公民住房困难实况，研究审批公房申请书，对经济收入有限家庭提供住房优惠与帮助。凡公民申请住房优惠或公房获准后，还可获政府赠予 2 万里亚尔（近 5500 美元）的家具补贴。对于外籍劳工，卡塔尔政府则兴建劳工城予以安置。

由于风沙较多、海风强劲及传统生活习惯的影响等因素，卡塔尔居民住宅偏重于 1、2 层建筑，公用设施建筑中高楼大厦相对也较少。

4. 婚姻

卡塔尔人婚姻由家长做主，但非父母包办，年轻人可充分发表自己的意见，经家长商量而定。一般没有家长强迫子女接受结婚配偶的情况。

通常，男子到结婚年龄后，其母或家庭中的一位女性成员开始努力为他相亲，到那些有待字闺中的姑娘家广泛了解情况，经准新郎和准新娘认可后，家庭讨论通过并正式订亲。相亲对象一般在本家族部落中寻找，因为卡塔尔传统中有"衣服补丁用原衣料才更美"之说。准新郎与准新娘在缘分已定的情况下，两人方可在双方亲属陪同下见面。这比游牧时代进步不少，那时的新娘被毯子包裹着送入新郎家成婚时，两人才首次见面。现代社会里，卡塔尔青年男女自由恋爱、私订终身而后争取家庭同意的情况在不断增加。卡塔尔男子娶外国女子的婚姻也较前有所增多。

尽管如今许多卡塔尔人还在沿袭新郎向新娘送彩礼（归新娘本人而非其家庭）的风俗，但这一做法已不再像过去那么严格。政府为改变送大笔彩礼的陋习，而推出由其主持的"集体婚礼"，造福于那些收入有限者。据报道，卡塔尔男子与本国女子订婚时，要向女方赠送至少1公斤黄金首饰，故一些男子宁愿娶花钱较少的外国女子。为鼓励本国男子娶本国女子，卡塔尔政府规定，凡首次娶本国女子为妻的本国男子可从政府获得1.3万~2万美元的优惠贷款，第二次、第三次则依次减少。

婚礼在卡塔尔是一项隆重的庆祝活动，作为新郎新娘结为终身伴侣的合法标志。男女双方都要举行一些婚庆活动，广邀亲朋好友出席，通常有数百人应邀出席。这种婚庆活动的规模和持续时间依家庭经济状况而定，各有不同，可历时数日乃至一周以上。婚庆活动结束后，新婚夫妇才被认定已婚同居。新娘家在婚庆活动的最后一个晚上，新郎由伴郎陪同出席，同新娘一起坐在宾客面前，接受祝福并观看聘请的艺术家表演歌舞及宾客的歌舞等。婚庆活动一般选在春天或较凉快的月份，尽量避开夏天，否

则即使在五星级酒店举行婚礼也没多少人出席，因为人们通常在夏天出门避暑休假。

婚庆活动期间，新郎家灯火辉煌、通宵达旦。婚庆活动通常在室外露天举行，男女宾客分开入席，女宾进专设的帐篷，而男宾则围坐在露天所铺的地毯或沙发椅上。新娘方的婚庆活动中有一个"汉娜之夜"节目，系只邀新娘女眷参加而无一男士莅临的晚会。出席的都是新娘的姐妹或女友，她们可在手、臂、踝、足等处尽情涂脂抹粉，竭尽所能地用金银首饰化妆打扮自己，百花齐放、群芳争俏。新娘在婚礼上穿最漂亮的传统服饰，如今也有不少新娘改穿西式白婚纱。

尽管按伊斯兰教规定，卡塔尔实行一夫最多可娶四妻的多妻制，但现实生活中还是一夫一妻的居多。一夫多妻制有较严格的规定：由宗教有关方面判决婚娶男子是否拥有再婚权，主要依据为婚娶男子是否具备一定的经济实力，保证并有能力使他的每一位妻子享有同等的地位与权益。例如，原配妻子拥有一处住房，新娶妻子也必须得到同样的住房。

按阿拉伯传统风俗习惯，卡塔尔过去也存在近亲通婚的做法，如表姐妹未经表兄弟选择不得外嫁等，如今这种状况已有较大改变。

5. 礼节

卡塔尔人的礼节同邻近的阿拉伯国家一脉相承，大同小异，但也有一些相对独到之处。

卡塔尔人见面时，相互问候以"萨拉姆－阿莱依库姆"（意为真主和你在一起或和平光临于你）为主，这一问候适用于各种场合，即使在吊唁之时。按卡塔尔礼节，一个人新到一处，必须先向已在那里的各位问候"萨拉姆－阿莱依库姆"，这被视为后到者应尽的义务。

卡塔尔人家庭的起居室或办公处所的会客室，所有椅子、沙发均背靠墙壁，这是为了使每一个人就座时不会出现背对他人的不礼貌现象。会客或在公共场合，入席就座不宜跷腿，尤其不应脚尖面对他人，否则被认为缺乏教养。

卡塔尔穆斯林在礼拜时，要尽量让出身后地方。集体礼拜时，最后一排人尤其要在身后多留点空地，以免行人走在后排礼拜者磕头的前方而冒犯圣灵尊严。在穆斯林斋月期间，男女问候时不可握手，白天不能在公开场合吃喝，也不能招待穆斯林吃喝。

卡塔尔人好客，常以茶、咖啡和甜食热情招待客人。其中咖啡招待礼节较多，特别是适逢贵宾光临之时。首先是不用现成的咖啡，而是从烤制咖啡豆开始，经磨粉再煮沸，而后招待客人，以示虔诚尊重。其次，煮好的咖啡必须由最年轻的人负责招待，而且应是左手提壶、右手持杯并送递，万不可错。招待次序是由长及幼，先客后主。此外，添加咖啡时，视客人单手晃杯为止，否则需不时添加。通常情况下，在卡塔尔人家做客，直接拒绝食物、饮料的招待是不礼貌的举止，咖啡等饮料须喝一小杯或几口，点心类食品可以接受而不动口。

卡塔尔人如同其他阿拉伯人，既喜欢吃手抓饭，也喜欢用手抓食菜肴。出于好客，有的主人还热情地用自己的手为客人添菜，客人出于礼貌不宜拒绝。卡塔尔人都喜欢给客人加满一大碟子食物，并不时请客人多多用餐，以示慷慨。客人进餐太少，主人会有饭菜不佳或不合客人口味的歉意；客人因适量而吃不完自己碟中饭菜，不会被认为失礼，相反被认为是显示主人招待丰盛。卡塔尔人宴请，一般都使用餐桌；有时也会采取脱鞋席地坐地毯的方式，用民族特色的饭菜招待较亲近的客人。

同卡塔尔人洽谈、交涉办事，一般不会直奔主题，总是先有一番相互问候与寒暄，以示足够的友好，对此要有足够的耐心。

卡塔尔人注重礼节，但对外国人因不知情而引起的礼节过

失，一般不会当做冒犯，所谓"不知者不为过"。外国人在卡塔尔需要高度重视的是，当地人的宗教风俗习惯必须给予足够的尊重。

6. 其他

卡塔尔人生性本分而不张扬，习惯于藏而不露。多数卡塔尔人无论是日常着装还是待人接物，注重朴实大方而不好铺张。相比地区兄弟国家，卡塔尔石油与天然气财富、国民收入与人均收入都较高，但卡塔尔人在总体上既无夸张性宣传，也无过于奢侈举措，就连首都机场的建筑，也是朴实无华，靠近市区实用便利。一般情况下，没有特殊的需要，卡塔尔人不会做出张扬夸张的举措。

卡塔尔人较为注意各方平衡。在现代化迅速发展之中，努力保持传统文化和风俗习惯。新建的西方式住宅建筑中留有祖先建造风格，君主体制中民主成分不亚于共和制国家，接受西方文化可取之处而坚持本民族特性，官方同美国与西方国家关系密切，却又允许设立该地区揭露美国与西方国家言论较为尖锐的"半岛"电视台。

卡塔尔人男女授受不亲的习俗依然突出，虽然主张男女平等，而男女有别却较严格。卡塔尔女权主义的进展在海湾地区是领先的，甚至大学中女生多于男生，女性占公职人员比例达25%，还有女性大臣、女性大学校长。然而，卡塔尔男女分隔自上小学时即已开始，各社会单位及各种社会场合都设有女性专用场所。如：商店、邮局、移民局、银行、证件办理处等均设有"妇女专用（Ladies only）"的分支、柜台或窗口；旅馆、餐厅也有"妇女专用"席，非夫妇同行的单个男士免进。2006年在多哈举办的亚运会上，卡塔尔用民族盛装的小伙子取代他国习惯使用的礼仪小姐，或捧奖牌，或举鲜花，或承担其他礼仪工作，充分反映了卡塔尔男女有别的习俗。通常情况下，外国人在卡塔尔

获当地穆斯林的邀请，应清楚是否允许偕同夫人前往，如无明确指出，一般不要和夫人一起出席，以免使双方尴尬。

如同其他国家的穆斯林一样，卡塔尔人将伊斯兰教历第九个月定为斋月，每天日出至日落期间斋戒，不吃不喝，滴水不进，烟也不抽。只有老弱体虚者、孕妇、病人和长途旅行者等例外。斋戒被视为穆斯林重要的五功之一。斋戒是穆斯林庆贺与纪念真主将《古兰经》第一篇章降临给先知穆罕默德的一种表示，因此在这一个月中，穆斯林要更多地祈祷、念《古兰经》，并向穷困者慷慨施舍。30 天内，日落后与日出前才能用餐，故许多人日落饱餐后，常聚会聊天并伴以歌舞，等待下一次饱餐，由此常常通宵达旦。斋戒结束时，开始为时 4 天的开斋节，这是穆斯林的重大节日之一。

卡塔尔人秉承阿拉伯民族信条而生性慷慨好客者居多，加之国家和个人均较富裕，不少人一掷千金地给清真寺捐款，在穆斯林斋月花大笔钱赈济贫穷，向慈善机构认捐。

此外，卡塔尔人有喂养猎鹰、纯种马的嗜好，但随着这两种动物身价的提高，这一嗜好已成为富家子弟的专利。卡塔尔人还偏爱骆驼赛跑等活动，在地区、国际上均颇具盛名。

二　节假日

卡塔尔原法定假日为星期五一天，阿拉伯语和伊斯兰教称之为"主麻日"，系穆斯林每周一次聚集礼拜的日子。

从 1999 年开始，卡塔尔实行双休日，先是确定星期四与星期五均为法定休息日，后改成星期五与星期六两天为工休日。私营界大多也按公家规定每周休息两天行事，但采取员工轮流值班的方式运转。只有银行和部分私营企业例外，仍实行每周 6 天工作制，仅星期五休息；石油与天然气公司与国外交往较多，为便

利对外合作，双休日从一开始就定为星期五和星期六。

卡塔尔的国家节日主要有：9 月 3 日为独立国庆日，6 月 27 日为现任埃米尔登基日，还有各种传统宗教节日。传统宗教节日主要有伊斯兰教历 1 月 1 日的伊斯兰元旦、3 月 12 日先知穆罕默德生日、10 月 1 日开始的开斋节和 12 月 1 日开始的宰牲节。这些节日中，开斋节休息 4 天、宰牲节休息 5 天，其余均休息一天。公历元旦，全民也放假一天。基督教等其他宗教重大节日，只给有关教徒放假，不属全国性休息日。

第二章

历 史

虽然，包括卡塔尔在内的阿拉伯半岛史前史几乎没有文字记载，但国际考古学家通过发掘出来的文物，证明卡塔尔具有史前人类活动的古老历史。尽管卡塔尔在漫长的岁月里，只是同阿拉伯海湾地区的邻国一起在历史上属于不同帝国的行政辖区，但卡塔尔还是顽强地表现出其独有的特性。卡塔尔作为独立国家面世较晚，1971 年才独立，但其发展变化巨大。

第一节　上古简史
（公元前 5500 年至公元 7 世纪初）

一　新石器时代的原始居民

经丹麦考古团组在 20 世纪 50~60 年代间的反复考察，英国和法国考古团组在 20 世纪 70 年代左右的多次考察，所发掘和搜集的远古文物表明，卡塔尔半岛在公元前 5500 年左右已有居民。在卡塔尔东海岸中部的豪尔地区，出土了炉床、贝壳、鱼牙、炭化椰枣、大块的石制手斧、做工精细且锋利的箭头及燧石打火工具等，分属于公元前 5340~前 5080 年和公

元前 5610 ~ 前 5285 年两个时代的物品，这就是新石器时代卡塔尔半岛居民的生产工具和生活用品。在卡塔尔西海岸杜汉地区的达萨（Al – Daasa），考古学家发现两个新石器时代的石灰岩制的磨碾，表明当时卡塔尔的游牧居民不仅从事捕鱼狩猎，而且已知道收割野生谷物作食用。考古学家还在卡塔尔 5 处不同地方发现属于公元前 6000 年开始的乌贝德时代（Al – Ubaid）的陶器碎片。乌贝德位于伊拉克南部幼发拉底河与底格里斯河两河交汇处附近的乌尔地区，距离卡塔尔路途遥远。有关碎片表明，远古的美索不达米亚人曾长途跋涉到达卡塔尔并把乌贝德陶器带到这里。

在长达 2000 多年的新石器时代里，卡塔尔及其邻近土地上居住的人们，主要靠狩猎、捕鱼与收割野生谷物为生。由于考古发掘中只发现远古的贝壳、鱼骨、禽和兽骨堆及少量居住的洞穴，迄未见到当时居住的建筑遗址，故考古学权威方面认为，当时的卡塔尔居民大多是居住在用椰枣树枝叶搭建的小棚里。另一方面，这些卡塔尔居民与美索不达米亚南部的居民保持接触，长达许多世纪。那些自美索不达米亚南下的渔民，在水产丰富的卡塔尔等阿拉伯半岛海岸打鱼，但多数不在那里定居，收获季节过后便带着腌干、晒干的食品返回故里，而把他们带来的陶器赠送给卡塔尔当地人或同他们换取新鲜食品。不排除少数或个别美索不达米亚渔民留居卡塔尔的可能，但他们没有形成重大影响。

二　青铜时代与铁器时代有关卡塔尔的记载

公元前 3500 年后，底格里斯与幼发拉底两河流域的肥沃平原上，出现人类历史上早期的城邦，开始了古老的美索不达米亚文明。此后不久，古埃及的美尼斯法老统一了尼罗河沿岸的上下埃及，开启了历史上 2000 多年的法老文明。卡塔尔所在海湾地区成了两河流域和古代埃及两大历史文明交会

的联结地。公元前 24 世纪，美索不达米亚南部的苏美尔
（Sumer）人，涉足卡塔尔西北约 100 公里处——现属沙特阿拉
伯的塔鲁特（Tarut）和巴林群岛，建立"迪尔蒙国"（the Land
of Dilmun）。据苏美尔人在公元前 2000 年末发明的楔形文字记
载，在公元前 2450～前 1700 年间，迪尔蒙人以巴林为贸易中
心，经营银器、纺织品、食品、建筑用木材、铜器和宝石等交
易，有关贸易使卡塔尔开始了青铜时代文化。在卡塔尔拉斯阿巴
鲁克（Ras Abaruk）和胡尔沙基克（Khor Shaqig）小岛上，考古
学家发掘出作为迪尔蒙文明产品的陶器；另在卡塔尔中部哈拉拉
（Kharrara）出土了刻有楔形文字的石片，证实美索不达米亚文
明确曾涉足卡塔尔。

大约在公元前 1750 年，新兴的巴比伦王国吞并了迪尔蒙
国，卡塔尔等海湾国家改为同巴比伦王国交往。考古学家在胡
尔沙基克小岛上发现了巴比伦王国的粗制陶器、制造颜料的大
桶等遗物，还在该岛上发现 300 万个骨螺的碎壳堆。据记载，
卡塔尔曾盛产大红与深红色颜料，均由骨螺中提取。这种颜料
被巴比伦王国统治者霸占，用其染衣，只供王室人员与宗教实
权人物使用。

进入铁器时代，卡塔尔人主要过游牧生活，以牧养骆驼、
牛、羊为主，此时当地的气候已比新石器时代变得干燥了许多。
虽然在阿拉伯半岛已发现铁器时代的遗迹，但在卡塔尔尚未找
到。公元前 6 世纪，卡塔尔人的游牧与定居的生活方式已形成相
互依存的关系，他们不仅仅相互交换产品，而且合作利用骆驼运
输开辟境外贸易，拓展了贸易通道。公元前 5 世纪，希腊历史学
家希罗多德（公元前 484～前 425 年）在著作中，将卡塔尔原始
居民视为后来迁徙地中海东海岸的伽南人及擅长于航海的腓尼基
人。后又有希腊地理学家托勒密将现今卡塔尔的祖巴拉标为卡塔
尔，卡塔尔因此首次被国际文字记载而留名。

三 希腊与波斯统治时期

公元前 326 年，希腊马其顿亚历山大大帝征服阿拉伯海湾地区，并继续向印度大陆进军。他在如今的卡拉奇地域建立一支舰队，并命令其海军指挥官尼拉修斯（Nearchos）开发阿拉伯海湾以便征服阿拉伯半岛。后因亚历山大大帝突然身亡，这一征服计划虽有所起步，但未能展开。亚历山大死后，其所建立的幅员辽阔的大帝国随即被其将领们瓜分，帝国的东部被塞琉古一世（Seleucis Nictator）据有，并建都于底格里斯河西岸，命名为塞琉古王国（Seleucia）。此时，离卡塔尔不远的阿拉伯半岛东海岸的吉尔哈（Gerha）成了阿拉伯半岛与印度之间陆上及海上贸易的中心。塞琉古王国在卡塔尔留下不少遗迹，卡塔尔西海岸靠近拉斯阿巴鲁克的拉斯乌维奈特阿里（Ras Uwainet Ali）出土了大批塞琉古王国时的陶片，埋在 100 多个土堆里。此外，拉斯阿巴鲁克有一石头建造的住房，有两个内间及一个面向大海的外间，附近有不少炉床，一大堆鱼骨和作为榔头用的外来的鹅卵石，均属希腊罗马时代遗迹，表明当时卡塔尔人从事渔业活动较多。

公元前 140 年，帕提亚（Parthians）的安息人兴起，削弱了希腊王朝对海湾地区的统治，并开始拦截自欧洲经红海与阿拉伯海湾前往印度洋贸易的船只。到公元 225 年，帕提亚被萨珊王朝（Sassanid）的波斯人推翻。他们在美索不达米亚的泰西封（Ctesiphon）建都，改变其前朝的做法，直接控制了海湾与印度洋的贸易，使卡塔尔在内的经红海的贸易路线效能降低。公元 570 年时，萨珊王朝的势力已成功地扩展到也门，控制了整个阿拉伯半岛与海湾的陆上与海上的贸易通道。萨珊王朝还开始经营范围更广的商品贸易，当时的卡塔尔负责供应两种奢侈品：颜料与珍珠。卡塔尔如今有不少地区发现与萨珊王朝有关的历史遗迹：多哈西北的迈兹鲁阿（Mezraah）发现一个椭圆形墓葬中有

2具骨骼，其中一具手臂处有一支嵌入骨头的箭头，墓中还有一把优质铜剑和一些铁箭头，还有一件几乎无损的萨珊玻璃器。有趣的是，该墓地周围还发现有骆驼遗骸。按历史记载，古代只有波斯英雄墓前才有宰杀的骆驼陪葬。另在卡塔尔西北海岸，靠近"乌姆马"（水之母，Umm – el – Ma）的地方出土不少玻璃与陶器碎片，其中包括萨珊釉色玻璃及一些属于公元2~3世纪的红色抛光碎片。

第二节　中古简史
（公元7世纪至17世纪）

公元622年，伊斯兰教先知穆罕默德在其家乡——现沙特阿拉伯的麦加等地传教成功并向外扩展。公元627~629年，阿拉伯半岛东部哈萨地区的基督教等信徒纷纷皈依伊斯兰教。卡塔尔在内的巴林地区统治者蒙扎尔·伊本·萨迪·塔米米（Al – Munzir Ibn Sadi Al – Tamimi）随即于公元628年响应先知的号召，率众加入伊斯兰教。从此，伊斯兰教及伊斯兰文化在卡塔尔扎根并延续至今。

卡塔尔加入伊斯兰阵营后，很快就为伊斯兰教的传播与发展作出了自己的贡献。据阿拉伯伊斯兰教历史记载，航海技术训练有素的卡塔尔水手运用他们的技能与知识，为第一支伊斯兰舰队的组建和作战作出了不可磨灭的贡献。公元637年，该舰队在阿布·阿拉·哈达拉密（Abu – AlAla Al Hadrami）指挥下，由卡塔尔出发，担负了海上开展伊斯兰圣战的使命并运送伊斯兰战士前往波斯作战。

进入伊斯兰新纪元后，阿拉伯历史上有关卡塔尔的记载日益增多，名气随之而增。阿拉伯历史学家与旅行家均记载了公元7世纪的卡塔尔诗人卡塔尔·伊本·富加（Qatar Ibn Al – Fujaah），

他的著作流传至今，仍为阿拉伯民众所称颂。在著名的阿拉伯地理学家雅库特·哈马维（Yagut Al－Hamawi）的著作中，提到卡塔尔盛产上乘的毛织斗篷，名为卡塔尔斗篷，其编织技术远近闻名。此外，该著作中还提及卡塔尔有骏马市场与骆驼交易市场。据历史考证，伊斯兰教先知穆罕默德及其夫人均曾使用过卡塔尔斗篷与编织品，四大哈里发中的第三位欧麦尔·本·哈塔布也曾有一件卡塔尔皮斗篷。

公元 750 年，以大马士革为首都的阿拉伯伊斯兰帝国倭马亚王朝被先知叔叔的后人推翻，史称黑衣大食的阿拉伯伊斯兰帝国阿拔斯王朝兴起，并建都于巴格达。这一历史变迁，为卡塔尔经济活跃带来了良机。都城巴格达相比大马士革，距离阿拉伯海湾与卡塔尔的路程大为缩短，阿拔斯王朝对海湾地区贸易的兴趣也明显上升，并将此贸易活动扩展到东部非洲及印度，直至中国。阿拔斯王朝对卡塔尔珍珠和斗篷等商品的需求日益增加，促进了卡塔尔贸易活动的发展。与此同时，该王朝兴盛的文化和建筑业也为卡塔尔增添了光彩。著名的《天方夜谭（一千零一夜）》中水手辛巴迪（辛伯达）故事反映了卡塔尔在内的地区的社会缩影。阿拔斯王朝时代在卡塔尔兴建的城堡至今还留有遗迹，祖巴拉附近穆瓦布（Murwab）的古城堡是卡塔尔最古老的城堡，形状与伊拉克在公元 8～9 世纪建造的城堡相类似。该地区还出土了一些阿拔斯王朝时代的优质陶瓷和玻璃用品等文物。在阿拉伯伊斯兰帝国期间，卡塔尔始终与巴林合为一个地区或同属一个酋长国，先后经历过盖拉米特（沙特哈萨）、乌尤纳（哈萨）和纳卜汉（阿曼王国）家族的统治。

公元 13 世纪，海湾地区霍尔木兹（Hormoz）国建立了自己的海军，并在公元 14 世纪中叶控制了海湾地区的贸易，使卡塔尔进入新的历史时期，随同霍尔木兹一起成为欧洲与东方开展对外贸易的一个闻名之地。不久，海上强国葡萄牙为拓展其通往印

度的远东贸易路线，开始对海湾地区进行扩张活动。公元 1515
年，霍尔木兹地区落入葡萄牙军队之手，不久巴林也沦为葡萄牙
占领区。公元 1520 年，葡萄牙又攫取了沙特阿拉伯东部的盖提
夫（Qatif）。卡塔尔则于 1517 年处于葡萄牙统治之下。不久，
土耳其奥斯曼帝国也加紧向海湾地区拓展其势力范围。公元
1534～1546 年，奥斯曼帝国军队攻占了伊拉克巴士拉地区，随
即开始在海湾地区驱逐葡萄牙势力。土耳其人驱逐葡萄牙势力的
活动得到了卡塔尔在内的地区势力的支持和帮助。公元 1555 年，
卡塔尔等被纳入奥斯曼帝国的版图。葡萄牙人最终在英国伙同荷
兰等国打击下，于公元 1650 年从其在海湾地区的最后一个据点
马斯喀特（Musscat）撤离。尽管如同整个阿拉伯地区一样，卡
塔尔也曾归属奥斯曼帝国统治，但卡塔尔并未直接承受土耳其人
控制，实际上是从属所在地区统治者的管辖。

第三节　近代简史
（17 世纪至第一次世界大战）

一　卡塔尔所在地区的内外纷争

土耳其人的势力于 17 世纪到达卡塔尔时，奥斯曼帝国
已逐渐走向衰落。公元 1622 年波斯统治者萨法维
（Safawi）王朝阿巴斯一世同英国结盟，将葡萄牙人赶出霍尔木
兹并取而代之。此前不久，波斯人还一度在 1620 年控制过巴士
拉地区。在此期间，包括卡塔尔在内的阿拉伯半岛东部地区也曾
兴起过驱赶奥斯曼帝国势力的运动。公元 1680 年，奥斯曼帝国
被迫承认阿拉伯半岛东部地区实际统治者贝尼哈立德（Bani
Khalid）的合法地位。同一时期，荷兰东印度公司（建于 1602
年）取代葡萄牙人，其垄断海湾贸易的状况逐步变化，并于 1700

年同英国东印度公司（建于 1698 年）合作，形成英、荷、法等西方列强的联合垄断，逐步蚕食吞并土耳其奥斯曼帝国的势力范围。在此期间，卡塔尔由贝尼哈立德任命的酋长领导，直接经受西方列强的干涉有限。其海边居民主要从事采珠业和渔业，内地的贝都因人仍以游牧为生。卡塔尔半岛沿海居民逐渐从祖巴拉向东海岸迁移，其主要集结点有沃克拉、现为卡塔尔首都多哈的贝达（Bidda）、胡韦拉（Al–Huwailah）和戈维利亚（Al–Ghuwairiyah），其中胡韦拉在 18 世纪初期曾为卡塔尔重要的采珠港。

18 世纪是个动荡的年代，海湾地区除了是西方列强等外国势力争夺之地外，地区内部本身也充满了变数，并对卡塔尔影响较大。1745 年，谢赫穆罕默德·本·阿卜杜·瓦哈布（Mohammed bin Abd Al Wahab）传播伊斯兰原教旨主义主张（瓦哈布主义），在阿拉伯半岛掀起了一场强烈的改革运动。这场运动将斗争矛头指向奥斯曼帝国和土耳其人，指责奥斯曼帝国苏丹是假哈里发，土耳其人信守的宗教仪式同伊斯兰教基本精神相悖，使纯正的伊斯兰教陷入混乱与黑暗。瓦哈布号召阿拉伯半岛各部落团结起来，驱逐土耳其异教徒，在纯洁的伊斯兰教旗帜下解放阿拉伯国家，统一阿拉伯半岛。阿拉伯半岛内志地区的沙特部落接受瓦哈布主义，并联合瓦哈布创建瓦哈布主义国家，传播这一主义。在 40 年时间里，经过反复征战、斗争，使瓦哈布主义风靡阿拉伯半岛的大部分地区。瓦哈布运动兴起，引起奥斯曼帝国的地区代理人的恐慌，其驻巴格达与开罗的总督先后从两个方向反复与沙特人展开争夺势力范围的交战，直到 1818 年瓦哈布主义的沙特第一王国被扼杀才停息战火。

二　哈利法家族统治时代

在阿拉伯半岛经历瓦哈布运动期间，卡塔尔内部也不断发生纷争。1766 年，贝尼乌图布部落的哈利法家族由科威特迁入卡塔尔西北部地区，与原居民穆萨利姆家族纷争不已，尤其在祖巴拉地区更为激烈。为此，哈利法人在公元 1768 年于祖巴拉西北海岸修建了穆埃尔（Murair）城堡，以保卫祖巴拉及附近地区的安全。该城堡及其一条 2 公里长的通海人工航道，曾为卡塔尔引为自豪的工程成就。经过多年的斗争，哈利法家族逐步拓展了势力范围，卡塔尔半岛要么直属哈利法家族领导，要么受其任命的代理人控制。

哈利法家族在祖巴拉地区站稳脚跟后，逐步形成对卡塔尔的实际统治。由于海上采珠、商贸活动时常遭到巴林岛统治者——波斯萨法维王朝代理人的挑衅，双方断断续续地发生冲突、交战，持续 10 多年。公元 1781 年，哈利法人开始武力征服巴林，赶走了那里的波斯长官，成为巴林的统治者，并延续至今。哈利法人占领巴林后 10 多年内，其统治中心仍在祖巴拉。1795 年，祖巴拉因接待沙特人的敌对势力，受到沙特人的侵犯和围困。1796 年，哈利法人被迫撤出祖巴拉，迁移巴林。虽然，哈利法人不久得以收复祖巴拉，但统治家族更为钟情巴林，并于公元 1799 年将统治中心迁往巴林。

哈利法家族统治中心迁到巴林后，不甘心对卡塔尔半岛的控制能力下降，加之沙特人等外部势力介入，使卡塔尔多年处于冲突与战争之中。其中，历史记载的著名战役有：公元 1850 年哈利法家族率卡塔尔人战胜沙特军队的"迈什米尔之战"；双方以和解告终的"多哈之围"交锋等。

哈利法家族统治卡塔尔后期，正逢英国海上扩张势头上升之际。英国为确保其与印度通商安全和英国的势力范围，迫使卡塔尔在内的地区统治者于 1820 年与其签订和平条约。由于卡塔尔只有少数人知道这一条约，故在签约的第二年即有违约行动，招致英国东印度公司的"维斯塔尔号"战舰对多哈的炮击。1832 年，卡塔尔等同英国签订的海上停火协议生效，但英国人在

1841年又破坏了这一协议，炮火剥夺了卡塔尔人当年5月至9月下海采集珍珠的最佳时节，该停火协议才在卡塔尔家喻户晓。

三 阿勒萨尼家族统治的兴起

勒萨尼家族原长期居住在现沙特阿拉伯内志南部的吉布林（Gebrin）绿洲，源自阿拉伯半岛东部穆达尔·本·尼扎尔（Mudar Bin Nizar）部落衍生出来的塔米姆（Tamim）家族。18世纪初，阿勒萨尼家族迁移到卡塔尔，先在南部靠近沙特阿拉伯的塞勒沃（Thalwa）地区，后向北迁居到鲁维斯（Al－Ruwais）和富韦里特（Fuwairit），最终定居多哈。阿勒萨尼的名字源自该家族在卡塔尔首任统治者穆罕默德·本·萨尼的父名萨尼·本·穆罕默德·阿里。

阿勒萨尼家族在卡塔尔定居后逐步发展，在卡塔尔原有的10多个部落家族中脱颖而出。1850年，穆罕默德·本·萨尼接替其父出任家族酋长，他对内发展海上采珠和商贸活动，使本人和家族日渐富裕，增强了实力；对外努力在哈利法家族、沙特人和英国势力之间纵横捭阖，左右逢源，使本人与家族的声望和地位不断上升。

1866年，阿勒萨尼家族与努埃姆部落联合反抗巴林哈利法家族在卡塔尔设立的统治者艾哈迈德·哈利法，拉开了独立自治的序幕。1867年卡塔尔的多哈和沃克拉两地遭到巴林和阿布扎比联合舰队的袭击，以阿勒萨尼家族为代表的卡塔尔人虽处于弱势之中，但仍能成功地击退外来进攻。1868年9月12日，英国与穆罕默德·本·萨尼达成和平协议，承认后者为卡塔尔实际统治者，随后又介入卡塔尔与巴林之争，结束了巴林哈利法家族对卡塔尔半岛的军事干涉。穆罕默德·本·萨尼先是作为哈利法人的代表，获得以卡塔尔东部为主的大部地区的统治权，后又逐步取得对祖巴拉以外的卡塔尔半岛西部地区的控制，直至1872年才停止向哈利法人进贡，成为完全的卡塔尔统治者。穆罕默德·本·萨尼开创了阿勒萨尼家族对卡塔尔的统治时代，一直延续至今。

公元 1878 年，穆罕默德·本·萨尼去世，其子卡赛姆·阿勒萨尼继位。时值奥斯曼帝国与英国等列强激烈争夺海湾地区的势力范围，卡塔尔所处环境恶化。奥斯曼帝国军队在多哈安营扎寨、建立城堡后，卡赛姆曾接受奥斯曼帝国的保护，并同奥斯曼帝国在地区的代理势力改善关系，从而保全了阿勒萨尼家族对卡塔尔的自治权。但是，这一做法引起英国的不满，使卡塔尔承受了不少英国施加的压力。卡赛姆只能在土耳其奥斯曼、英国两大势力的夹缝中求生存与发展。随着时间的推移，卡塔尔日益反感土耳其人插手其内政并不断增索进贡物品等做法，双方矛盾日益上升。1893 年，奥斯曼帝国驻巴士拉总督哈菲兹帕夏（Hafiz Pasha）访问卡塔尔事件，使双方矛盾达到了高潮。这位总督随行人员中有 300 多名骑兵和一个步兵团，名曰访问，实为军事干涉，致使双方发生激战。1893 年 3 月 26 日，哈菲兹总督率领的军队乘夜突袭卡塔尔统治者卡赛姆位于瓦吉巴（Wajbah）的司令部，遭到卡塔尔军民的顽强抵抗而以惨败告终。这次军事行动的失败，迫使奥斯曼军队撤出多哈，卡赛姆的功绩在卡塔尔近代史上树立了一个光辉的里程碑。

第一次世界大战中，英国与奥斯曼帝国对垒，以土耳其人失败而告终。1915 年，土耳其人撤出卡塔尔所在的阿拉伯半岛地区，英国在该地区的势力得到了巩固和加强，海湾地区从此沦为英国的势力范围。

第四节 现代简史（1916～1971 年）

土耳其势力的撤出，进一步为英国扩张势力敞开了方便之门。土耳其人最终撤出的第二年，1916 年英国即

同卡塔尔签订了所谓的友好保护条约，使卡塔尔如同科威特、巴林、阿曼等地区邻国一样成为英国的"保护国"。按此条约，英国确认卡塔尔时任统治者、卡赛姆之子阿卜杜拉的统治地位，而英国有权对卡塔尔的外交实施监督，卡塔尔未经英国同意，不得出让、变卖或抵押领土；英国允诺从海上和陆上保护卡塔尔安全不受外来袭击。卡塔尔于1971年独立前，不设驻外使领馆，其有关对外事务一直由英国驻外使领馆代理。英卡"友好保护条约"在1935年被双方重新确认后，卡塔尔于1937年从巴林哈利法人手中收复了半岛西部重镇祖巴拉，完成了半岛领土的统一。

尽管英国帮助卡塔尔建立了邮电服务等设施而扩大了在卡塔尔的影响，但英国的殖民主义行径仍遭到卡塔尔在内的地区广大民众的厌恶与反感，民族主义运动在海湾国家蓬勃兴起并持续发展，卡塔尔政局一度有所动荡。

20世纪30年代，卡塔尔进入经济严重困难时期。英国等西方国家经济萧条，对卡塔尔盛产的珍珠需求下跌，卡塔尔支付进口物资的外汇拮据。尤其是日本于1933年开拓了人工养蚌取珠业，使珍珠成本及销售价格急剧下滑，对卡塔尔等一些海湾国家采珠业产生巨大的冲击。尽管海湾地区于1908年发现石油矿藏，伊拉克已于1913年开始出油，但卡塔尔迟迟没有开始石油勘探工作。直到第二次世界大战后卡塔尔才真正出产石油，石油美元才开始源源不断地涌入。在采珠业收入下降而石油美元尚未涌入时期，卡塔尔甚至处于食品等生活必需品短缺的状况，还曾一度出现民众向外迁徙谋生的浪潮。

1932年，美国石油公司在巴林成功开采石油后不久，又同沙特阿拉伯当局谈判在沙特勘探、开采并输出石油的合作事宜。美国的举动促使英国加大力度在阿拉伯半岛地区争夺石油资源，其中包括积极开展在卡塔尔的活动，劝说卡塔尔同英国控制的伊拉克石油公司合作勘探石油。1935年5月17日，卡塔尔当时的统治者阿卜杜拉按照英国要求，同英国签订一个文件，允许英国控制的伊拉克石油公司的合伙者英吉利—波斯石油公司在卡塔尔开采、提炼和出售石油与天然气及其他副产品。经一系列的压价，卡塔尔起初从英国取走的每吨石油中仅获 3 卢比（约合 0.2 英镑），1951 年才提高到 10 个卢比。1952 年 9 月，双方重新签订协议，规定了石油利润平分的原则。

1939 年 10 月，卡塔尔首先在西海岸中部的杜汉地区开采出石油。然而，因爆发第二次世界大战的缘故，英国公司在卡塔尔的采油活动被迫中断。1942 年，杜汉地区 3 口油井被封，英国石油公司人员打道回府。直到 1949 年 12 月，卡塔尔才真正对外输出石油。随后卡塔尔原油产量和出口量有较大提升，其经济状况由此开始逐步好转。卡塔尔于 1961 年 1 月加入世界石油输出国组织（欧佩克），于 1970 年 5 月加入阿拉伯石油输出国组织。

卡塔尔第三任统治者阿卜杜拉从 1940 年起，已将许多国事交与其子哈马德处理，意在由其逐步接班。然而，哈马德阳寿不足，先于其父在 1948 年病故。由于哈马德之子哈利法在其父逝世时年纪尚轻，从政经验不足，阿卜杜拉于 1949 年年老逊位时，让其另一个儿子、哈马德的哥哥阿里继位，立哈利法为王储。1960 年阿里又逊位给其子艾哈迈德，并让哈利法出任副统治者。

1968 年 1 月 16 日，英国宣布将于 1971 年从苏伊士运河以东地区撤出驻军，即准备从海湾诸酋长国撤出。起初，卡塔尔与巴林及现今阿拉伯联合酋长国的 7 个酋长国曾商议建立统一的联合酋长国，以填补英国撤出的"真空"。但这一努力以失败告终，科威特、沙特等国斡旋也没能促成。1970 年 4 月，卡塔尔时任统治者艾哈迈德颁发卡塔尔国家临时宪法；同年 5 月，任命王储兼副统治者哈利法为政府首相并组阁。在商议联合建国未果的情况下，卡塔尔于 1971 年 9 月 3 日正式宣布废除同英国签订的不平等的"友好保护条约"，建立独立主权国家，国家元首称埃米尔。同年，卡塔尔与英国签订了新的平等的友好合作条约。卡塔尔独立后，迅速加入阿拉伯联盟和联合国等地区与国际性组织，同世界上许多国家建立起广泛的外交关系，并建立起本国的陆、海、空三军部队。

第五节　当代简史（1971 年至今）

塔尔于 1971 年 9 月独立后不久，即发生了国内政权变更。1972 年 2 月，副埃米尔哈利法在统治家族首肯、军队和百姓的支持下，从其堂兄艾哈迈德手中接管政权，就任埃米尔。23 年后，哈利法的埃米尔王位又被其子哈马德和平接任。1995 年 6 月 27 日，哈马德在统治家族同意、军队和百姓支持下，以王储、武装部队副统帅兼国防大臣的身份宣布，他由事实上的国事管理者登基为卡塔尔埃米尔兼武装部队最高统帅。他任命其弟阿卜杜拉为首相，负责政府事务，直到 2007 年才由现任首相哈马德·本·贾西姆取代。哈马德先于 1996 年任命其第三个儿子贾斯姆（Jassim）为王储，后于 2003 年改任其第四个儿子塔米姆（Tamim）为王储。

卡塔尔独立后不久，1973 年国际油价飞涨，改变了原有石油廉价出口的状况，使卡塔尔在内的石油出口国迅速走向富裕。1974 年，卡塔尔开始实行石油国有化政策，进一步增加了国家财富。海湾战争及美国对伊拉克战争引起的油价上涨，特别是 2005 年后的国际油价攀升，使卡塔尔石油美元收入剧增，人均国民收入位居世界前列。除石油资源外，卡塔尔储藏有大量天然气，通过天然气液化技术处理，卡塔尔出口天然气与日俱增，有关收入使之富上加富。

卡塔尔能源财富的增加，不断改变卡塔尔社会面貌的方方面面。独立之初的传统民居逐步为现代化的别墅式住宅所取代，城市市政建设经规划管理焕然一新。令人赏心悦目的现代化楼堂馆所如雨后春笋般地出现，比比皆是。能源财富的增加，推动了卡塔尔各行各业的蓬勃发展。独立之初，卡塔尔主要依赖石油出口的经济单一化状况，经过多年持续不断的努力，出现工业多样化之势。新兴的工业园区逐步增加到 3 个，非能源的其他工业产值也在不断上升。农业在卡塔尔原来是微不足道的，但在政府大力开发与投资建设下，国营与私营农场大大增加，农业产值在国民生产总值中也占有一席之地。交通运输方面，卡塔尔民航公司的发展最为引人注目，在本地区已属凤毛麟角。卡塔尔的金融业在海湾及中东地区，独树一帜；旅游业为卡塔尔新兴的产业，也在蓬勃发展。

国家经济状况的改观使卡塔尔科教文卫事业出现了突飞猛进的发展。卡塔尔独立后，不仅中小学校数量增加，还组建了卡塔尔自己的大学。2008 年，卡塔尔新建的教育城全面完工，又为本国和海湾地区增添了新的高等学府。卡塔尔重视医疗事业的发展，全国医疗服务成网，综合医院由一所发展到多所，私营医院的不断增加促进医疗服务水平全面提升。卡塔尔虽然国小人少，但其体育运动方面的成绩也不断在地区崭露头角，成功承担了亚运会在内的大型国际比赛活动，现正在积极申办 2016 年国际奥运会。

卡塔尔当代历史性变化也表现在人口迅速增加上。全国人口已由独立之初的 15 万余人，增加到 2006 年的 80 多万人，35 年内增长了近 5 倍。而且，人民生活水平与人口素质也有较大的提升。2006 年卡塔尔人均国民生产总值高达 62914 美元，在海湾合作委员会国家名列第一，居世界第四。

卡塔尔独立以来，国内政局重大事件除了统治者更迭、政府改组外，主要是当局不时推行的政治改革举措。1972 年埃米尔哈利法颁布法令，组成第一届协商会议，共 20 名成员。既为埃米尔增加了咨询机构，又为政府部门设立了一定的监督机制。1975 年和 1988 年，该协商会议成员人数分别增至 30 和 35 人。

1995 年埃米尔哈马德上台后，陆续推出一系列政改措施：他制定并颁布了卡塔尔永久宪法，确定了 2/3 成员由民选产生的新型议会模式，向立法、行政和司法三权分立目标迈进的方向；他下令取消新闻检查，实现言论自由；他努力提高妇女地位，使卡塔尔出现女大臣、女性大学校长等。多年来，卡塔尔处于动荡的海湾局势中，由于内外政策较为得当，国内政局基本稳定。近年来，卡塔尔如同海湾邻国，也曾出现过"基地"组织策划的自杀性恐怖爆炸事件、外籍阿拉伯工人静坐示威和外国工人罢工抗议欠发工资类事件，但有关影响和范围均较有限，并得到迅速、妥善的解决。

卡塔尔独立后，注重扩大自己在地区与国际上的影响。它在努力加强内部建设的同时，提升了自己的国际地位。卡塔尔通过世界石油输出国组织和阿拉伯石油输出国组织成员身份，在国际能源事务中发挥了重要作用。卡塔尔于 1981 年积极参与海湾合作委员会的筹建活动并成为该组织重要成员，在海湾事务中享有举足轻重的地位。在国际伊斯兰教事务中，卡塔尔的活动广泛且积极。在国际贸易中，卡塔尔是世贸组织会议的重要东道国。在地区和国际事务中，卡塔尔既有符合本国利益的政策，又有受广大民众欢迎的声音。2006 年当选联合国安理会非常任理事和成功举办第 15 届亚洲运动会，2008 年 5 月多哈会议平息黎巴嫩内部武装冲突并使黎政局好转，2009 年 1 月举办地区国家峰会制止以色列对加沙军事行动等重大举措，均使卡塔尔地区影响和国际地位有所提升。

第六节　阿勒萨尼家族历代统治者简介

阿勒萨尼家族于 1868 年成功确立对卡塔尔的统治地位以来，一直在卡塔尔统治至今。其历任统治者（独

立前称酋长或长老，独立后称埃米尔，名字前均冠以谢赫字样，以示尊称）简况如下：

谢赫穆罕默德·本·萨尼（Sheikh Mohammed Bin Thani，1868 ~ 1878 年在位）

1850 年在其父去世后，出任阿勒萨尼家族的长老。穆罕默德勇于创新，曾经将自己财产投放到采集珍珠和珍珠贸易中并取得成功，建立了采珠船队，成为海湾大珠宝商之一。在他带动下，阿勒萨尼族人纷纷由放牧转向采集珍珠和定居海边渔村，积累了巨额财富，并依靠这些财富逐渐成为卡塔尔半岛上势力最大的部落。因此，穆罕默德在阿勒萨尼家族由游牧转向定居和扩展本族势力方面，功绩难以磨灭。在担任族长后，他善于团结卡塔尔其他部落共同抵制巴林哈利法家族的统治，还巧妙利用英国的力量抵御了巴林哈利法人的军事攻击。1867 年，在巴林与阿布扎比联合舰队袭击卡塔尔多哈与沃克拉期间，他率领卡塔尔人成功地迫使进攻者退却。1868 年，穆罕默德同英国签订和平条约后，结束邻国对卡塔尔半岛的干涉，并从此确立了他对卡塔尔的领导地位。1872 年，他彻底停止向巴林哈利法家族的进贡，使卡塔尔摆脱哈利法家族统治，成为阿勒萨尼家族独立领导卡塔尔的首任统治者。

谢赫卡赛姆·本·穆罕默德·阿勒萨尼（Sheikh Qassim Bin Mohammed Al – Thani，1878 ~ 1913 年在位）

卡赛姆是卡塔尔王室史上非常重要的人物。其父穆罕默德执政后期，已有意识地让他参与国事处理，培养他为接班人。卡赛姆笃信伊斯兰宗教，政见成熟，敬重各派学者与宗教人士，并以此获得了卡塔尔半岛各个部落的尊敬和拥戴。19 世纪 70 年代伊始，卡赛姆已代表卡塔尔在奥斯曼帝国与大英帝国两大势力之间推行平衡政策。他于 1872 年引入奥斯曼帝国的军队进驻多哈，并在 1879 年获奥斯曼帝国授予的荣誉酋长称号，英国曾因此表

示极大的不满，多次指控他参与海盗勾当、抢劫别国商品，并对卡塔尔进行了强行罚款的报复。卡赛姆后来强烈反对奥斯曼土耳其人干涉内政与贪婪索要贡品的做法，又于 1893 年勇敢地击败奥斯曼帝国驻巴士拉总督率军对卡塔尔的进攻，在卡塔尔现代史上书写了光辉的一页，他本人的声望也因此大增。卡赛姆一生为卡塔尔利益而努力奋斗，先后同哈利法人、沙特人、英国人、土耳其人斗智、打过仗，最后凭借自己广泛的人脉和果断的处事能力，摆脱了不利处境，巩固了自己在卡塔尔半岛的威信。尽管他在执政后期让其子阿卜杜拉代理国事，但他仍掌控国家大政方针。其在任期间，卡塔尔兴建了连接各主要城市的公路网工程，创建了宗教学校，并办起了卡塔尔第一所世俗学校。他于 1913 年逝世。

谢赫阿卜杜拉·本·卡赛姆·阿勒萨尼（Sheikh Abdullah Bin Qassim Al–Thani，1913～1949 年在位）

阿卜杜拉于 1913 年其父去世后继任卡塔尔统治者，此前早已开始协助其父处理国事。在其任职期间，卡塔尔与地区邻国一起支持英国驱逐奥斯曼帝国势力。土耳其于 1915 年最终撤出阿拉伯海湾地区后的第二年，他与英国签署协议，使卡塔尔成为英国的保护国，由英国保护卡塔尔陆上与海上的安全并监管卡塔尔的外交事务。1935 年，他与英国确认已签保护条约。两年后，阿卜杜拉即从巴林哈利法人手中夺回祖巴拉地区，实现了对祖巴拉地区的主权控制，完成了卡塔尔半岛领土的统一大业。他领导卡塔尔度过了 20 世纪 30 年代开始的经济困难时期，开创了卡塔尔同英国公司在石油领域的合作，并在杜汉地区兴建了 3 口油井。他在执政后期，如其前辈一样让其子哈马德参与主持国事，培养他成为继位人。然而，天有不测风云，哈马德先于其父病死于 1948 年，阿卜杜拉重新执政。1949 年，他逊位给长子阿里。

谢赫哈马德·本·阿卜杜拉·阿勒萨尼（Sheikh Hamad Bin Abdullah Al – Thani，1940～1948 年在位）

哈马德于 1940 年起随父参与处理国事。1944～1948 年间，已成为卡塔尔实权人物，事实上的执政者。哈马德干练且为人宽厚，在统治家族内外享有较好的声誉，朝野对他执政并为卡塔尔带来福祉也抱有很大的希望。但是他于 1948 年因病而英年早逝。

谢赫阿里·本·阿卜杜拉·阿勒萨尼（Sheikh Ali Bin Abdullah Al – Thani，1949～1960 年在位）

阿里系哈马德长兄，在其弟于 1948 年病逝后被其父阿卜杜拉立为王储。翌年，阿卜杜拉逊位，阿里出任卡塔尔统治者，立侄儿——哈马德之子哈利法为王储。阿里当政期间，卡塔尔石油出口开始运转，国家经济状况好转。阿里当政后期，改变了让侄子哈利法接班的初衷，在 1960 年逊位给他自己的儿子艾哈迈德。

阿里自幼好学，擅长文学与诗歌，其作品至今仍为卡塔尔乃至阿拉伯文学界所推崇。他在任职期间，自己出资修建了一座图书馆，重金收购阿拉伯经典书籍并自己出资出版发行。他还曾获英国授予的爵士封号及有关勋章。

谢赫艾哈迈德·本·阿里·阿勒萨尼（Sheikh Ahmed Bin Ali Al – Thani，1960～1972 年在位）

艾哈迈德于 1960 年越过王储哈利法，直接从其父阿里手中继任卡塔尔统治者，并获得统治家族的同意。为示安抚，他让王储哈利法兼任卡塔尔副统治者。12 年后，哈利法以其实力地位，在统治家族首肯、军队与民众的支持下，从艾哈迈德手中接管了卡塔尔政权。艾哈迈德执政后期，英国酝酿撤出海湾地区，卡塔尔与巴林等邻国洽谈建立联合政权未果，于 1971 年 9 月 3 日宣布独立，废除英国对卡塔尔的保护条约。

艾哈迈德任职期间，卡塔尔取消了英国顾问团，组建了政府机构，开始出版官方报纸，颁发了临时宪法等一系列基本法，为

卡塔尔独立和法制建设奠定了基础。在他领导下，卡塔尔从英国保护国的地位独立而起，自立于世界民族之林，他因此成为卡塔尔首任埃米尔。艾哈迈德在埃米尔任上不足半年，即被其堂兄弟、卡塔尔副统治者哈利法取代。

谢赫哈利法·本·哈马德·阿勒萨尼（Sheikh Khalifa Bin Hamad Al－Thani，1972～1995年在位）

哈利法系卡塔尔第三代统治者阿卜杜拉之孙，第四代统治者哈马德之子。哈利法在其父哈马德因病去世时才19岁，年纪尚轻，从政经验尚少，不足以被统治家族接受为国家统治者。但他先被其叔父（第五任统治者）阿里任命为王储，后被其堂兄（第六任统治者）艾哈迈德任命为副统治者。在20多年的从政经历中，他增长了才干，掌握了实权。在1972年2月登上埃米尔宝座前，他已成为卡塔尔事实上的统治者，卡塔尔独立事宜也是由其一手操办的。

哈利法任埃米尔23年中，卡塔尔因石油价格飞涨而经济状况大有发展，生活水平得到较大提高，教育、卫生、福利、文体等各方面均有明显进步。在他领导下，卡塔尔出现协商会议的国家咨询机构，被认为是民主改革的举措，进一步确立了君主立宪的体制。1995年，他在国外期间，其子接管了政权。之后，他在国外侨居多年，终于2004年10月回国出席其夫人葬礼，并定居国内，标志他与现任埃米尔的父子关系和好如初。

谢赫哈马德·本·哈利法·阿勒萨尼（Sheikh Hamad Bin Khalifa Al－Thani，1995年登基至今）

哈马德1950年出生在多哈。1971年毕业于英国桑赫斯特军事学院后，长期在卡塔尔军队中服役，曾任中校衔第一机械化团团长、少将衔卡塔尔军队总司令，为卡塔尔军队发展发挥了重要的作用。1977年他被任命为王储兼国防大臣，1981年又兼任青年福利事务最高委员会主席，1989年改为兼任国家建设最高计划委员会主席，他逐步掌握实权并成为卡塔尔国事的主持者，为卡塔尔现代化建设作出了重要的贡献。1995 年 6 月 27 日，在其父哈利法出国期间，他接管政权，继位埃米尔，成为卡塔尔第 8 任统治者，获阿勒萨尼统治家族的同意及军队、百姓的支持。

　　哈马德任埃米尔以来，卡塔尔国民经济与现代化建设均有快速增长，人民生活水平进一步提高。天然气的开发获得成功，使卡塔尔的国民经济有了第 2 个大支柱。近年来石油产量与价格攀升较多，天然气出口大幅增加，加之哈马德主张经济多元化和发展对外合作政策的有力推动，使卡塔尔的经济有了明显的长足发展，国家财富激增。与此同时，哈马德推行的政治改革也取得了较大进展：取消新闻监督，增加言论与信息自由；制定了新宪法，改进了民主与法制状况；准备实行议会制度，并已有所进展；提高女性地位方面也有明显成效。此外，哈马德坚持独立自主、富有卡塔尔特色的外交政策，积极参与地区和国际事务，注意扩大卡塔尔的影响，不仅经受了美国对伊拉克战争等地区重大形势变化的考验，而且较大地提升了卡塔尔的外交与国际地位。

第三章

政　治

第一节　国体与政体

一　国体

卡塔尔是君主立宪制国家。虽由以埃米尔名义的君主执政，但有宪法作为执政依据。卡塔尔埃米尔为国家元首，掌握国家最高权力，由阿勒萨尼家族世袭。埃米尔不仅直接领导政府，还兼任武装部队最高司令。长期存在的卡塔尔协商会议，只是埃米尔的立法与执政的咨询机构。

卡塔尔原有宪法与 2005 年付诸实施的新宪法均规定，阿勒萨尼家族是卡塔尔世袭统治者，国家元首埃米尔必须是该家族成员。埃米尔由父传子世袭，如无可传之子，则从阿勒萨尼家族中另行挑选。宪法还规定，王储是埃米尔的法定接班人，由埃米尔在其儿子中挑选。王储经埃米尔任命并获统治家族同意后，享有殿下的头衔，协助埃米尔管理朝政。

阿勒萨尼家族自 1868 年在卡塔尔确立统治地位以来，一直执政至今，迄今经历世袭 8 代长老（独立前的头衔，亦称酋长）或埃米尔（独立后的头衔）。

二 政体

卡塔尔的君主立宪制决定其实行中央集权体制。在埃米尔和阿勒萨尼统治家族大权独揽、绝对领导下，分设政府、协商会议、司法机构辅助施政。

据卡塔尔现行宪法规定，卡塔尔最高行政执行机构是政府内阁，最高立法咨询机构是协商会议，司法机构是第三个独立履行义务的权威部门。但是，宪法又明确规定，卡塔尔政府首相和大臣由埃米尔任免，埃米尔主持内阁会议，并且负责指导、监督与协调内阁各部工作，向政府下达指令，还代表政府签发内阁一切决议。卡塔尔 2005 年实施的新宪法规定要新建民选议会，但迄今还在筹备之中，尚未组成。现行的协商会议虽有监督政府与司法工作的职能，但与他国议会有别，不具备立法权和对政府决策的否决权，而且该协商会议成员均由埃米尔挑选任命。即使按新宪法组建的议会，仍有 1/3 的议员由埃米尔任命，立法与对政府监督权限相比他国也还存在较大的差距。卡塔尔司法机构尚未根据新宪法建立独立的体制，目前仍从属于政府司法部领导。

卡塔尔既无执政党，也不允许任何政党活动。

三 宪法

卡塔尔于 1970 年 4 月 2 日由当时的统治者艾哈迈德·本·阿里·阿勒萨尼长老（独立后为埃米尔）公布了临时宪法。1971 年 9 月独立后，虽有多次修改，但一直使用这部修改后的临时宪法。该宪法主要规定，卡塔尔是独立的主权国家；伊斯兰教为国教；阿勒萨尼家族为统治家族，埃米尔由其世袭；埃米尔是国家元首兼武装部队最高司令；埃米尔在政府内阁和协商会议协助下行使权力。该宪法还明确规定了埃米尔的职责，王储的选定及其职权，政府内阁、协商会议、司法机构的组成、职责及权限等。

1999 年 7 月，现任埃米尔哈马德·本·哈利法·阿勒萨尼下令组建由 32 名成员组成的专门委员会，起草制定永久性宪法。这部由 150 章节组成的宪法草案，历经 3 年时间于 2002 年 7 月完成。2003 年 4 月，卡塔尔将此宪法草案交付全民公决，结果获 96% 参加投票者的支持。同年 4 月 29 日埃米尔宣布，新宪法将取代历时 33 年的临时宪法及其修正案。2005 年 6 月 7 日，卡塔尔新宪法正式生效。新宪法与临时宪法主要不同之处是：

（1）组建由 45 名成员组成的议会，其 2/3 成员直接由民选产生，余下 1/3 仍由埃米尔指定任命；

（2）新议会享有一定的立法权，立法须经国家议会议员组成的专门委员会审查通过，议会有权提议立法，议会通过的所有文件须经埃米尔签署才能颁发生效，凡埃米尔拒绝的法案须在 3 个月内反馈回议会，如议会再次通过该法案，埃米尔要么被迫接受，要么以国家利益为由取消这一法案；

（3）埃米尔仍有权任免首相与内阁大臣，而议会也可以 2/3 的多数罢免大臣；

（4）埃米尔享有解散议会的权力，但他必须声明其理由，而且同一理由不得二次使用；

（5）年满 18 岁的女性从享有选举权发展成也享有被选举权；

（6）建立独立的司法体制，行政、立法与司法三权分立；

（7）公民享有结社自由、言论自由和宗教信仰的自由，但仍禁止政党活动。

四　国家元首

卡塔尔国家元首是埃米尔，为卡塔尔最高统治者。卡塔尔独立前，国家元首称长老或酋长，独立后改称埃米尔。据卡塔尔现行宪法规定，埃米尔的具体职责有：在卡塔尔国内外和国际事务中代表国家；签发所有卡塔尔国家法律与法令，签发后两周内生效，公布之日起一个月内付诸实施；主持政府内阁会议，任免内阁大臣；兼任武装部队最高统帅；依法任免政府官员与军官；依法颁授荣誉勋章；接受外国驻卡塔尔使节递交的国书；颁布大赦或减轻刑事处罚令；颁发防御性战争令（卡塔尔宪法不允许发动进攻性战争）；对外签署、缔结条约与协定，并以适当的方式将有关情况通知协商会议（议会）；颁布对协商会议（议会）成员任免的法令。

王储是卡塔尔国家元首的法定继承人，处于国家二号人物的地位。他由埃米尔在其儿子或统治家族其他成员中挑选，并经统治家族同意而立。通常情况下，王储年轻时即随父参政，进行执政的历练。随着时间的增长，其兼任职务逐步增多，实权也日益增大。

1971 年 9 月，卡塔尔独立后的首位埃米尔是艾哈迈德·本·阿里·阿勒萨尼。他在位不久即被时任副统治者、王储兼首相哈利法·本·哈马德·阿勒萨尼取代。现任埃米尔哈马德·本·哈利法·阿勒萨尼于 1995 年 6 月 27 日以副埃米尔、王储兼国防大臣身份取代其父出任国家元首至今。现任国家元首的法定接班人是王储塔米姆·本·哈马德·阿勒萨尼，他系现任埃米尔的第四个儿子，生于 1980 年 6 月 3 日，1998 年毕业于英国桑赫斯特军事学院。2003 年 8 月，在原王储、其兄贾斯姆提出辞位后出任王储，一个月后又兼任武装部队副总司令。他是卡塔尔国家奥委会主席、国际奥委会成员。

第二节　国家机构

卡塔尔宪法规定，政府内阁为卡塔尔最高行政执行机构，内阁就执行国家总的方针政策集体向国家元首埃米尔负责。其具体职责主要有：起草确保国家在经济、社会、文化与行政管理等方面有最大限度发展的全面计划；就所需新立的

法律、法令提出建议；内阁各部就各自分工范围内的事务制定具体规定与条例；监督各种法律、法令、规定与决议、法庭判决等得到贯彻执行；根据需要组建政府各部、司、局等单位；主持国家财政与行政管理事务；任免不属埃米尔特权范围内的地方官员；依法监督保护国家海外利益、国际关系与外交政策的正常运转；为确保国家安全和全国公共秩序而建立必要的组织机构和制度；管理国家金融，并依法制定国家预算草案；督促政府各部门和事业单位官员和职员努力工作；每个财政年度伊始，就政府在国内外取得的成绩作出报告。

卡塔尔于 1971 年独立后才组建政府内阁。最初只有教育、国防等少数几个部，后逐渐增多并不时进行调整。上届政府内阁经历了现任埃米尔上台后对政府机构进行重大改革的过程，它组建于 1996 年 10 月，后在 1999 年、2001 年、2003 年、2004 年、2005 年分别有个别大臣的职务被调整、变迁或有新的任命。较前相比，上届政府取消了新闻文化部，合并了水电部、劳工部和公共卫生部等部，将财政与经贸部划分成两个部，新设民事服务与住房事务部，另新设几名国务大臣。现政府组建于 2007 年 4 月，主要变化是原第一副首相兼外交大臣哈马德·本·贾西姆·阿勒萨尼取代原首相兼内政大臣阿卜杜拉·本·哈利法·阿勒萨尼出任首相，单设内政大臣，经贸与财政大臣再度兼任等。

现政府设有首相兼外交大臣、国防大臣（埃米尔兼任）、副首相兼能源与工业大臣、内政大臣、财政经济和贸易大臣、宗教基金与伊斯兰事务大臣、司法大臣、市政事务和农业大臣、教育大臣、民事服务与住房事务大臣、外交事务国务大臣、内政事务国务大臣、能源和工业事务国务大臣、无任所国务大臣、埃米尔宫廷事务大臣。

现任首相兼外交大臣哈马德·本·贾西姆·本·贾比尔·阿勒萨尼（Hamad Bin Jassim Bin Jaber Al – Thani）于 2007 年任职

至今。他生于 1959 年，在开罗完成大学学业后留学英国，1982~
1989 年任政府市政事务和农业大臣办公室主任，1989 年任市政
事务和农业大臣，1990 年兼任水电代理大臣、卡塔尔水电公司
董事长、卡塔尔最高计划委员会委员，1992 年 9 月任外交大臣，
2003 年 9 月任第一副首相兼外交大臣，2007 年 4 月任首相兼外
交大臣。他还兼任卡塔尔最高国防委员会委员、国家常设宪法委
员会委员、支援耶路撒冷事务委员会主席、卡塔尔王室会议成员
等职务。他先后于 1993 年 4 月、1999 年 4 月、2000 年 12 月、
2007 年 2 月和 2008 年 4 月访问中国。

2007 年 4 月成立的政府内阁成员名单如下：

埃米尔兼国防大臣哈马德·本·哈利法·阿勒萨尼少将；

首相兼外交大臣哈马德·本·贾西姆·本·贾比尔·阿勒萨尼；

副首相兼能源和工业大臣阿卜杜拉·本·哈马德·阿提亚
(Abdullah Bin Hamad Al-Attiyah)；

内政大臣阿卜杜拉·本·哈立德·阿勒萨尼 (Abdullah Bin
Khaled Al-Thani)；

财政、经济和商务大臣尤素夫·侯赛因·卡迈勒 (Yussef
Hussein Kamal)；

宗教基金和伊斯兰事务大臣费萨尔·本·阿卜杜拉·马哈茂
德 (Faisal Bin Abdullah Mahmoud)；

市政事务和农业大臣阿卜杜·拉赫曼·本·哈利法·本·阿
卜杜·阿齐兹·阿勒萨尼 (Abd Rahman Bin Khalifa Bin Abd Aziz
Al-Thani)；

司法大臣哈桑·本·阿卜杜拉·加尼姆 (Hassan Bin
Abdullah Ghanim)；

教育大臣谢哈·宾特·艾哈迈德·马哈茂德女士 (Mrs
Sheikha Bint Ahmad Mahmoud)；

民事服务和住房事务大臣苏尔坦·本·哈桑·杜沙里博士

（Dr Sultan Bin Hassan Dousary）；

外交事务国务大臣艾哈迈德·本·阿卜杜拉·马哈茂德（Ahmad Bin Abdullah Mahmoud）；

内政事务国务大臣阿卜杜拉·本·纳赛尔·本·哈利法·阿勒萨尼（Abdullah Bin Nasser Bin Khalifa Al-Thani）；

能源和工业事务国务大臣穆罕默德·萨勒赫·萨达（Muhammad Saleh Sada）；

无任所国务大臣穆罕默德·本·哈立德·阿勒萨尼（Muhammad Bin Khalid Al-Thani）。

现任内阁成员中，约半数为阿勒萨尼家族成员。

第三节　立法与司法

一　立法

卡塔尔独立后，长期使用临时宪法及其修正案。有关宪法明文规定，卡塔尔一切立法均由政府机构建议、起草，呈交埃米尔审批并签署颁发；协商会议系埃米尔立法与政策咨询机构，与政府内阁一起形成埃米尔治理国家的左膀右臂。

2003年4月，卡塔尔全民公决通过了埃米尔指定班子所制定的永久宪法草案。该草案经埃米尔签署颁布后取代原临时宪法，于2005年6月7日正式生效，成为正式宪法。新宪法对埃米尔世袭等特权予以保留，但较前增加更多的民主色彩，其中重要内容之一是规定建立议会取代协商会议。根据新宪法规定，拟建的议会由45人组成，其中30人由公民直接选举产生，其余15人由埃米尔挑选任命；它将具有一定的立法权，有权进行审核国家预算、监督政府政策和咨询内阁大臣等；议会2/3多数投票表决可罢免政府大臣；对议会通过的法律草案，埃米尔若予以否决，必须给予全民令人信服的理由，但他享有解散议会的权力等。所有这些，有待新议会产生后方能付诸实施。新议会产生前，协商会议继续运转。

协商会议 卡塔尔协商会议系卡塔尔国家元首埃米尔治理国事的辅助机构，主要职责是提供政策与立法的咨询。协商会议于1972 年依据临时宪法及其修正案组建，被视为卡塔尔独立后第一个民主尝试的产物。协商会议的全部成员都由埃米尔挑选任命，代表全国各地和各阶层的名流。1972 年协商会议成员数量为 20 人，1975 年增加到 30 人，1988 年后增至 35 人。协商会议成员任期在 1978 年后改为 4 年，可以延长。

现任协商会议主席穆罕默德·穆巴拉克·胡莱菲（Muhammad Mubarak Al-Khulaifi），他于 1995 年起任现职至今。

根据临时宪法规定及 1975 年埃米尔第 11 号法令，卡塔尔协商会议主要职责有：论证国家大政方针，包括政府的政治、经济及行政事务的决策；辩论国家社会与文化事务；论证政府起草拟交埃米尔审批的法令和法律提案；讨论国家预算中的公共项目；要求政府就其总政策或某一内阁大臣就其职责范围内事务作出答复；以备忘录或希望的形式就其论证的事务发表意见；协商会议不得干涉行政或司法当局的工作。

协商会议建有 5 个常设委员会：法律与立法事务委员会、财经事务委员会、公共服务与公共事业委员会、国内外事务委员会、文化事务委员会。每个常设委员会均由 5 名协商会议成员组成，每个协商会议成员至少在一个常设委员会中承担工作。协商会议在必要时，可以组建其他常设或临时的委员会。

根据卡塔尔 2003 年通过的新宪法规定，将组建新的议会取代协商会议，其 2/3 成员由直接民选产生，剩下 1/3 由埃米尔任命；拟建的议会将具备一定的象征性的立法权，并可以 2/3 的多数罢免政府大臣。新议会原计划在 2004 年建成，后续有推延，

长时间未见分晓。据报道,组建新议会迟迟不能付诸实施的原因,主要在于选民身份的确认及登记等筹备工作颇费时日。2007年提出的选举法修改案,规定血缘关系可追溯到 1930 年前的卡塔尔本土人,其年满 18 岁的男女公民才享有选举权和竞选权;后来移民到卡塔尔并取得国籍者,在卡塔尔定居至少 10 年才有投票选举权,如要享受竞选权则需具备其父亲出生在卡塔尔的先决条件。此外,统治家族内部对埃米尔政改措施意见不一,对拟建议会可能会削弱统治家族权力与影响力的担心不易消除,则是新议会逾期不能进行民选的另一个因素。

二　司法

卡塔尔独立后,其临时宪法修正案明确规定,卡塔尔国家司法机构为立法与行政机构外的第三个独立宪法机构。但在实际上,卡塔尔关于民事司法及法庭组织等职能均归属政府司法部管辖。

司法部管理民事司法与法庭组织的职能主要通过以下几个直辖司局进行。

(1)宗教法令(法特瓦)与立法局。其职责为:负责对政府各部、局有关事务提供法律咨询意见;起草内阁要求或其他部局提议的法律草案;审查其他部局签署的各种合同并就执行有关合同可能产生的结果提出咨询意见。

(2)国家事务局。其职责为:应其他各部局及公共机构的要求,代表它们出席法庭进行辩护或起诉;受理并审查国家单位对其他方面的起诉事宜,对争议双方寻求解决方案提出意见;对违法者采取法律行为,执行法律判决,并将建立有关活动的档案。

(3)资产注册局。其职责为:管理国有土地,确立个人拥有土地的产权,颁发土地证并在国家测绘地图中明确标定。

（4）司法法庭管理局。其职责为：负责全国司法法庭的组建、管理与财政事务，目前共辖有 5 类法庭。

①上诉法庭，负责公开审理各种民事或刑事案件。其判决为终结与约束型，并以埃米尔名义颁布。

②劳工法庭，负责审理各种有关受聘与雇佣者的案件，对民众公开审理，其判决可以上诉。

③高级刑事法庭，负责审理各种刑事案件，开庭审判，其判决可以上诉。

④高级与初级民事法庭，负责审理各种民事与商务及非穆斯林个人状况案件，有关判决也可上诉。

⑤初级刑事法庭，负责受理不端行为的轻微犯罪案件，如交通事故和涉及公共道德规范案件，开庭审理，有关判决可以上诉。

除上述 5 类法庭之外，卡塔尔还建有伊斯兰法与宗教事务法庭，受理一切有关穆斯林私人问题的案件，及违规与不足以判刑的刑事案件，依据《古兰经》与圣训（先知穆罕默德言行录）判决。

2003 年全民公决通过并于 2005 年正式生效的新宪法，再次重申了卡塔尔司法的独立性，提出"司法维法不维权"，"司法独立，外界无权干涉司法程序"。新宪法推行以来，卡塔尔在司法方面的变化是，在 2004 年 10 月颁布一项司法法令，将原有的伊斯兰法庭同处理非穆斯林相关案件的公共司法法庭合并，解决原来伊斯兰法庭受国家大教长领导、公共司法法庭归属政府司法部的司法归口麻烦。在此基础上，卡塔尔于 2006 年新建立"家庭法庭"，接管原由伊斯兰法庭处理的结婚、离婚和家庭分歧等案件，执法依据是新家庭法（给离婚妇女更多权益等）及伊斯兰教法。但是，有关什叶派穆斯林的婚姻、遗产等家庭类案件，交由什叶派自己单独建立的特别法庭审理。

第四节 政党与团体

卡塔尔独立以来，一直没有合法的政党活动。2005 年生效的新宪法虽然在民主方面有许多新的迈步，但在禁止政党活动方面没有任何松动。

卡塔尔虽无合法政党活动，但新宪法明确规定，公民享有结社自由、言论自由和宗教信仰自由的权利。长期以来，卡塔尔一直存在形形色色的社会团体。其中主要有：工商联合会、家庭发展基金会、伊斯兰教慈善团体、行业工会及大批的体育俱乐部等组织。卡塔尔当局对这些社会团体予以大力支持，视之为卡塔尔社会发展的重要方面，并对其中不少团体提供活动经费。

除了工、农、商联合会等行业工会与文体俱乐部等组织机构外，卡塔尔其他社会团体多为宗教、慈善、关爱类型。其中有：

卡塔尔慈善协会，其宗旨是对需要帮助的人伸出援助之手，致力于兴建学校、清真寺、《古兰经》背诵中心、孤儿院，对贫困家庭提供捐赠。此外，还就外国救援行动开展募捐活动。

伊斯兰召唤组织，主要从事伊斯兰教布道与宣传工作，同时也开展一些救济与募捐活动。

卡塔尔关心残疾人协会，建于 1992 年，辖有残疾人社会文化中心、教育中心与母亲培训中心等三个机构。致力于兴建包容残疾人的必要场所，对他们开展文化教育与职业培训，使他们具有谋生的能力。此外，该协会还生产或进口残疾人所需假肢和各种不同的教学仪器、设备。

伊德·本·穆罕默德慈善机构，建于 1995 年，旨在为穷国或遭灾平民提供救济和人道主义的慈善服务。同时也为学校、医院、清真寺的兴建出力，并与其他伊斯兰教团体一起谋求社会平等。

家庭事务最高委员会，建于 1998 年，旨在加强卡塔尔家庭的社会作用，致力于对卡塔尔家庭的关爱、研究并解决所遇到的问题。该组织由秘书处、技术与咨询委员会和分项委员会三部分组成。其中，分委会中有妇幼、失足青年、老年人、青年事务、特殊需要人群等关爱委员会。

合作信用社运动，在卡塔尔全国各地建有 12 个合作社分支。他们受到国家财政部、经贸部的支持，在社会慈善领域发挥重要作用，他们对其他慈善工作和健康机构提供财政支持，还兴建福利幼儿园和学校。该组织还在新建一些新的分支。

家庭发展社，系 1996 年创建的卡塔尔教育、科学和社会发展基金会中分出的团体，受到现任埃米尔夫人姆扎·宾特·纳赛尔的关照，属非营利性的经济发展慈善组织。致力于成人，尤其是妇女文化与技能的培训，使其增长才干，让家庭能自力更生、自给自足并向更高水平发展。

第四章

经　　济

第一节　经济总况和政策

卡塔尔经济形势与发展状况大体可概括为以下几个基本特点：

一　国小人少而经济强劲

卡塔尔国土面积小，人口数量较少，但其经济实力却位于世界富国之列。截至 2007 年 12 月，卡塔尔已探明石油储藏量为 257 亿桶（约合 34 亿吨），居世界第十三位；已探明天然气储藏量约 910 万亿立方英尺（约合 25.78 万亿立方米），居世界第三。由于丰富的石油和天然气资源的收入，加之卡塔尔政府有关政策得当，卡塔尔国内生产总值多年来不断走高，其人均国内生产总值则长期处于世界领先地位。据世界银行统计，卡塔尔人均国民收入在 1984 年达 1.9 万美元，仅次于阿拉伯联合酋长国而位居世界第二；2001 年卡塔尔人均国内生产总值 2.5 万美元，位居中东地区第一；2003 年卡塔尔人均国民收入约 3.2 万美元，成为世界首富；2004 年卡塔尔人均国民收入为 2.8 万美元，仍居世界前列。2006 年，卡塔尔国内生产总值达 558.2 亿美元，在中东地区国家中位于前 6 名，而其人均国内生产总值达 6.29 万美元，在全世界名列前茅。据卡塔尔国家银行评估，卡塔尔 2009 年底的人均国内生产总值可达 63867 美元，仍跻身于世界最富有的国家行列。此外，卡塔尔国内实行免费教育、医疗和住房优惠等政策；对外不惜花钱承办大型国际活动、不时为需要援助的国家慷慨解囊，处处体现其经济富甲一方之势。

二 石油、天然气为重要经济支柱

20 世纪 30 年代，卡塔尔因其珍珠采集业受到日本人工养珠的冲击等，经济困难凸现。直至 20 世纪 50 年代石油工业兴起，这种经济穷困状况才有所改善。1974 年卡塔尔实行石油国有化政策，又恰逢国际油价飙升，其石油收入激增，国民经济步上富裕之路。1979 年前，石油是卡塔尔经济主要支柱，石油收入占其国民收入的 93% 以上。20 世纪 80 年代后期，卡塔尔政府大力开发其天然气资源，并在 20 世纪 90 年代中期大量出口，使天然气出口逐步形成国民收入的第二大支柱。1998 年卡塔尔对外出口总额中，原油出口占 59.5%、天然气出口占 16.9%；1999 年卡塔尔对外出口总额中，原油出口占 55.6%，天然气出口占 18.9%；而 2003 年卡塔尔出口总额中，原油出口占 51%，天然气出口已升为 32%。近年来，石油和天然气仍是卡塔尔国民经济的重要命脉。2003 年卡塔尔国内生产总值为 1035.63 亿里亚尔（约合 284.5 亿美元），其中石油与天然气产值 643.65 亿里亚尔，占国内生产总值的 62%；同年卡塔尔政府收入 291.65 亿里亚尔中，石油和天然气收入 184.87 亿里亚尔，所占比例为 63%。据卡塔尔国家银行统计，2004 ~ 2006 年，卡塔尔石油和天然气产值在国内生产总值中所占比例分别为 54.7%、60.1% 和 61.9%；同期，卡塔尔石油出口占总出口的比例分别为 45.6%、57.8% 和 46.4%，天然气出口占总出口的比例分别为 31.6%、31% 和 35%。

三 工业管理部门

1. 工业发展委员会

塔尔工业发展委员会于 1980 年根据埃米尔的法令组建。由于 1992 年政府内阁改组中新建了能源和工业部，以及此前已先行取消了原有的工业发展技术中心，因此，卡塔尔工业发展委员会的组织与使命都有所改变。按新规定，该委员会主席由内阁能源和工业大臣兼任，其职责主要是：审查所有有关组建、保护和促进发展民族工业的建议和法规；根据国家经济需要和消费需求状况，起草对工业项目进行税收的减免、给予鼓励和提供便利的总政策；对民族工业提供全面的保护。

2. 能源和工业部

卡塔尔石油和天然气及其副产品工业均归政府能源和工业部统一管理。该部负责石油和天然气工业的规划、制订石油和天然气工业的发展战略并监督有关计划的实施，使之在政府政策范围内安全运转。

卡塔尔能源和工业部主要职责是：起草工业发展计划与政策并关注其实施情况；促进民族工业的发展和消除妨碍其发展的障碍；掌握工业活动并严格监管有关的法律和规定的实施。

该部下辖的工业发展局负责：研究和起草工业发展计划并关注其实施情况；对工业项目的经济与技术风险研究报告进行审查；同政府有关部门一起对开发工业园区进行专项研究并对所需公共服务设施提出建议；咨询政府其他部门后在新建的工业园区中为新建工业项目划分适宜的用地；为国民经济发展计划的制订与研究，搜集各种有用的经济数据；帮助已建各工业企业增产和改进经营方式；起草工业发展有关的法律和规定。

该部下辖的工业许可证与监管局负责：为工业企业注册，为适应工业发展的需要修改原有的注册规定；同政府其他部门协调，为工业企业创造包括环保在内的有利条件；依法填写工业企业许可证并交能源和工业部核准后颁发；视察各工业企业、公司，以确保它们遵守法律和规定；确保民族工业产品质量优秀并合乎正式的规格。

该部下设的工业事务局负责：审核申请工业许可证企业的经济与技术状况，并将研究结果呈送工业发展委员会审批；确定工业投资的可行性研究报告，消除工业发展项目隐藏的障碍并选择最合适的项目。

四　政府采取措施发展工业

1. 资金支持

卡塔尔政府为合格的工业项目拥有者提供长期低息贷款。对于资金超过 1000 万里亚尔的项目，可申请软贷款，但须经特别批准，作为个案处理。对最终用户为卡塔尔人的工业贷款，由政府财政与经贸部审批，贷款额不超过申请人投资额的 40%，贷款期限为 7 年，并可适当延长两年，年息 3%。财政部侧重为轻工业项目提供贷款，并将有关贷款拨入国家银行。

2006 年 3 月，卡塔尔政府决定在以后 5 年内为油气外工业投入 140 亿里亚尔（约合 38 亿美元）的资金，其中 74% 用于原有企业的扩建工程，26% 用于新开发的工业项目。卡塔尔石化、肥料、钢铁与燃料添加剂公司均从中获益。

2. 减免税收

根据 1993 年颁布的税法，为鼓励外国在卡塔尔进行工业项目投资，卡塔尔经贸部可对在卡塔尔新建合资公司，实行为期 5 年免交利润税收的优惠，还可视情况再免 5 年；合资公司中外方

利润税率由原来的 50% 减为 35%，2007 年又进一步减为 12%。

3. 提供用地

卡塔尔在其所设工业园区为工业项目提供所需用地，以长期租让形式实施。有关用地大小取决于项目性质与实际需要。在多哈工业园区用地租金仅 0.5 里亚尔/平方米，在乌姆赛义德工业园区用地租金则为 10 里亚尔/平方米。在工业园区外租用兴建工业项目用地，也享受卡塔尔政府的鼓励，租金低于工业园区，租期通常为 20 ~ 60 年，并可续租。

4. 公共设施便利

卡塔尔工业园区为工业项目提供水、电、燃气等便利。其中水费 4.4 里亚尔/立方米，低于市价；为轻重工业供电，平均为 0.06 里亚尔/千瓦小时；燃气费仅为 0.75 里亚尔/千立方英尺，低于世界平均价格。

5. 政府优先收购

卡塔尔政府为促进民族工业发展所制定的有关政策规定，必须优先收购民族工业产品，其条件是该国产商品同进口商品具有同等质地、规格和同等价格。卡塔尔法律还规定，生产国产商品可获 10% 的盈利。

6. 关税便利

设在卡塔尔的工业企业，从国外进口其所需机械设备及零配件、原材料、半成品和外包装时，可申请免除海关税收。民族工业企业还可享受免交出口关税的待遇。凡进口外国产品，其质量、规格类同于卡塔尔国货，海关征税相应会高一些。

7. 建设工业园区

为便于工业项目上马与运转，卡塔尔政府重视建设工业园区，并将此视为工业基础建设的基本内容之一。有关工业园区内水与电供应充足，道路与通信及其他公共设施齐全。乌姆赛义德工业园区始建于 1976 年，具有临海靠近港口的优势。该工业园区建有炼油、钢铁、天然气液化及化肥等工业企业。多哈工业园区位于首都多哈西部 7 公里处，1997 年兴建，主要包括洗涤用品、饮料、服装、家具、石油辅助服务等轻工、中型工业企业。拉斯拉凡工业园区系卡塔尔一个新的工业中心，始建于 1990 年底，占地约 40 平方公里，主要建有天然气液化工厂与出口设施，还有石化与天然气凝析油提炼工厂等工业设施。为方便这一工业园区，卡塔尔政府就近兴建了一个耗资 30 亿里亚尔的现代化海港，该港于 1996 年完工。

五 经济多元化政策带来多方面发展

卡塔尔实行石油国有化政策成功后，大力推行国民经济多元化政策，由此带来国民收入多元化的成效也较明显。除了大力开发天然气、减少对石油的依赖外，其他行业也有了较大的发展。石油和天然气虽为卡塔尔国民经济的支柱，但被依赖程度不断有所下降。1983 年卡塔尔国民收入中，石油收入由过去的 90% 下降至 80%。2003 年卡塔尔国内生产总值中，石油和天然气产值所占比例为 63%；2004～2006 年这一比例的平均数为 58.9%。卡塔尔政府不断鼓励非石油和天然气的其他工业的发展，不仅建立了大批靠石油、天然气及其副产品为原料的石化企业，还建有钢铁公司、水泥公司等基础工业设施，其他轻工与加工工业项目也与日俱增。卡塔尔政府以免费提供种子、化肥和农业机械等优惠条件促进农业发展，并新建大批农场。虽未改变依赖对外进口粮食的状况，但蔬菜瓜果的自给程度较前大有增加。在卡塔尔政府的关心和帮助下，其渔业产品基本保持自给自足水平。近年来，卡塔尔政府加大了对旅游资源的开发力度，使之发展迅猛，对国民经济的贡献也逐步增加。

卡塔尔国民经济多样化发展也带来外籍工人的快速增长。2004 年，尽管卡塔尔政府职工中 66.3% 为本国人，而经济领域

劳动力中 85.7% 为外籍人。2004 年人口统计中，卡塔尔全国人口达 74.4 万，比 1997 年统计的 52.2 万人增长 42.5%，年均增长率 5.3%（1986～1997 年为 3.7%）。其中，经济领域劳动人口 43.75 万，比 1997 年的 28 万人增长 56.2%，而非卡塔尔人占经济界总劳力的 88.5%。

六 大力引进外资与技术

卡塔尔政府在 1974 年实现石油国有化政策以来，长期坚持对石油和天然气等资源实施国有化与主权控制，并加以最佳利用的方针。在此方针指导下，卡塔尔国家绝对占有其石油和天然气等资源，控制其生产与销售环节；在油气及其他工业开发中，即使引进外资合股，也极力保持卡塔尔官方或民族资本的控股权；在内外贸易中，努力保护民族产品的竞争力；在金融保险领域中，也突出卡塔尔自身银行与保险公司的作用。尽管如此，卡塔尔本国技术与资金均有一定限度，故卡塔尔政府也不排斥对外开放的做法，特别是石油和天然气开发项目引进外资取得的成功效果，更加坚定了卡塔尔引进外资与技术的信心。迄今，卡塔尔仍利用外资和外国技术继续在卡塔尔各地与领海勘探石油和天然气资源；卡塔尔国营石油公司同外国公司合作投资 240 亿里亚尔，用于在 2003～2008 年发展液化天然气出口、石化与化肥企业等工程。20 世纪 90 年代中期至 2000 年年底，外国对卡塔尔石油和天然气项目发展投资逾 120 亿美元。此外，卡塔尔为发展其各类工业项目，担保外国财政投资共约 60 亿美元。随着经济的发展，卡塔尔引进外资的数目日益加大。其中，仅在天然气领域引进的外资就达 700 亿美元之多。

随着国际经济形势的发展，尤其是受近年来经济全球化形势的影响，卡塔尔根据本国经济状况及时调整有关的经济政策，确保本国经济稳步健康发展，并跟上世界前进的步伐。近年来，卡塔尔所奉行的经济改革政策主要表现在以下几个方面。

1. 财政预算的编制采用保守油价

卡塔尔经济收入对石油出口依赖较多，国际油价的波动不可避免要对卡塔尔经济计划产生影响，尤其是财政预算编制时的盈亏问题风云难定。针对这一情况，为使政府预算计划留有较大的机动权变的余地，卡塔尔近年来编制政府预算收入的石油出口价格总是保守地采用低于国际均价的价位。如，2004 财政年度预算中出口原油价为每桶 19 美元，而当年实际原油均价为每桶 38.5 美元，结果预算赤字为盈余所取代。又如，2006 财政年度预算中的油价为每桶 36 美元，而当年实际原油均价是每桶 62 美元，结果预算盈余由 23 亿里亚尔提升到 186 亿里亚尔。这一预算方法，可以适当压缩公共服务与基建预算开支，既不违背卡塔尔宪法有关 "最大限度与民共享石油和天然气及其产品的财富" 的原则，又有助于控制通货膨胀的飙升，还能及时弥补其他方面出现的财政缺漏。

2. 努力扩大经济来源多元化的范围

长期以来，卡塔尔政府一直坚持推行经济来源多样化政策，通过开发天然气出口减少石油出口在国家收入中的比例，大力发展工农业等多种产业以增加油气原料出口外的经济收入。在此举取得较大成功的基础上，近年又努力扩大经济来源多样化的范围，开始利用近年石油与天然气出口所获大量财富，发掘对内对外投资领域。新世纪初刚成立的卡塔尔投资署（局）就是卡塔尔开辟内外投资的主要渠道。该署代理资产中有 "主权财富基金（留给子孙后代或应急使用的专项存款）" 的巨项，截至 2007 年底已积累到 600 亿美元。该署由现任首相哈马德·本·贾西姆直接领导，下设一些分支机构。该署于 2004 年建立的卡塔尔迪亚投资分支机构，负责在国内外进行财产投资，收购了在全欧洲拥有大批旅馆酒店的巴瓦房地产公司的 45% 股份。卡塔尔政府

希望通过对外投资，加速实现其于 2015 年将石油收入在总财政收入中所占比例降到 25%（2006 财政年度为 55%）的目标。此外，卡塔尔也想通过投资世界上在某一领域技术领先的外国公司和研究所，以期获得对卡塔尔经济有益的技术转让。

3. 推进私营化进程

1974 年开始的石油国有化进程，带动了卡塔尔国家经济全面国有化的发展。20 世纪后期，为克服国有化的弊病，卡塔尔政府借鉴国外的经验，开始推行私营化进程，以期减少国有经济的负担，鼓励私营界在公众服务等方面发挥更有效的作用。1998 年 2 月，卡塔尔迈出私营化进程的第一步，将原由政府经营的两个大型发电和海水淡化工厂交给私营股份居多的卡塔尔水电公司，进行自负盈亏的运转。同年 12 月，卡塔尔政府又公开出售原由国家垄断的卡塔尔电信公司的 45% 股份。截至 2003 年 4 月，卡塔尔国家控股的工业公司，如石化公司、化肥公司、燃油添加剂公司等均将 30% 的股份投入多哈股票证券市场，连 100% 国有的卡塔尔钢铁公司也已进入证券市场。2004 年 1 月，新建立的卡塔尔天然气运输公司将其 60% 的股份抛进证券市场，一年后即升值到 38 亿美元。尽管卡塔尔石油总公司不在私营化行列，但它也在将其非核心的单位、辅助类附属机构逐步分离出去，以便随后上市。

4. 经济改革促进政府职能部门的变化

为适应经济领域的改革，卡塔尔政府也注意努力理顺和改进其有关部门的工作运转。在推行供水供电私营化进程之初，卡塔尔政府即取消原能源、工业和水电部中供水供电的职能，随后建立直属政府的水电总局，主要负责供水供电的宏观调控业务，把大量具体业务推向私营为主的水电供应公司，由其进行市场模式的服务。如此变动，既大大减少政府工作人员，又提高了有关政府部门办事效率。这一成功的经验，鼓励卡塔尔政府推行进一步改革的尝试。例如，近年鼓励发展私营医院的同时，又取消了政府卫生部，代之以新建的卫生总局，争取减员增效的结果。

5. 进一步鼓励外国投资

在 20 世纪 90 年代利用外资发展本国经济的基础上，2000 年以来，卡塔尔政府新出台了一系列进一步鼓励外资投入的法令法规。其中主要有：凡卡塔尔财经和贸易部认可的合资项目，外国公司可占有 49% 的股份；与卡塔尔政府签订的合同项目，无需原来不可少的卡塔尔代理人；外国投资方可在卡塔尔教育、旅游、卫生等被批准的领域进行 100% 的投资；2002 年，允许外国投资者租借工业项目用地为期 50 年，还可续租 50 年；2004 年，允许非卡塔尔人享有居住 99 年的房产权；2005 年 3 月起，允许外国人购买多哈证券市场所有上市公司的股票，最大限量为 25%（原先，只允许非海湾合作委员会国家公民购买多哈证券市场两个上市公司的股票，仅海湾合作委员会国家的公民可在多哈证券市场投资服务性公司和产业工业公司，股份限于上市公司价值的 25% 以内）；2007 年年中，进一步降低非海湾合作委员会成员国的外国公司利润税收率，由原来的 35% 降到 12%。

第二节 农牧渔业

农业、畜牧业、渔业在卡塔尔国民生产总值中所占比例较小，2003 年为 0.2%，2005 年仅 0.1%；从业人员按 2004 年官方统计，占全国劳动力的 2.6%。但是，农、牧、渔业仍然受到卡塔尔政府的重视。卡塔尔独立后，努力发展农、牧、渔业，旨在尽量增加自给能力，减少对外依赖。此种努力现已取得了可喜的进展。如今，卡塔尔不仅能自己生产一定数量的粮食和肉食，而且夏季蔬菜可以自给 70%，冬季蔬菜可以自给 40%，鱼虾等水产品基本可以完全自给。2003 年，卡塔尔进口

食品和牲口总金额 15 亿里亚尔，只占国家年度进口总开支的
8.4%。2004 年，卡塔尔进口食品和活牲畜总金额 13.87 亿里亚
尔，占国家年度进口总开支的 6.3%。

据联合国粮农组织的有关统计，2001～2005 年卡塔尔农业
和畜牧业部分产品的产量情况，如表 4-1 所示。

表 4-1

单位：吨

物 品	2001 年	2002 年	2003 年	2004 年	2005 年
胡萝卜	230	223	130	239	560
西红柿	5706	5904	7000	7379	5328
卷心菜	947	1001	2300	981	900
菜 花	767	810	1000	794	1133
谷 物	6584	6780	6400	5490	7094
椰 枣	13109	14845	16579	18222	19844
鸡 蛋	3249	5115	5000	3882	4142
肉 食	13855	15864	14475	12365	15228
鲜 奶	25658	31850	35100	31902	31900

卡塔尔农、牧、渔业的归口管理属市政事务与农业部。该部
下属的农业发展局、农业和水利研究局及渔业局，具体负责卡塔
尔农、牧和渔业的管理与发展事宜。其中，农业发展局负责制定
并追踪实施农业发展计划，兴建并更新试验农场，制定全国绿
化、兴建公园和绿地计划，保护植物及消灭虫害，统计并分配农
业和绿化所需设备、化肥、种子及幼苗，为农业工人提供服务、
培训并普及农业知识，签发农业许可证，监督农业与畜牧业检
疫，农业资源保护的立法等。农业和水利研究局负责研究农业与
水资源需求，改进和推广灌溉方式及设施，评估农业与水利先进
科学与现代化技术及其推广的可行性，指导对花园和庄稼及饲料
的开发、土地与水资源的使用等。渔业局负责制定并监督执行渔

民生活与捕鱼业的保护与发展总体计划，就渔民福利事宜在政府有关部门间进行协调，发展更新捕鱼设施与方式，培训职业化渔民，为渔船与职业渔民发放许可证，兴建试验渔场以引导有关渔业的研究，统计与传播渔业方面的数据。

卡塔尔市政事务和农业部曾于 1992 年宣布，给每个农场主和渔民提供 50 万里亚尔的无息贷款，10 年后开始偿还，以资鼓励他们改进生产方式，引用现代化技术促进增产。

一 农业

卡塔尔农业基础较薄弱。天气常年干旱少雨，年降水量在 75 ~ 130 毫米之间，地下水资源也十分有限，农业用水严重不足；全国农业用地有限，仅卡塔尔半岛中部有些季节性牧场和北部有些宜农洼地，故卡塔尔在 20 世纪 50 年代前，几乎无种植业可言。

1963 年，卡塔尔政府兴建第一个实验农场后，农业开始起步。独立后，政府更为注重农业的开发与发展，迄 20 世纪 90 年代中期，已建立各类农场 890 多个，2004 年时增至 945 个，开发可耕地 24 万多杜诺姆（1 杜诺姆等于 939.3 平方米），约合 2.25 万公顷，另外还兴建了一些农业加工企业。2006 年全国可耕地面积 2.8 万公顷，已耕地 7000 公顷。卡塔尔农田开发与农场兴建均系政府所为，故迄今所有农场均属政府所有，但有些农场交私人管理，农业工人则以外籍雇用人员为主。据 2004 年统计，卡塔尔农业工人约 1 万人，约占全国劳力的 2.3%，其中多为阿曼、巴勒斯坦、伊朗和埃及人。

卡塔尔农业以种植蔬菜为主，兼顾其他。全国可耕地中近一半种植蔬菜，30% 用于种植水果与椰枣，畜牧用苜蓿与粮食种植面积各占 10% 左右。据统计，1994 年卡塔尔农业生产中，粮食类为 3940 吨（价值 174.8 万里亚尔），水果与椰枣 12495 吨（价

值 2941.3 万里亚尔），蔬菜与其他 38783 吨（价值 7317.2 万里
亚尔）。1997 年生产大麦 4000 吨、卷心菜 2000 吨、西红柿 1 万
吨、椰枣 1.5 万吨。2003 年生产粮食 6400 吨，其中生产大麦
4700 吨、玉米 1700 吨；生产蔬菜 41400 吨，其中卷心菜 2300
吨、西红柿 7000 吨、菜花 1000 吨、南瓜和西葫芦等 8500 吨、
黄瓜类 4000 吨、茄子 3500 吨、辣椒与柿子椒 800 吨、干洋葱
4000 吨、青玉米 1000 吨、其他蔬菜 9300 吨；生产椰枣 16500
吨；生产瓜果 5800 吨，其中西瓜与甜瓜 4300 吨、其他水果 1500
吨。近 10 年中，卡塔尔农业生产量有一定的提高。

据联合国粮农组织等统计，2005 年卡塔尔生产蔬菜 23451
吨，其中卷心菜 900 吨、西红柿 5328 吨、菜花 1133 吨、南瓜与
西葫芦 1300 吨、黄瓜类 700 吨、茄子 3100 吨、菜椒 800 吨、干
洋葱 3000 吨、其他蔬菜 7190 吨；生产西瓜和甜瓜 4600 吨；生
产谷物由 1995 年的 4256 吨增至 7094 吨；收获椰枣由 1995 年的
12533 吨增至 19844 吨。

为促进农业发展，卡塔尔政府还兴建了一些农业开发项目和
企业：

1. 马沙比亚（Mashabiya）椰枣项目

该项目于 1990 年 5 月启动，占地总面积达 7500 公顷，其中
开垦土地 315 公顷，分成 30 个农场，每个农场占地 10.5 公顷，
各种植 1664 棵椰枣树。这些农场分成南、北两个群体，由农业
与水利研究局提供有关土木工程与农活的技术保障，并管理监督
该项目的实施。该项目所用树苗均为进口的优良品种。该项目位
于首都多哈西南 105 公里处，计划种植 5 万棵椰枣树，年产
5000 吨椰枣。

2. 阿拉伯卡塔尔蔬菜公司

该公司于 1989 年开始运转，属合资股份公司，卡塔尔政府
同阿拉伯投资与发展署各占 50% 的股份。该公司在 1992 年出资

500 万美元，同荷兰公司合作，在位于卡塔尔的沙哈尼亚地区建起 3 万平方米的 12 个空调纤维玻璃大棚，具备各种冷却、通风、喷洒及浇灌设施，另有 14 个塑料大棚及 32 万平方米露天农田。该公司大棚主要生产黄瓜、西红柿、青椒、四季豆、菜花、草莓及西瓜，露天农田种植洋葱、土豆、玉米、胡萝卜和苜蓿等。该公司生产能力在 1994 年大约为 1104 吨，后略有增加。

3. 国家农业供销公司

该公司于 1991 年兴建，负责农产品的收购、包装、加工和国内销售业务，并出口剩余农产品。

4. 多哈果菜包装公司

该公司建于 1999 年，计划生产能力为每年包装 800 吨椰枣与 400 吨蔬菜。

卡塔尔农业虽有较大的发展，但仍有明显的局限性。其中重要原因有：农业用水的自然来源远远不足，主要靠海水淡化加以补充，农业用水不仅成本高，而且要求严格讲究效益；农业用地不足，已耕地仅占国土面积的 0.7%；农业人口几乎都是外籍人，本国人对农业投资缺乏兴趣。有鉴于此，卡塔尔农业产值仅占国民生产总值的 0.1% ~ 0.2%；对食品进口的依赖较大，2006 年进口食品费用约 28 亿里亚尔，相当于国家总进口额的 5%。

二 畜牧业

卡塔尔历史上曾长期以游牧为主要生计之一，畜牧业有一定的基础。尽管如此，卡塔尔畜牧业的发展因从业人口有限、可供放牧土地不多而受到限制。据统计，卡塔尔全国如今可供放牧的土地仅 5 万公顷（含季节性牧场）。

卡塔尔畜牧业连同农业一起统属市政事务和农业部归口管理。在政府有关部门的大力促进下，卡塔尔畜牧业在近 10 年中

亦有一定的进展。1994 年卡塔尔畜牧业生产中，家禽与牛羊肉产量为 6863 吨（价值 7589 万里亚尔），奶和奶制品 32617 吨（价值 1.4 亿里亚尔），蛋 3292 吨（价值 1234 万里亚尔）。1997年，卡塔尔畜牧业统计数量中，存栏牛 1.4 万头，绵羊 20 万只，山羊 17.2 万只，骆驼 4.7 万峰，鸡 400 万只。2003 年年产各种奶制品共 3.51 万吨，其中牛奶 1.1 万吨、骆驼奶 1.33 万吨、绵羊奶 5100 吨、山羊奶 5700 吨；禽肉 4200 吨、牛肉 1000 吨、羊肉 8175 吨、骆驼肉 1100 吨；鸡蛋 5000 吨。同年，存栏牛 1 万头，骆驼 3.5 万峰，绵羊 20 万只，山羊 18 万只，马 3000 匹，鸡 450 万只。

据联合国粮农组织统计，2005 年卡塔尔生产鸡肉 4600 吨、鸡蛋 4142 吨、牛肉 3903 吨、羊肉 5625 吨、骆驼肉 1100 吨、骆驼奶 9900 吨、牛奶 11200 吨、羊奶 10800 吨。

为促进畜牧业发展，卡塔尔政府兴建的畜牧公司和企业主要有：

1. 阿拉伯卡塔尔家禽生产公司

该公司于 1985 年开始运转，属卡塔尔政府同阿拉伯牲畜发展公司合股公司，在卡塔尔生产并广泛收购家禽，还在多哈等地销售网点上出售产品。1994 年，该公司生产肉鸡 348 万只、蛋鸡 21 万只、母鸡 3.6 万只、鸡蛋 5200 万个。卡塔尔政府为该公司进口所需零配件、设备和饲料等提供海关便利。

2. 阿拉伯卡塔尔鲜奶和奶制品生产公司

创建于 1985 年，注册资金 5840 万里亚尔。该公司亦属卡塔尔与阿拉伯牲畜发展公司的合股公司，但有卡塔尔私营企业参加。该公司设有牛奶采集、消毒及奶制品生产等单位，每天生产5 吨鲜奶供本国市场消费。另外还生产冰激凌和果汁。

3. 阿布萨马拉（Abu Samra）绵羊农场

该公司培育优质母羊，用于改进绵羊的繁殖，1994 年共培育绵羊 18 万只。

4. 兽医中心

该中心分支机构分布在多哈、赖扬和沙马勒（Shamal）等地。主要医治患病的牛、羊及为其接种疫苗。

三　渔业

卡塔尔由伸入阿拉伯海湾的卡塔尔半岛及其邻近岛屿组成，渔业资源丰富。历史上，卡塔尔以渔业和采珠业而闻名。尽管卡塔尔现在以其丰富的石油和天然气资源而面貌一新，但其传统的捕鱼业始终存在。卡塔尔政府对渔业较为重视，想方设法促进捕鱼业的现代化发展，认真关注职业渔民的培训及其福利待遇。卡塔尔渔业目前仍限于在阿拉伯海湾近海捕鱼捞虾作业，从业人口相对其他行业数量较为有限。然而，卡塔尔捕捞的鱼虾等海产品基本能满足本国的消费需求。

在政府的关怀和帮助下，卡塔尔渔业不仅装备同现代化发展，而且年产量不断有所提高。20 世纪 70 年代，卡塔尔渔业年产量在 2000 吨左右；20 世纪 90 年代，年产量为 4000 吨以上，其中 1994 年和 1996 年分别为 5086 吨和 4739 吨。21 世纪以来，卡塔尔渔业年产量则在 6000 吨以上，其中 2002 年为 6880 吨，2003 年升至 11000 吨，2004 年为 11134 吨，2005 年进一步升至 13935 吨。

卡塔尔渔业生产绝大部分由卡塔尔国家渔业公司承担。该公司建于 1966 年，在 1980 年收归国有，政府拥有其全部股份。1985 年该公司在首都多哈新建一座冷冻加工厂，最大能力每天可处理 7 吨虾。该公司目前是卡塔尔大型的国营公司之一。

卡塔尔政府为促进渔业发展，不仅向渔民提供优惠贷款，而且为他们兴建和修缮渔港设施。目前，已在多哈、沃克拉和豪尔三港为渔民建立了渔船停泊港及供他们出售鱼虾的市场。

四 采珠业

出海采集珍珠而后出售以换取生活必需品，曾是卡塔尔人主要生活来源之一，历时长达 4000 多年。在公元前 2000 多年，美索不达米亚文明即已记载了卡塔尔所在地区盛产的"鱼眼"——珍珠，后来也曾有人称珍珠为神的泪珠。卡塔尔石油工业开发前，尤其是 20 世纪 30 年代前，采珠业仍是卡塔尔人主要生计之一。据统计，1928 年卡塔尔从事海上采珠人员达 1.3 万人，占全国人口一半多。阿勒萨尼统治家族在卡塔尔扎根之初也是靠采珠业起家，其第一、二代酋长均是采珠业经营者。

然而，采珠业这一卡塔尔传统行业如今已十分萧条，不能再列入经济行业之中。其主要原因是遭人工养殖珍珠市场的冲击以及石油、天然气工业带来的负面影响。20 世纪 30 年代，日本人工养殖珍珠推向市场，极大地削弱了卡塔尔海上采珠的价值，使之一蹶不振。此后，卡塔尔石油和天然气工业开发，不断出现的海上油、气田，占据了不少原盛产珍珠的贝壳类动物的海底栖息场所。与此同时，油气美元大量涌入也冲淡人们对采珠业的生计需求。此外，采珠业的艰苦性及其职业病也使试图涉入此业者望而却步。

据记载，卡塔尔采珠业人员每年出海至少两次，一次是 6 月初至 9 月底，在海上持续作业 4 个月之久，称为大潜期；另一次在大潜期后休息 15 天，再度出海连续作业 40 天，称之为小潜期。有些采珠者为了挣钱，还在每年 4 月中旬至 5 月中旬增加一次出海行动。采珠人员不仅要长期在海上连续漂流，而且工作条件十分艰苦。采珠主要靠潜水员，他们通常要下潜到 10 ~ 15 米深的海域捕捞含珠贝壳类动物，有的能手可下潜至 20 ~ 25 米深处。采珠作业一般由日出到日落，工作 10 多个小时。加之出海

后，淡水与新鲜蔬果供应不足，从业人员患职业病者居多。由于
采珠业辛苦且具有一定风险，每年年底采珠船队回归时，留守在
海边渔村里的采珠人员的家属，包括妇幼及老人都会倾巢而出，
聚集到码头以热烈的歌舞迎接他们的亲人平安归来。

如今，卡塔尔采珠业已不景气了，但历史的记忆犹存。多哈
城里一个海蚌含珠的大型雕塑，时时提醒人们，这里曾经有过采
珠业的辉煌。

第三节　石油与天然气

石油和天然气系卡塔尔的经济命脉。尽管卡塔尔政府大
力推行经济来源多样化方针并已取得一定的进展，但
迄今其国民收入仍有 60% 左右来自石油和天然气。据统计，
2003 年卡塔尔总出口中，石油和天然气及其产品的出口占 92%，
其中原油出口一项即占 50%。2005 年，出口石油收入为 128 亿
美元，出口天然气收入约 80 亿美元，两者相加约占当年国内生
产总值的 59%。石油出口使卡塔尔由贫穷小国变成经济富国，
石油和天然气资源的开发还在不断为卡塔尔带来多方面的新气
象。

一　石油

1. 石油资源的开发

1935 年，卡塔尔同英国签订协议，给予英国—波斯石
油公司在卡塔尔开采、提炼和营销石油的权利。1937
年，英国石油公司开始在卡塔尔钻探石油，1939 年在杜汉地区
发现第 1 口油井。由于第二次世界大战的影响，该公司有关钻探
工程暂停，油井被迫封闭。1947 年暂停的工程重新启动，并发
现了 3 处陆上油井。1949 年，从杜汉通往乌姆赛义德的东西向

的输油管道落成，卡塔尔首批石油出口装船，标志着卡塔尔石油工业开始运转。1949 年卡塔尔生产石油 80 万桶。1952 年，荷兰壳牌石油公司进入卡塔尔开发石油资源。1953 年，卡塔尔石油发展有限公司改名为卡塔尔石油公司。

杜汉油田开发后，卡塔尔虽然没有发现新的陆上油田，但陆续发现一系列海上油田。1960 年发现第一个海上油田——伊德沙尔吉油田，当年卡塔尔生产石油 6036 万桶。1965 年和 1969 年，卡塔尔分别开发了麦依丹马哈扎姆和布尔哈宁两个海上油田。1969 年，卡塔尔同阿布扎比酋长国达成协议，联合开采位于双方领海线上的班德克油田。后来，卡塔尔又开发了一系列海上油田，使之石油储藏量和生产量不断上升。2008 年，卡塔尔石油储藏量由 1999 年的 37 亿桶增至近 260 亿桶；2005 年的石油生产量由 1994 年每日 41 万桶增至每日 80 万桶。卡塔尔于 1961 年加入世界石油输出国组织（欧佩克），1970 年加入阿拉伯石油输出国组织。

卡塔尔独立前，其石油生产与销售主要控制在英国石油公司和荷兰壳牌石油公司手中。1971 年卡塔尔独立后，开始努力使其石油资源走向国有化。1973 年，卡塔尔政府从英国在卡的石油公司手中获得石油工业 35% 的股权。1974 年，卡塔尔政府又将这一股权比例提高到 60%。1974 年年底，卡塔尔政府从英国在卡的公司手中获得全部石油资源的控制权，并建立了卡塔尔石油生产总公司（2001 年 1 月改名为卡塔尔石油公司）。1977 年 2 月，卡塔尔又获得荷兰壳牌石油公司在卡塔尔分部的全部股权，从而完成对石油工业的全部国有化改革，实现了石油资源国有化政策目标。

为了更好地发展石油工业、开发更多的油田，卡塔尔从 20 世纪 80 年代后期开始，在石油领域逐步引进外资和技术合作，对一些原有油田进行改造，使之增产；作为回报，投资者按事先约定的比例获取改造后的油田产品。与此同时，卡塔尔还实施同外国开展勘探、开发和生产共享协定的合作模式。按此模式，外国开发商根据勘探与生产共享协定，有权在卡塔尔政府划定的区域勘探石油；如果发现石油，也有权开发油田；所开发生产的石油由开发商与卡塔尔按事先约定的比例分享。这一模式的合作刺激了卡塔尔石油的开发与生产不断向前发展。

2. 石油储量和油田分布

卡塔尔已探明的石油储藏量在 20 世纪 70 年代为 7.6 亿吨，80 年代为 4.5 亿吨或 34 亿桶，90 年代末为 5.07 亿吨或 37 亿桶。21 世纪初为 20 亿吨或 152 亿桶。据 2007 年 12 月统计表明，卡塔尔已探明的石油储藏量约 34 亿吨或 257 亿桶，居世界石油储藏量的第 13 位。至今，卡塔尔勘探石油的活动还在持续进行中。卡塔尔的石油勘探总面积若按所蕴含的碳氢化合物计算，可分为 22 个烃，相当于面积为 43426 平方公里的区域（一说分为 18 个烃，覆盖面积 46840 平方公里），还有一定的勘探、开发余地。

卡塔尔最早勘探出石油的是杜汉陆上油田，位于卡塔尔西海岸中部，1949 年投产，至今还是卡塔尔重要油田之一；该油田有 3 个原油储藏层，一个非伴生天然气储藏层：已探明储量 20 亿桶，按 2007 年日产量计算，其开采能力大约还可以维持 20 年。20 世纪 60 年代，卡塔尔先后在其东海岸近海大陆架发现 3 处海上油田，分别是伊德沙尔吉（Idd ash – Shargi）、麦依丹玛哈扎姆（Maydan Mahzam）和布勒哈宁（Bul Hanine）油田，先后在 20 世纪 60 年代中期至 70 年代初期投产。此后，卡塔尔继续开发了赖扬（Rayyan）、哈利吉（Khalij）、沙欣（Shaheen）和卡卡拉（Kakara）油田。

另外，卡塔尔与阿拉伯联合酋长国在两国海上交界处，联合开发了班德克（Bunduq）油田，股份平分。该油田于 1975 年投

产，估计可开采 35 年。

截至 2004 年 12 月底，卡塔尔石油生产井数增至 421 口。

3. 石油产量在起伏中上升

1949 年，卡塔尔石油工业运转之初，年产量仅 80 万桶。20 世纪 60 年代，海上油田的开发使石油年产量上升为 6000 万桶（约 16 万桶／日）。1961 年，卡塔尔加入了世界石油输出国组织（欧佩克），与其协调石油出口数量及油价变化。1973 年，卡塔尔石油日产量为 57 万桶，1975 年为 43.76 万桶，1979 年回升为 50.8 万桶。20 世纪 80 年代，卡塔尔石油产量下滑，1982 年为 32 万桶／日，而欧佩克给卡塔尔的配额仅为 30 万桶／日。1990 年欧佩克所给配额为 37 万桶／日，而卡塔尔产量为 42 万桶／日。1993 年，欧佩克配额为日产量 37.8 万桶，卡塔尔实际产量为 39.9 万桶／日。1996 ~ 1999 年，卡塔尔石油加天然气折合当量的日均产量分别为 56.8 万桶、69.4 万桶、74.7 万桶和 72.4 万桶，石油产量基本符合欧佩克所给的日产 41.4 万桶配额。2000 年，欧佩克对卡塔尔石油日产量配额调整到 64 万桶（4 月）、69 万桶（11 月），卡塔尔实际日产量含液化天然气折合在内为 79.6 万桶（欧佩克限量中不含液化天然气折合量）。2001 年，欧佩克所给配额有所减少，卡塔尔石油日产量因此而降低为 65.3 万桶（2 月）、62.7 万桶（4 月）、60.1 万桶（9 月）和 56.2 万桶（2002 年 1 月），同年卡塔尔石油加液化天然气折合当量日均产量为 78.3 万桶。2002 年，卡塔尔原油日产量按欧佩克要求减少 5%，为 64.4 万桶。2003 年，卡塔尔按欧佩克配额，将石油日产量上升 10.9%，达 71.4 万桶。2004 年，卡塔尔接受欧佩克配额，日均产量为 79 万桶。

2005 年，卡塔尔石油产量为 80 万桶／日，全年共计 4490 万吨。2006 年日均产量达 81 万桶。2007 年的日均产量为 81.9 万桶。2008 年上半年日均产量 86.8 万桶，下半年有所下跌。

按最新探明的储藏量和 2003～2007 年平均日产量 77.6 万桶计算，卡塔尔石油资源大约可开采 90 年。但卡塔尔引进外资开发油田的做法，又使其不少石油资源的开发受到美国、法国、丹麦等石油公司的左右。这些公司正努力将卡塔尔石油日产量推向新的高度，计划到 2010 年底可达 110 万桶。

2005 年，卡塔尔各油田生产情况如下：杜汉油田最大产量可达 33.5 万桶/日；麦依丹马哈扎姆油田现日产 2.3 万桶，预计将来可达 7 万桶/日；布勒哈宁油田现日产 6.8 万桶，预计将来可达 8.5 万桶/日；与丹麦公司合作的沙欣油田，日产 20 万桶，还在努力升至 26 万桶/日；与法国公司合作的哈利吉泊田，现日产 3.8 万桶，预计将来可达 6 万桶/日；与美国公司合作的赖扬油田现日产 2.5 万桶，计划达 6 万桶/日；与美国公司合资的伊德沙尔吉油田，现日产 12 万桶，计划提高至 16 万桶/日；与加拿大公司合作的卡卡拉油田现日产 1 万桶。

2007 年，卡塔尔石油公司独家经营的 3 个泊田生产情况为，杜汉陆上油田日产量 28.1 万桶，麦依丹马哈扎姆海上油田日产量 3.7 万桶，布勒哈宁海上油田日产量 5.2 万桶。这 3 个油田的总产量约占卡塔尔当年石油总产量（含同外国合资或按勘探与生产共享协定开发的油田的产量）的 45%。其他海上油田生产情况为：与美国公司合作的伊德沙尔吉油田日产 11 万桶，计划到 2010 年增至 12 万桶；1991 年与法国公司合作开发的哈利吉油田，储藏量约 10 亿桶，日产量 4.2 万桶；与以美国公司为主、日本公司为辅合作的赖扬油田，日产 1.25 万桶；2001 年与丹麦公司签订合作协议的沙欣油田，日产 25 万桶，2005 年新签协议计划使该油田日产量在 2010 年增至 52.5 万桶；与加拿大公司签订合作协议的卡卡拉油田，日产量仅 5000 桶，计划增至 1 万桶。

近年来，卡塔尔原油价格随国际油价的变动而上升较快。

2003 年平均每桶 27.9 美元，2005 年飙升到 51.7 美元；2006 年比 2005 年增长 21.7%，达到平均每桶 62.9 美元；2007 年比 2006 年又上升 11.3%，平均每桶达 70 美元；2008 年上半年狂升到平均每桶 106.8 美元。2008 年下半年，国际油价达到每桶 147 美元的巅峰后开始狂跌，年底前后一直徘徊于每桶 40 美元左右，卡塔尔油价亦随之大起大落。

　　4. 炼油能力

　　卡塔尔首家炼油厂位于乌姆赛义德，1974 年由负责炼油与成品油的卡塔尔国家石油分配公司（2000 年完全并入卡塔尔石油总公司）承建。1977 年炼油能力由原来 6200 桶/日升至 1.2 万桶/日。1984 年，该公司又在乌姆赛义德炼油厂附近新建一个炼油厂，设计炼油能力为 5 万桶/日。1990 年，乌姆赛义德新炼油厂——卡塔尔炼油厂炼油能力达 6.2 万桶/日，其中出口石油产品 5 万桶/日。1998 年，卡塔尔对外签订合同，将卡塔尔炼油厂的炼油能力提升为 13.7 万桶/日，2002 年底扩建工程完工并开始运转。2006 年，卡塔尔炼油能力共约每天 15 万桶。

　　1995 年，卡塔尔石油总公司宣布，拟在拉斯拉凡新建一个炼油厂，处理加工北方天然气田所产凝析油。2002 年，卡塔尔石油总公司同美孚等石油公司签署协议，合资在拉斯拉凡建一个提炼天然气凝析油（苯与甲烷等）的工厂，日产量为 14 万桶。2005 年 4 月，韩国 GS 土木工程建筑集团决定承建该项目，费用估计为 6 亿美元。卡塔尔发展炼油能力的最新计划，是在 2006 年筹划于乌姆赛义德兴建沙欣炼油厂，每天炼油 20 万桶。

　　卡塔尔石油总公司在国内发展炼油能力的同时，也在寻求海外合作。2007 年 5 月，该公司出资 20 亿美元，在突尼斯兴建了日处理 15 万桶原油的炼油厂。

　　2003 年，卡塔尔炼油厂共生产汽油 1490 万桶，煤油 737 万桶，柴油737万桶，其他燃油288万桶，其他化工产品956万桶。2007年，卡塔尔国内每天消耗炼油产品2.5万~3万桶，其余11万桶供出口。

二 天然气

1. 天然气资源的开发

卡塔尔天然气资源主要集中在卡塔尔半岛北部近海大陆架地区，20世纪70年代已有所发现。1971年发现北方气田后，由于当时对天然气使用、贮存与运输出口等重要环节存在的技术问题尚未解决，该气田未能进行及时的商业开发。20世纪80年代，卡塔尔天然气的商业开发虽已开始，但规模还较有限，年产58亿立方米，产品主要供卡塔尔国内使用。20世纪90年代以来，国际油价不稳定，全球环保意识增强，加之使用天然气的技术有较大的发展，尤其是液化生产与运输技术的突破，更加促进各方对开发天然气的重视。卡塔尔政府在加紧推行经济多元化政策的过程中，进一步推动对天然气资源的开发和利用。1996年，卡塔尔开始对外输出液化气，标志着卡塔尔天然气开发步入全面发展的新阶段。

1995~2005年期间，卡塔尔引进700亿美元的巨额外资用以开发天然气工业，使之获得快速发展，不仅上马项目多，而且产量与出口量直线上升。2005年年中，卡塔尔政府宣布，为了更有效地安排资源开发，决定暂停签批新的天然气出口项目。2006年10月，卡塔尔石油总公司声明，有关暂停至少延续到2010年。

2. 天然气资源储藏量的增长

20世纪90年代初，卡塔尔已探明天然气储藏量为8.5万亿立方米，占世界天然气总储藏量的5.8%，仅次于苏联和伊朗，居世界第三。2000年，卡塔尔已探明天然气储藏量为11.15万

亿立方米，占世界总储量的 7.2%。2001 年，卡塔尔已探明天然气储藏量达 14.4 万亿立方米，占世界总储藏量的 9.3%。2004 年，卡塔尔宣布已探明天然气储藏量升至 25.78 万亿立方米，（相当于 1634 亿桶石油，是卡塔尔已探明石油储藏量的 6 倍多），占世界总储量 14.4%，仍居俄罗斯、伊朗之后占世界第三。卡塔尔天然气储藏量的增加，主要是其东北部的北方气田被进一步探明与开发的结果。该海上天然气田距离海岸较近，覆盖面积为 6000 平方公里，相当于卡塔尔全国陆地面积一半有余，系世界上最大的非伴生天然气田。该气田分为海平面以下 2500～2900 米的 4 个储层，而且天然气质量较好。

截至 2007 年底，卡塔尔已探明非伴生天然气储量 25.26 万亿立方米，伴生天然气储量约 3100 亿立方米。

3. 天然气产量不断攀升

20 世纪 80 年代下半叶，卡塔尔的天然气产量较少，平均年产量为 58 亿立方米。其中 1986 年为 64.8 亿立方米。1993 年，天然气产量升至 99.3 亿立方米。20 世纪 90 年代后期，天然气开发飞跃增长，产量直线上升。1998 年，天然气产量为 196 亿立方米，1999 年攀升至 221 亿立方米。21 世纪以来，卡塔尔天然气年产量又进一步上升，2000 年为 291 亿立方米，2001 年升为 371 亿立方米，2002 年达 390 亿立方米，2003 年为 400 亿立方米，2004 年略有下降，为 392 亿立方米。卡塔尔天然气产量在 2005 年为 458 亿立方米，2006 年为 495 亿立方米。按 2006 年产量和储备量计算，卡塔尔天然气资源至少还可开采 520 年。

截至 2005 年底统计，卡塔尔共有 7 条液化天然气生产线，总产量 2550 万吨；在建或筹建生产线 7 条，生产能力 5150 万吨。预计到 2012 年，年产量总量可达 7700 万吨。2006 年，卡塔尔出口液化天然气占世界总量的 14.7%，处于领先地位。

据卡塔尔官方 2007 年底统计，负责开发天然气的卡塔尔天然气公司和拉斯拉凡天然气公司当年产量已达 3100 万吨，预计 2010 年将达 6130 万吨，2012 年达到 7740 万吨。

4. 液化天然气发展项目

1987 年，卡塔尔政府决定启动北方气田开发项目，由卡塔尔天然气公司承担。该项目首期工程分两步走，第一阶段，日产供国内使用的 2260 万立方米天然气，及供出口用的年产 165 万吨的液化石油气和凝析油（苯与丙烷等），预算投资 13 亿美元，该阶段工程在 1991 年 9 月竣工并投产；第二阶段工程是在拉斯拉凡兴建一个拥有 3 条生产线、年产 600 万吨的液化天然气联合工厂，该工厂于 1994 年 4 月投建，预算资金 20 亿美元，建成后原设计产量由 600 万吨提升到 1000 万吨。1996 年年底，首批液化天然气海运出口。2002 年，卡塔尔天然气公司作长久规划，计划增建生产线，将液化天然气产量由 1000 万吨增加至 2010 年的 4200 万吨，估计投资约 110 亿美元。为此，卡塔尔天然气公司首期扩建计划是在原有 3 条天然气液化生产线的基础上再增加两条生产线，以增加出口 1600 万吨液化天然气；第二期扩建计划是再建两条生产线，每年再增产液化天然气 1600 万吨。在实际运作过程中，有关计划有所变化。同年，卡塔尔天然气公司与美国埃克森美孚石油公司签协定，合作建一个拥有两条生产线的 2 号液化天然气工厂（简称卡气二厂），每条生产线年产量 750 万吨，首条生产线于 2008 年投产。卡塔尔天然气公司为此项目出资 70%，余由美孚公司承担。2005 年 2 月，法国道达尔石油公司加盟卡气二厂项目，向该厂第二条生产线投资 16.7% 的份额。道达尔公司还从该厂订购每年 520 万吨液化天然气，转售法、英、美国和墨西哥的客户。2003 年 7 月，卡塔尔石油总公司同美国科诺科菲利普斯（ConocoPhillips）公司签协议，为卡塔尔天然气公司新建一个液化天然气厂（卡气三厂），仅一条生产线，年产量为 750 万吨，预期 2010 年投产，产品主要供应美国

市场。2005年2月，壳牌石油公司宣布其与卡塔尔天然气公司签订价值70亿美元的合同（壳牌公司斥资30%，余由卡塔尔石油总公司承担），为后者兴建只有一条生产线的卡气四厂，年产液化天然气780万吨，计划2010年运转，产品输往欧洲和北美市场。2007年4月，日本一家公司加盟卡气四厂，以每年进口90万吨液化天然气的金额投资。

1992年，卡塔尔新组建拉斯拉凡液化天然气公司，使之成为卡塔尔第二个生产天然气的集团公司。该公司首期工程为拉斯拉凡天然气一厂（简称拉气一厂），耗资34亿美元，于1999年和2000年先后建成两条生产线，年产660万吨液化天然气。建厂工程款原来由卡塔尔石油总公司占70%的份额，余由美国埃克森美孚石油公司承担；后有两家日本公司分别投资3%和4%，韩国天然气公司投资5%，使卡塔尔石油总公司股份降至63%，美国公司股份降至25%。在建成拉气一厂的基础上，卡塔尔石油总公司又于2001年同美国埃克森美孚石油公司合资兴建拉气二厂，前者占70%的股份，后者占30%。拉气二厂于2004年和2005年建成的两条生产线，年产液化天然气均为470万吨，其另一条生产线在2007年完工。由于外国客户对液化天然气需求量不断增大，为改变供不应求的局面，卡塔尔于2003年10月又以拉气二厂同一合资模式筹建拉气三厂，估算投资约需120亿美元，计划建两条生产线，年生产液化天然气各780万吨，2010年开始向美国输送产品。拉气三厂的首条生产线已于2005年11月动工。

5. 液化天然气出口量大增

1993年，卡塔尔天然气公司与日本中部（Chubu）电力公司签订为期25年的合作协议，1996年起由卡塔尔每年向日本海运输出400万吨液化天然气；2001年与西班牙天然气集团签订协议，于2001～2012年期间向西班牙总共提供910万吨液化天然气；2004 年，再次同西班牙天然气集团签订为期 20 年的合作协议，自 2005 年起向西班牙总共提供 3000 万吨液化天然气；2005 年 2 月，同法国石油公司签订为期 25 年的协议，每年提供 520 万吨液化天然气，分别输往法国、英国和美国。与液化天然气出口有关的项目有：卡塔尔天然气公司于 2004 年出资 7 亿美元，用于经英国威尔士转输站向美国芝加哥输送液化天然气工程，另向 3 家韩国造船公司订购 8 条液化天然气运输船。

拉斯拉凡液化天然气公司于 1995 年同韩国天然气公司签订为期 25 年的液化天然气供应协议；1999 年，同印度石油网络公司签订自 2004 年年底起每年供应 750 万吨液化天然气协议；2001 年，同意大利埃迪迅公司签订自 2005 年起供应 350 万吨（后改为自 2007 年起供应 470 万吨）液化天然气的协议；2003 年，同中国台湾石油公司签订为期 25 年的协议，自 2008 年起每年供应 300 万吨液化天然气；2003 年，同美国埃克森美孚石油集团签订协议，从 2010 年起向美国出口 1560 万吨液化天然气；2004 年，同比利时公司签订自 2007 年起提供 340 万吨液化天然气的协议；2004 年，同美国佛罗里达动力与照明集团签订自 2008 年起向美市场输出 600 万吨液化天然气的协议；2004 年 11 月，同韩国天然气公司签订增售 400 万吨液化天然气的协议；2005 年，又同中华石油公司签订为期 25 年向台湾供应液化天然气的协议。此外，卡塔尔石油总公司与埃克森美孚石油公司在 2005 年 5 月合资 9 亿美元，在意大利海岸建造向挪威输送液化天然气的中转站。2005 年，拉斯拉凡天然气公司签订了引进 12 条液化天然气运输船的长期合同。

为适应日益增长的液化天然气海外出口的需要，卡塔尔天然气运输公司计划增购 56 条液化天然气运输船，迄今已确定订购 34 条，其中 28 条系 30%～60% 比例的股份合资购置。这些船主要由韩国、日本船厂建造。

6. 管道天然气的国内使用与出口

卡塔尔努力使用国产天然气以满足本国部分能源需要。为此，哈利吉（Khaleej）天然气公司将负责向拉斯拉凡发电厂、羚羊（Oryx）天然气转化项目等国内工业设施提供管道天然气，富余部分向外国客户出口。2000 年 5 月，卡塔尔石油总公司与埃克森美孚中东天然气经营公司签订协议，确定承建哈利吉天然气公司的工程，并使它在 2003 年上马。该工程首期已在 2005 年 11 月投入运转，日输约 2120 万立方米天然气，经管道输送供国内客户使用。2006 年 7 月，预算资金约 30 亿美元的第二期工程启动，计划输气量增至约 3540 万立方米，每年输出 1500 万桶凝析油、87 万桶乙烷、100 万吨丙烷和甲烷，在 2009 年满足卡塔尔国内一系列石化企业的需求。2007 年 2 月，卡塔尔石油总公司决定启动巴尔赞（Barzan）管道输气公司项目，计划在 2012 年输气量达到每日 4200 万立方米，以满足国内提高发电能力和发展石化企业的需要。2006 年，卡塔尔国内消耗管道天然气量为日均 6160 万立方米，预计这一需求在 2012 年将达到 1.2 亿立方米。

卡塔尔早于 1995 年即同巴基斯坦建有联合委员会，考察向后者提供管道天然气的可行性。1996 年，法国道达尔石油公司的海湾—南亚天然气公司承担这一工程的上线运作。其下线项目是卡塔尔经阿拉伯联合酋长国向阿曼输送天然气。卡塔尔向阿拉伯联合酋长国和阿曼出口天然气项目，由总部设在阿布扎比的穆巴达拉（Mubadala）发展公司经营。2000 年，该公司为此项目专门成立名为"海豚能源有限公司"（DEL）的子公司，并在其中占有 51% 的股份（其余股份由法国道达尔公司占 24.5%，美国西方公司占 24.5%）。2001 年，海豚能源有限公司与卡塔尔石油总公司签有为期 25 年的合作协议，从卡塔尔北部气田订购每日 5600 万立方米天然气，经位于拉斯拉凡的工厂从中解析出凝析油后，通过管道输往阿布扎比的塔维拉（Taweelah）能源工厂。2007 年 7 月，海豚能源公司开始向阿拉伯联合酋长国输送天然气。根据 2004 年 4 月同阿曼石油公司达成的谅解备忘录，海豚能源公司不仅向阿曼输送天然气，而且计划向巴基斯坦供应天然气。海豚项目原预算金额 35 亿美元，2006 年升为 44 亿美元。尽管这一项目曾在 2006 年因项目预算资金上调、参股公司有所变化及沙特阿拉伯声称海底天然气管道经过其领海等矛盾而一度触礁，但后来又继续运转。

2002 年，科威特石油公司与埃克森美孚公司签订兴建 590 公里海底输气管道工程的备忘录，由拉斯拉凡向科威特南部输送每日 4000 万立方米提取凝析油后的干天然气。该项目后因沙特阿拉伯未同意输气管道经过其领海而搁浅。

2005 年，卡塔尔政府同巴林达成通过管道向巴林提供天然气的协议。

7. 天然气液态转化项目的开发

卡塔尔在大力开发其丰富的天然气资源过程中，努力向天然气液态产品的生产和出口发展。在液化天然气出口走在世界前列的同时，卡塔尔又在塑造"世界天然气液态转化之都"的形象。所谓天然气液态转化项目，就是通过天然气液态化流程转化生产高价值的燃料和工业用油。由于当前有关技术还不够成熟，故而存在造价昂贵的困扰。卡塔尔石油总公司在 1999 年 6 月至 2000 年 5 月间，向国际财团借贷 12 亿美元，筹建天然气经液状转产的工厂。2001 年，卡塔尔石油总公司与南非萨素（Sasol）公司签订 51% 对 49% 的合资协议，使首家天然气液态转化项目——羚羊天然气转化工程在拉斯拉凡上马。该项目几经周折，终于在 2006 年开始投产，只是远远低于日产 34000 桶高价值燃油的设计能力，到 2008 年年中仅达 7000～10000 桶。卡塔尔第二个天然气液态转化项目，是同埃克森美孚石油公司合作的珍珠天然气

液态转化工程，设计日产量达 15.4 万桶。2007 年 2 月，美方公司因造价昂贵而退出合作项目，曾遭卡塔尔副首相兼能源和工业大臣阿卜杜拉·阿提亚的公开指责。后来，壳牌石油公司接手珍珠天然气液态转化工程，设计日产 14 万桶环保运输用油和挥发油，成为世界上生产这种燃料的最大厂家之一。珍珠天然气液态转化项目投资可能高达 180 亿美元，是原设计的 3 倍，启动资金由壳牌公司承担，较为沉重。该工程分成两期，首期计划于 2009 年建成日产量为 7 万桶的生产线，一年后第二条日产 7 万桶的生产线投入运转。

三　石油与天然气的经营单位

1. 卡塔尔石油公司

能源和工业部通过卡塔尔石油总公司（QGPC）具体落实政府有关石油和天然气的政策，负责卡塔尔境内外有关石油与天然气的单位及其相关活动。该公司于 1974 年 8 月 1 日成立，属国有企业，承担了实施卡塔尔石油国有化的变革行动。该公司由董事会和各有关专业部门组成，其实体分为陆上油气田运转部和海上油气田运转部两大部门。前者既负责杜汉大油田生产运转，也负责位于多哈、乌姆赛义德、拉斯拉凡等地的陆上石油企业业务；后者负责伊德沙尔吉、麦依丹马哈扎姆和布勒哈宁等海上油田及卡塔尔—阿拉伯联合酋长国联合开发的班德克油田。该公司除负责石油与天然气生产外，还管理一系列以石油与天然气为原料的工业公司，同时也负责石油、天然气及其副产品的营销、分配和出口业务，还在国外有投资项目。该公司及其下属与附属公司，既注重石油和天然气的生产、开发、营销与出口，也注意对其职工进行培训和技能强化等工作。2001 年，该公司改名为卡塔尔石油公司，简称 QP，其时拥有资产 200 亿里亚尔，员工 5500 人；控股 10 多个子公司或合资公司，另在 8 个公司有投资（其中 5 个是国外的阿拉伯合资公司）。卡塔尔石油公司现任总裁由政府能源和工业大臣兼任，执行副总裁享受政府副大臣待遇。

卡塔尔石油公司下属公司有：卡塔尔国家石油分配公司、卡塔尔天然气公司、拉斯拉凡液化天然气公司、海湾直升机公司、卡塔尔化肥公司、卡塔尔石化公司、卡塔尔水电公司、卡塔尔海运公司、卡塔尔维尼龙公司、卡塔尔清洁能源公司、卡塔尔天然气运输公司、阿拉伯海上石油运输公司、阿拉伯造船与修船公司、阿拉伯石油服务公司、阿拉伯石油投资公司等。

卡塔尔石油公司随着收入的上升，另组建了一个名为卡塔尔石油国际的分公司，处理其在意大利、英国等国的海外资产，还在研究向印度、中国等国投资的计划。

2. 国家石油分配公司

卡塔尔国家石油分配公司（NODCO）于 1968 年建立并运转。1974 年，卡塔尔实行石油国有化时，并入卡塔尔石油总公司（QGPC）。该公司负责石油及其产品的储存、提炼、分配、批发与营销出口等业务，同时还直接管理位于乌姆赛义德的石油提炼联合企业及遍布卡塔尔国内各地的石油管道和油库。

3. 卡塔尔天然气公司

卡塔尔天然气公司（Qatar gas）建于 1984 年，注册资金 5 亿里亚尔，系卡塔尔石油总公司同外国公司合股公司。卡塔尔石油总公司占该公司 65% 的股份，法国道达尔石油公司占 10%，美国美孚石油公司占 10%，日本两家公司各占 7.5%。该公司在拉斯拉凡已经建成或正在建设 4 个液化天然气厂，共 7 条生产线，计划 2012 年时年产液化天然气 4030 万吨。该公司除经营天然气液化工厂（含海上平台、陆上液化车间、储存库房及发电供水等后勤保障单位）的生产运转外，还负责产品营销业务。为将产品输送到客户，该公司下建有海运公司，拥有 10 条天然

气运输船。

4. 拉斯拉凡天然气公司

拉斯拉凡天然气公司（Ras gas）建于 1993 年，亦属合资公司。卡塔尔石油总公司占该公司 70％ 的股份，美国美孚石油公司占 30％。该公司系卡塔尔第二个生产营销液化天然气的公司。1994 年，该公司在卡塔尔东北沿海第一口气井投产后，业务迅猛发展。该公司已建成和正在建设的液化天然气工厂有 3 个，共 7 条生产线，计划 2012 年时年产液化天然气 3710 万吨。

5. 卡塔尔燃料公司

卡塔尔燃料公司成立于 2002 年 3 月，是石油与天然气领域第一家公众化民营有限公司，市场资金 1.5 亿里亚尔，私营界占 60％ 股份，国立石油总公司仅占 40％ 股份。该公司负责在卡塔尔营销、运输、分流液化天然气及其提炼产品，垄断期为 15年。

6. 卡塔尔天然气运输公司

2004 年 6 月，卡塔尔政府又新组建了卡塔尔天然气运输公司，成为石油总公司下属液化天然气运输公司。国营的卡塔尔航运公司和海运公司共同控股 50％，其余 50％ 股份由个人或私营公司认购。该公司计划到 2012 年时拥有 77 艘液化天然气运输船，其中 56 艘为增购，主要由日本、韩国造船厂生产。

四　石油与天然气领域的外国融资

卡塔尔对其石油和天然气资源实行国有化以后，一直明确其既定的政策是，保证对石油和天然气等碳氢化合物资源实施完全的主权控制，掌握拥有权并予以最佳的利用。在这一政策的指引下，卡塔尔政府直接或间接地控制着国内所有与石油、天然气有关的公司。即使在国有化以后又引进外资组建了合资公司，代表卡塔尔政府的石油总公司始终在这些合资公司中占据控股地位。但近年来卡塔尔政府在与本国私营企业合资新建的公司中，已出现政府所占股份在 50% 以下的个别情况。

20 世纪 80 年代，为了促进石油和天然气的开发及其生产工业的发展，卡塔尔开始寻求引进外资用于这一领域。迄至 2005 年，卡塔尔在石油与天然气工业领域引进各种外资约 1000 亿美元。

卡塔尔利用外资对大批领土、领海实施进一步的石油和天然气的勘探，并对原有的石油设施进行改造和开发。1986 年，卡塔尔给予阿莫科（Amoco）公司为期 25 年产品分享的权利，由该公司出资在杜汉油田及北方气田以外 8000 平方公里的地域进行石油和天然气勘探工程。1988 年，卡塔尔又给予埃尔夫阿奎坦（ELF Aquitaine）公司为期 6 年在其 2800 平方公里领海地区勘探天然气的许可权，并给予产品分享优惠。1994 年，美国西方石油公司与卡塔尔就伊德沙尔吉油田改进项目投资达成为期 25 年的协议，美国公司投资约 7 亿美元，使该油田日产量由 2 万桶提升至 9 万桶，美方从中获得该油田 19% 的产品。1994 年，卡塔尔又同一家美国公司达成为期 4 年的协议，由美国公司投资在卡塔尔未勘探的领海寻找石油和天然气。迄至 1995 年，卡塔尔 90% 的领土和领海已经过或正处于石油勘探工程之中。1994 年，丹麦马士基（MAERSK）石油公司开始在其投资勘探的沙欣油田开采到石油，平均日产 3 万桶，到 1999 年优惠政策结束时则达 10 万桶/日；该公司分别于 2001 年和 2005 年两度同卡塔尔方面签订协议，合作将沙欣油田日产量先后提升到 25 万桶和 52.5 万桶。1995 年，卡塔尔石油公司将另一个海上油田哈利吉的改进项目交埃尔夫阿奎坦和阿吉普（AGIP）国际公司，两者各占投资额的 55% 和 45%，1997 年起该油田已有 3 万桶/日的产量，2007 年日产量达 4.2 万桶。1996 年，卡塔尔石油公司同雪佛龙（CHEVRON）海外石油公司达成在卡塔尔 7500 平方公里

的海域勘探石油和产品分享协议。2003 年，加拿大塔利斯曼（TALISMAN）能源公司获得卡塔尔卡卡拉油田（4 口油井）及诺思油田（3 口油井）的开发工程项目，旨在 2005 年把产量提高到 1 万桶/日。2003 年，阿布扎比国家石油建筑公司与卡塔尔签订合同，承建卡塔尔伊德沙尔吉油田增产项目。2004 年，卡塔尔石油公司又同丹麦马士基石油公司达成海上油田勘探与产品分享合作协议。2004 年，卡塔尔石油公司还同日本钻井公司达成协议，以 2.58 亿美元合资建立卡塔尔"海湾钻井国际公司"。2005 年，印度国家石油天然气公司维戴什（ONGC VIDESH）子公司与卡塔尔签订开发纳杰姆（NAJEM）海上油田投资和产品分享的协议。

在开发天然气资源中，卡塔尔引进外资既多也较广泛。卡塔尔控股的两个天然气公司都是同外国公司合资的股份公司。这两个公司天然气生产线的改进与扩建工程，也全部采取引进外资的做法。由外国公司出资，卡塔尔在项目完工后每年提供一定比例的产品予以偿付，或以双方签订长期由卡塔尔提供液化天然气协议的方式还款。据美国国务院数字，卡塔尔仅天然气工业引进外国资金就高达 700 亿美元。

第四节　其他工业

尽管石油和天然气工业在卡塔尔经济中起着主导作用，但卡塔尔政府的基本国策仍强调要努力促进油气外其他工业的发展，使卡塔尔国民收入多元化，并不断完善自身的工业基础。依据本国国情和油气资源丰富的特点，卡塔尔政府一方面重点发展以石油和天然气工业下线产品为原料的石化工业；另一方面努力兴建其他各种工业，尤其是基础工业和制造业，以满足国民经济与人民生活的需要。为促进油气外工业的蓬勃发展，卡塔尔政府除了加强管理与规划外，还对这些工业的兴建与发展采取多种鼓励措施，充分利用国内外资金，提供尽可能多的服务。在政府这种不懈的努力下，卡塔尔的轻重工业亦有了长足的发展，对国民经济的贡献日益增长。迄 2000 年，卡塔尔油气外的大型工业设施有 15 个，中、小型的有 338 个。2004 年，油气外其他工业就业人数为 40039 人，而油气工业就业人数才 17997 人，前者是后者的 2.2 倍。2005 年，油气外其他工业产值占国民生产总值的 8.5%，石油与天然气产值占 58.3%。

一　石化工业企业

石化工业企业在卡塔尔油气外工业中占据首位，产值高、效益较好，占国家出口份额相对较大。这些企业还在增加之中，卡塔尔丰富的天然气和石油资源给予石化企业广阔的发展空间。卡塔尔与外国公司广泛地合作，使石化产品年产量达 850 万吨，其数量之大在中东地区位居第三。卡塔尔政府还在计划吸收国内外投资 120 亿美元，用于增加石化产品的生产能力，使之在 2012 年扩增至年产 2800 万吨。目前，卡塔尔主要的石化企业有：

1. 卡塔尔化肥公司（QAFCO）

1969 年始建于乌姆赛义德，1973 年投产，日产 1800 吨氨和 2000 吨尿素。1974 年被卡塔尔石油总公司收购。1975 年改为合资公司，卡塔尔石油总公司占 75% 的股份，挪威一家化工公司占 25%。1979 年建第二个厂。第一个和第二个化肥厂用杜汉油田副产品做原料。第三个化肥厂于 1997 年竣工，使用卡塔尔北方气田的天然气产品为原料，生产能力为日产 1500 吨氨和 2000 吨尿素。2002 年又开始扩建第四个化肥厂，生产能力为日产 2000 吨氨和 3500 吨尿素，耗资 5.35 亿美元，于 2004 年竣工。自此，该公司成为世界上氨和尿素十大生产基地之一，在中东地

区位居第一。1994 年，该公司的年产量为尿素 85.8 万吨，氨 78.5 万吨。2004 年，该公司生产尿素 280 万吨，氨 200 万吨，比 1999 年产尿素 160 万吨和氨 130 万吨有较大的提升。2005 年，卡塔尔化肥公司生产能力为日产氨 6150 吨，日产尿素 8250 吨；计划到 2010 年时，两种产品日产量各增加 3000 吨。该公司产品主要出口印度、中国、巴基斯坦、澳大利亚、美国、日本和泰国等。

截至 2005 年 12 月，卡塔尔化肥公司总资产达 51.09 亿里亚尔，年销售额 29.68 亿里亚尔；公司有员工 852 人。

2003 年 9 月，卡塔尔化肥公司组建了一个子公司，并于 2004 年 3 月开业。这一名为海湾甲醛公司的子公司中有卡塔尔化肥公司 70% 的股份，卡塔尔工业生产公司占 15% 股份，其余为两家私营公司所有。该子公司日产甲醛（UFC－85）82 吨，解决了卡塔尔化肥厂生产尿素所需从外国进口的防凝原料。

2. 卡塔尔石化公司（QAPCO）

1973 年组建于乌姆赛义德，系卡塔尔首家同外国公司合资的公司。1974 年卡塔尔石油总公司占有股份 84%（后减至 80%），法国道达尔石化公司占 16%（后增至 20%）。该公司下属生产单位于 1980～1981 年期间完工，原生产能力为年产 28 万吨乙烯、5000 吨丙烷、4600 吨硫、14 万吨低聚苯乙烯等。20 世纪 90 年代，意大利公司入股该公司，卡塔尔占 80% 的股份，法国和意大利两方各占 10%，共同对其生产单位进行改造，使其乙烯产量升至 52.5 万吨，低聚苯乙烯升为 36 万吨，硫升至 7 万吨。2003 年，该公司纯利润为 7.05 亿里亚尔。2004 年，该公司同日本和美国公司签订合同，使其乙烯生产升级，年增产 20 万吨。2004 年，该公司员工共有 879 人。该公司 45% 的产品供出口，主要输往中东国家、印度、巴基斯坦、中国和澳大利亚。

3. 卡塔尔燃料添加剂公司（QAFAC）

1997 年开始筹建，1999 年 10 月建成，是卡塔尔现代化石化企业之一，主要生产甲基和甲醇。当年年产 82.5 万吨甲醇和 61 万吨甲基；2001 年生产甲醇 91 万吨，甲基 50 万吨。该公司为合资公司，卡塔尔石油总公司占 50% 股份，辛烷（Octane）国际公司占 15%，台湾中华石油公司占 20%，台湾李长永化学公司占 15%。2004 年，该公司计划新建一个日产 5000 吨甲醇的车间，产品主要销往伊朗及海湾国家。

4. **卡塔尔乙烯基公司（QVC）**

1996 年开始筹建，2001 年竣工，建筑资金 7 亿美元，亦属卡塔尔现代化石化企业之一。该公司为合资公司，卡塔尔石油总公司占 25.5% 的股份，卡塔尔石化公司占 31.9% 的股份，挪威一家化工公司占 29.7%，法国埃尔夫（EIF）化工公司占 12.9%。该公司生产能力为年产乙烯 17.5 万吨，乙烯基 23 万吨，苛性钠 29 万吨。产品主要供国内使用和出口到中东地区国家。

5. **卡塔尔化学公司（Q-CHEM）**

1997 年开始筹建，2003 年，第 1 个工厂在乌姆赛义德竣工并投产，全部工程在 2008 年完工。该公司系卡塔尔石油总公司与美国雪佛龙菲利浦化学公司（Chevron Phillips Chemical Co.）合作的合资公司，卡塔尔和美国公司各占 51% 和 49% 的股份。建厂所耗 7.5 亿美元来自 24 个地区与国际银行贷款，设计生产能力为年产 50 万吨乙烯和 46.7 万吨聚苯乙烯。第二个工厂计划在 2009 年投产。

6. **卡塔尔氮生产公司**

该公司系卡塔尔石油总公司与卡塔尔工业生产公司合资的新建公司，两家控股公司各占新公司 50% 的股份。新公司生产卡塔尔天然气液化流程所需的液化氮和气化氮。

7. **国营工业气体生产厂（NIGP）**

该厂建于 1954 年。生产各种工业气体，如二氧化碳、氧气、氮气、氩气和乙炔等；生产氧气、氮气和氩气的液化物；生产干冰、高压气瓶的试压氢化物等。该工厂有员工 125 人。

二　基础工业与加工业企业

1. 卡塔尔钢铁公司（QASCO）

19 74 年开始筹建，1978 年在乌姆赛义德建成具有 3 个生产车间的综合企业。第一个车间生产海绵钢，设计年生产能力 40 万吨；第二个车间能浇铸 41.6 万吨 150 毫米钢锭；第三个车间可生产 10~32 毫米的钢筋 33 万吨。该公司原为合资公司，卡塔尔政府占 70% 股份，两家日本公司各占 15% 的股份。1997 年 5 月，卡塔尔政府买断了日本公司的股份，使之成为卡塔尔独资公司。卡塔尔政府同年计划投资 17.5 亿美元，用于该公司在 10 年内引进最新的技术，扩大生产范围并增加高附加值产品，计划年产铸铁 120 万吨，年产轧钢 74 万吨，年产钢筋 47 万吨。2006 年，该公司生产钢筋 76.6 万吨、钢锭 100 万吨、钢丝 15.3 万吨。

近年来，卡塔尔钢铁公司一直处于扩建增产的努力之中，以适应国内市场对钢材的需求。2007 年 10 月，由日本公司承建的铸钢车间投入运转，年产量已达 150 万吨；全面完工后的年产量可达 230 万吨。日本公司正在承建的轧钢车间，年产量将达 70 万吨。

该公司所需铁矿石自巴西和瑞典等国进口，所需废铁来自美国；绝大部分产品销往沙特阿拉伯、阿拉伯联合酋长国等中东地区国家。

2. 卡塔尔热轧钢公司（QABICO）

1997 年开始兴建，系合资公司。卡塔尔钢铁公司占 31% 股份，卡塔尔工业生产公司占 10%，卡塔尔船运公司占 10%，科威特海湾投资公司、科威特国家工业公司和另一家英国公司平分其余的 49% 股份。2001 年，该公司在乌姆赛义德建成其生产工厂，耗资 4.08 亿美元，设计最大年产量为轧钢 200 万吨。

3. 卡塔尔国家水泥公司（QNCC）

1965 年建立时，资本仅 3500 万里亚尔，设计生产能力为年产 33 万吨普通与强化水泥、3 万吨石灰。1992 年年产水泥 35 万吨，赢利 2580 万里亚尔。1995 年，该公司开始新建另一个水泥厂，日产 2000 吨水泥以适应国内工业与居民建设的需要，投资 4.97 亿里亚尔，使水泥生产能力在 1997 年达日产 3200 吨。2003 年，该公司生产水泥达 140 万吨，同时该公司宣布又投入资金 1.25 亿美元，使水泥年产量再增加 100 万吨。随着国内建筑业的飞速发展，对水泥需求快速上升，卡塔尔国家水泥公司兴建了第三个水泥厂，日产水泥 4000 吨；2006 年又申请建第四个水泥厂，日产 4000~5000 吨水泥。

截至 2002 年，该公司资本为 1 亿里亚尔，年销售额 2.42 亿里亚尔；公司员工 430 人。

4. 有机肥料厂

建于 1977 年，日处理垃圾 70 吨，其中 65%~70% 用于生产有机肥料，另有数量可观的废钢铁可回收。1985 年该厂又扩建一个厂，使产量大有增加，两个厂日处理垃圾量达 300 吨。1993 年有机肥料产品为 25.7 吨，1994 年为 33.3 吨。

5. 卡塔尔面粉加工公司（QFMCO）

1969 年组建，旨在满足国内需求，设计生产能力是日产 1000 吨小麦面粉及其副产品。1991 年，该公司年产一级面粉 2.46 万吨、二级面粉 0.4 万吨、麸皮 0.74 万吨，共 3.6 万吨。1994 年，该公司年产 4.18 万吨面粉，其中一级面粉 2.81 万吨，二级面粉 0.31 万吨，麸皮 1.06 万吨。

该公司在 2000 年拥有资本 6000 万里亚尔，销售额 4590 万里亚尔；公司员工 250 人。

6. 卡塔尔工业生产公司（QIMCO）

该公司建于 1989 年，系卡塔尔鼓励私营企业兴办中、小轻工企业为主兼营其他的投资公司。在 1990～2000 年的 10 年间，该公司共提供 12 亿里亚尔，投资建立 12 个不同的轻工业项目，迄今有 10 家接受投资的公司已完全运转。其中有：卡塔尔—沙特石膏公司、卡塔尔航空燃料公司、卡塔尔金属涂料公司、现代洗涤剂公司、海湾铁制品公司、国家造纸公司、卡塔尔砂处理厂等。2002 年，该公司纯利润为 4120 万里亚尔。2006 年，该公司资本为 3 亿里亚尔，年销售额 2.53 亿里亚尔。

7. 卡塔尔塑料制品公司（QBCO）

系卡塔尔工业生产公司、卡塔尔石化公司和意大利费伯（Febo）公司合资兴办的公司，三家各占 1/3 的股份，共投资 4000 万美元。该公司于 1998 年 9 月建成，位于乌姆赛义德工业园区。主要生产胶片与微缩胶卷、农用塑料大棚布、塑料袋等产品。其中，塑料袋最大生产量为 2200 万个。该公司产品 90% 供国内使用。

8. 卡塔尔润滑油公司（QALCO）

1997 年兴建，系卡塔尔工业生产公司投资兴建的下属公司。原本旨在满足卡塔尔国内市场需求，现年产 2 万吨润滑油，部分可供出口。

9. 卡塔尔国家塑料制品厂（Q－PLAST）

该公司位于多哈地区，建于 1977 年，主要生产聚乙烯袋、胶片和塑料管等。现有员工 130 人。

10. 海湾水泥公司

海湾水泥公司系卡塔尔又一家国营水泥公司，2006 年兴建，耗资 16.4 亿美元。设计日产水泥 5000 吨，采取快速生产系统，以解决多哈地区建筑用水泥供不应求的问题。该公司于 2008 年投产，计划 5 年后能使现有产量增长一倍。

卡塔尔正在兴建中的重要工业企业有铝锭公司，系合资兴建企业，卡塔尔石油总公司在 2004 年 12 月同挪威氢化公司达成协议，双方以 51% 对 49% 的比例投资，计划年产铝锭 57 万吨，2010 年投产，估计耗资 30 亿～45 亿美元。为适应铝锭公司的需要，还将在其附近新建 1 个 135 万千瓦的发电厂。

三 私营工业企业

卡塔尔石油、天然气、基础工业企业大多是国家独资或控股合资公司。加工工业企业中部分为国家独资或合资控股公司，其余大量为私营控股公司。目前，卡塔尔私营公司虽然生产规模有限，但数量较多，而且分布面较广。私营工业企业基本覆盖了纺织、制衣、纤维、皮革、木材、家具、食油、橡胶、焦炭等生产领域，并在纸张、食品、化工和机械设备等生产领域占据较大成分。

卡塔尔政府为鼓励私营企业在工业领域的参与和发展，除给予优惠政策外，还建立卡塔尔工业生产投资公司，注重推动私营企业对工业领域的投入。在该公司投资下的私营工业企业已有卡塔尔黏土砖公司、卡塔尔金属涂料公司、卡塔尔航空燃料公司、卡塔尔洗涤剂公司、卡塔尔—沙特石膏公司等。

第五节 商业、服务业

一 商业

1. 商业设施与从业人员

卡塔尔自古以来就有经商的传统，现已发掘的古代文物中多有来自国外的陶器、瓷器和玻璃制品，揭示了当时商业活动的轨迹。随着历史的发展，卡塔尔的商业一直较繁

荣。如今在国家经济状况好转，且居民人口急速增长的情况下，商业活动又有明显发展。除以传统方式经商外，卡塔尔现代商业中，不仅增加了公司机构，还有不少商业代理机构，既有本国公司，也有外国贸易公司。

据卡塔尔经贸部 1994 年统计，卡塔尔商业机构与从业人员均呈不断增长之势。1991～1994 年，卡塔尔本国贸易公司分别有 4609、4863、5128 和 5428 个，合资贸易公司分别为 1036、1090、1159 和 1248 个，外国贸易公司分别有 512、518、519 和 521 个；卡塔尔个体商户分别有 9573、10166、10708 和 11176 家，外国个体商户分别有 1697、1701、1718 和 1732 家；总计商业公司和店铺分别为 17427、18339、19232 和 20105 家。

同一期间的统计表明，卡塔尔商业代理机构亦呈不断增长之势。1991～1994 年，商业代理个体户分别为 130、149、160 和 170 家，商业代理公司分别为 211、244、260 和 269 个，代理商和从业人员分别为 4786、5821、5979 和 6045 人。这些代理商中，西欧国家的代理商占 72.4%～72.8%，东欧国家占 0.5%～0.6%，美洲国家占 10.6%～10.9%，阿拉伯国家占 3.5%～3.9%，非洲国家占 0.2%，亚洲国家占 10.3%～10.4%，大洋洲国家占 1.85～2%。

2. 商业管理单位

卡塔尔财经和贸易部是其商业活动管理的归口单位。该部所设与商业有关的单位主要有：商业注册局、物价与消费者保护局、商业公司管理局、贵重金属检测局、展览事务局、规格型号管理局和抵制以色列事务办公室（近年已名存实亡）。这些单位主要为经商企业及个体户发放商业许可证，主办国内外商业展览会，编印商业活动月刊，对各种商品进行必要的检测和质量把关，公布国产与进口生活必需品的规定价格并处理违反规定的商家等。

卡塔尔工业、农业和商业联合会是其商业活动的协调、保护与服务单位。该组织于 1990 年 6 月成立，总部设在首都多哈。该组织设有代表大会、理事会和执行办公室等机构。其理事会由 17 名成员组成，每个成员任期 5 年。该联合会在法律上是独立自主的代表机构，但其组建、有关职责等均已由埃米尔颁布的法令作了明确规定。该组织主要工作是：协调商业竞争、处理商业纠纷、统计商业活动各种数据、编辑出版有关商业活动与行情的报刊等。为处理好商业纠纷，该组织还专门建有仲裁委员会，由工农商联合会理事组成。该组织努力为促进卡塔尔商业发展而提供多种服务事项，同时也代表卡塔尔参与地区和国际相关组织的活动。

3. 促进商业发展的措施

卡塔尔政府重视促进商业活动的兴旺与发展，视之为推动国民经济协调发展的重要措施之一。为此，政府为商业活动提供一系列的便利，鼓励公民从事各种商业活动。其中主要便利有：为个体商家与贸易公司提供优惠贷款；卡塔尔商家与贸易公司进口外国商品受国家保护，营销国产品收益不低于同类进口品；对引进阿拉伯或其他外国资金用于发展商业的项目给予减免盈利税收与提供海关便利等。

近来，卡塔尔政府为促进招商引资采取了一些新的举措：在新建的多哈海港与国际机场地区分别筹建一个 9 平方公里的仓储区和一个 10 平方公里的自由贸易区。2005 年 9 月，卡塔尔王储宣布，自由贸易区中外国独资或与卡塔尔公司合资的公司，20 年内免交直接或间接税，商品可无条件自由进出口或转口。卡塔尔政府负责保障自由贸易区的水、电供应及铺设道路等，两年内完成自由贸易区组建工作。此后，埃米尔还颁布法令，允许外国人或侨民在卡塔尔购置房屋；在卡塔尔进行项目投资，其本人及家属可免办签证进出卡塔尔，5 年为期并可顺延。

二　服务业

1. 总体概况

塔尔服务业就业人数居各行业之首。据 2004 年统计，直接为团体、社会、家庭和个人服务的从业人员达 15 万人，约占全国就业人员总数的 34%；如加上从事商业、餐馆与旅游业的 6.5 万人，则占全国就业人员总数的 49%。但从事服务行业的人员绝大多数为外籍人，其中家政服务人员几乎全是外籍人。

卡塔尔市政服务及工业园区服务设施相对较好，从事这方面服务的人员较多。政府较为关注那些造福于城市居民和工业设施的市政建设与服务工作，就业与生活环境较舒适。

商业服务在城市地区相对较发达，市场、公司及个体商家网络覆盖率较高，商业网点集中，充分体现了卡塔尔商业及服务业的繁荣。

旅游业的兴旺拉动餐饮业和旅馆业的效益升高，卡塔尔每年游客人数与其本国人口比例为 60% 以上，有时接近或超过 100%，刺激了有关服务业的发展。

教、文、卫各行业中，教育与卫生服务业发展较快，政府拨款较多。各种教育设施同 20 世纪 50 年代几乎没有正规学校的状况相比，有了飞跃性的巨大发展。医疗卫生服务基本满足城乡居民的需求，全体公民可享受近似免费医疗的待遇，居民则享有医疗补贴的便利。

卡塔尔虽然缺水，但政府兴建海水淡化工程，基本解决居民与企事业单位的淡水需求。卡塔尔电力供应充足且价廉。在政府的关怀与重视下，交通与通信等服务，已能满足国内需要，还在不断向现代化发展。

由于商业、旅游、教育、文化、卫生、交通、通信等方面的有关服务业情况列入其他章节中表述，本节仅侧重介绍市政与社会服务、住房与建筑服务、水电生产与供应等情况。

2. 市政与社会服务

卡塔尔市政服务工作归属内阁市政事务与农业部。该部下设与市政事务有关的单位分别有：市政建筑规划局、土地征用局、土木和建筑工程局、环境保护局等。其主要使命是：负责对城市发展项目的研究与规划，不断改进提升公共设施的规模；规划并管理城市清扫与垃圾收集处理事务；实施家庭与街道联合灭鼠行动；兴建、保养和管理公园、绿地、动物园和疗养场所；管理市场与商家店铺并制定相关的规定；为工业园区提供必要的服务等。为保证市政服务质量，卡塔尔还专门成立了市政事务与农业大臣为主席的中央市政委员会，设有代表各方民众的21名委员。1999年，卡塔尔首次实施市政委员会委员直接由民选产生的尝试，并允许妇女参加选举，结果较成功，被视为民主改革的重大举措和新的篇章。

除市政服务外，卡塔尔政府民事服务与住房部也承担不少社会服务事项。该部下属的劳工事务局，负责向用人单位推荐本国、海湾合作委员会成员国和阿拉伯国家寻求就业的人员；组织统一聘用外籍劳工，发放打工许可证，检查劳工工作条件，组织卡塔尔学生到公司、银行、办事处进行暑期实习活动，对用人单位和寻求职业者进行指导等。2004年，该局推荐了1054名大学毕业生到政府各部任职，还新增加405个公职岗位。该部下设的社会事务局，负责对公民提供充分的关爱，按社会保障法为失去生计的孤寡老人、遗孀、孤儿、弃妇、残疾人和无劳动力人群按月发放救济金。该部下设妇幼保护局，主要负责对妇女、儿童提供足够的保护，侧重研究妇幼状况及改善措施，对妇女进行职业培训，使之能参加社会工作等。

另外，卡塔尔红新月会也承担部分社会服务事项。该会创建于 1978 年，1981 年得到国际红十字会承认。该会下设社会服务、青年事务与救济等部门。

3. 住房与建筑服务

公共住房事务局原为市政事务与农业部的下辖单位，1999年政府内阁改组后划归新成立的民事服务与住房部。该局主要职责是：为卡塔尔居民创造舒适的生活住房条件，提高其卫生性、经济性和社会性标准；为需要住房但收入有限的家庭提供合适的住房便利，保证其住房大小适中且符合社会风俗习惯；为自建住房但收入有限家庭免费提供房基地和长期无息建房贷款；为政府公职人员提供公房，标准公房为每套占地 960 平方米，系两层或一层带庭院的建筑。20 世纪 90 年代以来，卡塔尔政府每年建成公房 4000 ~ 10000 套，其中供政府官员免费居住的高级公房有400 ~ 600 套。但是，新世纪以来的住房需求增长幅度较大，2005 年卡塔尔政府批准的公房与资助建房申请达 15 万户之多，超过前 10 年的总和。石油、天然气带动的工业及其他行业的发展，使大量外企人员和劳工涌入，导致住房需求进一步上升，卡塔尔政府除为本国人提供住房服务外，还要为外来人员解决住房困难问题：一方面限定住房出售与租赁价格上升的比例；另一方面积极启动兴建劳工城计划，努力使朝野各方都能安居乐业。

三　建筑业

卡塔尔建筑业的发展随政府基建计划升降而盛衰，1999年因政府紧缩基建规模，建筑业也不景气。2002 ~ 2006 年，卡塔尔建筑业迎来发展高峰，各方面较前几乎以 200%的比例增长。其中，2005 年卡塔尔政府批准安排公房、资助建房达 15 万户之多，超过前 10 年的总和，建筑业受到较大的刺激。近年来，卡塔尔建筑业发展势头仍较强劲。为应对大量劳工涌入引起的住房紧张，卡塔尔政府于 2008 年决定拨款 40 亿里亚尔建劳工城，解决 5 万外籍劳工的居住问题。

卡塔尔石油、天然气及其他工业的迅速发展，外籍劳工大量涌入及市政现代化建设的推进，旅游事业的开发，加之举办亚运会等大型国际活动增多，都刺激了建筑业的发展。不仅建筑业从业人员数量可观，其产值在国内生产总值中亦占据较重要的分量。2004 年，卡塔尔建筑业从业人员达 117049 人，占当年全国就业人员的 26.7%；年产值 54.14 亿里亚尔，占当年国内生产总值 5.2%，仅次于石油、天然气和其他工业产值。

为适应建筑业发展的需要，卡塔尔政府在 2004 年组建了"公共工程局"，作为独立的法人实体，承担国家各种建设项目的实施。该局成立后，即制定了五年计划，将实施 56 项基建发展工程，总预算达 250 亿里亚尔；其中公路建设占了大部，达 130 亿里亚尔。

建筑业的发展又带动建材市场的兴旺。其中，卡塔尔钢铁公司和国家水泥公司均不断扩建厂房，分别增产钢筋、水泥等建材，以适应市场需求。除国家水泥公司连续增建第三、四水泥厂外，卡塔尔还快速新建了海湾水泥公司，日产水泥 5000 吨。

除了钢铁公司和水泥公司等与建材有关的工业企业外，卡塔尔与建筑业相关的企业还有如下几家：

中东承包有限公司（MECON） 该公司位于多哈，系 1975 年建立。主要业务是承包安装各种电子电气设备，安装各种取暖、通风和空调设备；承担土木工程等。2001 年，该公司经营额达 3 亿里亚尔；公司员工 1650 人。

卡赛姆·达尔维什·法哈罗公司（KDS） 该公司位于多哈，初建于 1911 年，1971 年形成联合公司。主要经营承包土木工程，安装各种电器设备。公司员工有 1000 人。

AKC 承包公司 该公司位于多哈，建立于 1975 年。主要经营房屋建造、内部装修、装潢设计及各种木工活。2000 年，该

公司营业额为 4800 万里亚尔；公司员工 700 人。

卡塔尔预制构件公司　该公司位于多哈，建立于 1978 年。主要经营钢筋混凝土预制构件。

卡塔尔采石公司　该公司设在多哈，建立于 1983 年。主要经营各种石方、铺路石和坚硬石料。

四　水电供应

卡塔尔水电供应原来归属政府水利电力部管辖。1999年，原水利电力部被取消建制，水电供应事务改由后来成立的卡塔尔水电总局和卡塔尔水电公司分别负责。水电总局是直属政府领导的行政单位，负责宏观调控、管理、规划全国水电供应事务；水电公司则是公私合营的企业单位，具体负责卡塔尔国内水电生产、营销等业务。为满足日益增长的水电需求，增加企业竞争性，卡塔尔陆续增加了几家新的水电公司。卡塔尔天然淡水奇缺，没有天然水厂。现有的水电公司基本上都是在生产、供应电力的同时，经营海水淡化生产与供应。由于政府高度重视水电供应，水电生产得到及时发展，卡塔尔的水电供应长期以来较为充足。卡塔尔发展水电生产有其独到的优势，即发电和海水淡化所需能源较充足，特别是使用廉价的天然气。2007 年卡塔尔发电和海水淡化消耗天然气为每日 1064 万立方米，计划2010 年提升到 1176 万立方米。

1. 供水量的增长

卡塔尔干旱缺水，政府一直重视供水畅通事宜，不断努力增加海水淡化生产，以保证居民即使在炎夏也有足够的淡水供应，同时满足生产部门及各方用水需求。目前，卡塔尔是当今世界上人均用水量水平较高的国家，也是世界上依赖海水淡化程度较高的国家。2007 年，卡塔尔人均拥有海水淡化水量约 400 立方米。

卡塔尔海水淡化产量不断上升。1963 年，卡塔尔在阿布阿布德角建立一个中央海水淡化综合工厂，日产淡水 482 万升，后来通过改造工程使之达到 3600 万升。1977 年，政府又在阿布方塔斯角建成另一个海水淡化综合企业。1994 年，两个海水淡化企业共生产淡水 930 亿升，其中阿布阿布德角工厂产 95 亿升，阿布方塔斯工厂产 837 亿升。

2000 年，卡塔尔依赖海水淡化的程度已居世界前列，其中阿布阿布德角工厂日产 3640 万升（年产 1330 万立方米），阿布方塔斯角第一工厂日产 3.18 亿升（年产 1.16 亿立方米），阿布方塔斯角第二工厂日产 1.50 亿升（年产 5470 万立方米），总共年生产海水淡化水 1820 亿升（约 1.84 亿立方米）。

2007 年，卡塔尔海水淡化总量为 4460 亿升（约合 4 亿立方米）。其中，新建的拉斯拉凡水电一厂日产 3.41 万升，拉斯拉凡水电二厂日产 2.73 万升。

除海水淡化厂外，卡塔尔还建有一系列贮水库与给水站，1994 年，总贮水量为 10.5 亿升，输水管线长 2541 公里。在海水淡化的同时，政府也努力发掘地下水资源，在全国各地打井抽水，1994 年产量为 24.6 亿升。

2. 供电量的增长

除个别年度外，卡塔尔消费电量平均以 7% 的速度递增，政府需要不断增加或改进电力设施以满足有关的消费。据统计，卡塔尔政府截至 2006 年为电力建设的总投资，高达 250 亿美元之多。

卡塔尔于 1963 年建立阿布阿布德角发电厂，发电量 21 万千瓦。后建阿里什（Arish）小发电厂，发电量 8500 千瓦。1977 年，建阿布方塔斯角发电厂，发电量为 61.8 万千瓦，使全国发电量增至 83.6 万千瓦。1995 年，卡塔尔全国发电量为 150 万千瓦。

2000 年，卡塔尔共发电 186.3 万千瓦，其中阿布阿布德角

厂发电 13.2 万千瓦，阿布方塔斯角一厂发电 62 万千瓦，阿布方塔斯角二厂发电 60.9 万千瓦，其余所有辅助发电厂发电 50.2 万千瓦。当年卡塔尔发电量基本够用，只是在耗电高峰月份（7、8 月）缺少大约 10 万千瓦，需要大型工业企业给予支援。

2007 年，卡塔尔水电总局管辖下共有 6 个发电厂，总发电量 370 万千瓦。其中，卡塔尔水电公司下属阿布方塔斯角一厂和二厂发电量分别为 61.8 万千瓦和 99 万千瓦；拉斯拉凡水电公司一厂发电量为 5 万千瓦，拉斯拉凡水电二厂发电量为 102 万千瓦。

卡塔尔还在努力增加发电量，计划到 2010 年增至 500 万千瓦。

3. 供水供电项目的发展

新世纪交接之际是卡塔尔水电供应大发展的开端。2000 年，卡塔尔进行水电供应体制改革，新建卡塔尔水电总局，隶属于能源和工业部，取代了原有水电部（1999 年取消建制）主管业务，推行供水供电服务采用公私合营与引进外资发展模式，并直接管理原属水电部尚未改革的发电厂和海水淡化厂。

卡塔尔水电公司属政府推行水电服务改革的首家公私合营单位，1999 年建成，国家控股 43%，私营界控股 57%。卡塔尔水电部于 1999 年取消建制前，将两个当时最大的水电厂——阿布方塔斯角水电一厂和二厂转交卡塔尔水电公司经营。

2001 年，由卡塔尔石油总公司牵头组建一个独立的拉斯拉凡水电供应公司，2004 年 5 月投产，年产电 45 万千瓦，日产淡化水 1.82 亿升。2007 年该公司年产电 75 万千瓦，日产淡化水 3.41 亿升。拉斯拉凡水电公司由阿拉伯联合酋长国公司与美国公司合占 55% 的股份，卡塔尔水电公司占 25%，科威特海湾投资公司和卡塔尔石油集团公司各占 10%，其产品全部由卡塔尔水电总局收购。该公司与卡塔尔水电总局签有经营 25 年后将水电厂移交后者的协议。

2004 年，卡塔尔水电总局为进一步增加发电量和淡化水产量，让卡塔尔水电公司协同拉斯拉凡动力公司筹建新的水电供应项目，在拉斯拉凡再建一个年发电 102.5 万千瓦和日产淡化水 2.73 亿升的联合企业。拉斯拉凡水电二厂由卡塔尔水电公司占有 55% 的股份，由英国国际动力公司占 40%、日本中部电力公司参与 5%。2005 年，卡塔尔水电总局通过这一新的水电项目，并签署了订购其水电产品为期 25 年的协议。

2005 年，卡塔尔水电公司与美国、意大利公司签订协议，合资扩建阿布方塔斯水电二厂，使之增加日产电量 56.7 万千瓦、增加日产海水淡化水 1.37 亿升。

2007 年 8 月，卡塔尔水电公司能源部与韩国东盛重工公司签订合同，斥资 10 亿美元在乌姆赛义德新建 1 家发电厂，计划 2010 年完工，发电专供正在那里兴建的铝锭厂。

此外，卡塔尔水电总局还促成在乌姆赛义德兴建新水电厂的项目，计划在 2008 年动工，2010 年年产电 100 万千瓦，日产淡化水 9100 万升。该厂由卡塔尔石油公司占 20% 的股份，卡塔尔水电总局和日本一家公司各占 40%。

4. 对外合作

2006 年 3 月，迪拜投资之家和科威特投资公司一些海湾能源咨询与投资集团公司，发起在卡塔尔兴建能源城项目，预算资金 26 亿美元，旨在将卡塔尔建成能源集成中心，吸引国际先进石油和天然气公司在这里形成新的交易平台。

计划耗资 11 亿美元、使卡塔尔与海湾合作委员会成员国电力联网的项目，已在 2006 年完成招标。其中，卡塔尔斥资 9.9 亿美元，外国投资 1.46 亿美元，在 2008 年完成同巴林、沙特阿拉伯、科威特电力联网工程。同阿拉伯联合酋长国及阿曼的电力联网工程计划在 2010 年完成。

第六节　交通与通信

卡塔尔政府原设交通运输与通信部，由该部统一主管陆上交通、民用航空、海洋运输、气象预报、邮政通信、电信电话等事业单位及其业务。1999 年，卡塔尔政府内阁改组，取消了交通运输和通信部的建制，将其原来主管的业务分散转交政府其他部门、政府直属的民航总局和港务总局等企事业单位。

一　陆上交通

1. 陆上交通总况

卡塔尔目前没有铁路，陆上交通运输全靠四通八达的公路网。各主要城市之间均有现代化公路网相连，城乡之间亦有公路相通，陆上交通运输较为方便。

卡塔尔公路建设发展较快，政府对此较重视。1999 年时卡塔尔境内公路总长仅 1230 公里，2005 年全国公路网总长已达 7760 公里。由首都多哈向北到鲁韦斯和拉斯拉凡，向南到乌姆赛义德和沙特阿拉伯边界，向西到杜汉等地的公路均为高速公路，西部沿海公路亦较现代化。2005 年时，卡塔尔政府还有 8 亿美元投资的公路在兴建之中；后又有 38 亿美元的拨款，计划用于扩建全国公路网和原有公路改进工程。

卡塔尔公路网经邻国沙特阿拉伯，可通往地中海国家，并可同阿拉伯联合酋长国的公路相连；经沙特阿拉伯，可向北通往科威特，向南通往阿曼等国。卡塔尔同巴林无陆上相连的边界，但两国已决定修建一条长约 40 公里的海上长桥，将两国有机地连接起来。2000 年，两国为此建立专门的混合委员会，使这一工程进入可行性评估阶段；2004 年，两国政府批准了这一耗资 20

亿美元的"友谊桥"工程；2006 年，两国外交大臣代表两国政
府在兴建此桥的协议上签字，工程正式启动，预计耗资升为 30
亿美元，计划工期为 4 年。

2. 公路交通建设的发展

1997 年，为进一步发展陆上公路网，卡塔尔曾计划改造 280
公里的普通公路网并新建 19 座高架桥和大批路桥与地下通道，
总预算为 4.5 亿美元。该计划因 1998 年石油收入下跌而被迫化
整为零地分阶段实施。2002 年，卡塔尔政府让设在塞浦路斯的
两家公司承建改造由多哈通往沙特阿拉伯的塞勒沃（Salwa）公
路、杜汉地区及卡塔尔北部的道路。

2004 年，卡塔尔政府新成立一个直属单位——卡塔尔公共
工程局，统管全国的基本建设计划。当年即制定了投资 250 亿里
亚尔的 5 年规划，56 个基建项目中公路和桥梁工程占较大比重，
共需拨款 130 亿里亚尔。其中，2005 年开始兴建的卡塔尔北部
道路网，合同价为 4.5 亿美元。2005 年，阿拉伯联合酋长国
UTCC 公司获得乌姆赛义德工业园区的道路重建工程合同，另一
家卡塔尔公司获得在拉斯拉凡工业园区修建公路的合同。2006
年 6 月，克罗地亚工程公司获得多哈高速公路第三期工程，造价
1.75 亿美元。同年 8 月，一家希腊公司获得多哈高速公路第四
期工程，造价仅 7300 万美元。

2006 年 8 月，一家德国咨询公司被卡塔尔城市发展规划局
聘用，设计卡塔尔全国 20 年基建发展中的交通控制规划。该规
划涉及卡塔尔可能建设火车运输系统、开发交通情报系统、适应
卡塔尔城市快速发展的交通控制系统和公交网络等。

3. 公路车辆状况

卡塔尔人均拥有车辆的比例较高，约 1 辆车/1.9 人。据
2002 年《世界道路》杂志统计，卡塔尔拥有汽车 348840 辆。其
中私人轿车 230155 辆，公共汽车与班车 104341 辆，卡车与面包

车 14344 辆。另外，卡塔尔还有注册登记的摩托、机动车 4061 辆。2004 年，卡塔尔注册登记的机动车总数升至 406626 辆，其中私人轿车 265609 辆，公交车与班车 11320 辆，私营运输车 114115 辆，重型车 11162 辆，摩托车与其他机动车 4420 辆。

尽管卡塔尔平均每两人就拥有一辆多车，富裕的本国人所用轿车质量较好、行驶速度较快，但陆上交通管理状况相对良好，并不显得十分拥挤。

二　空运

1. 民用航空总局

塔尔民用航空总局原从属于交通与通信部，始建于 1973 年，后在 1989 年进行了重建，1999 年改为直属政府内阁。该局主要职责：依据国际民航组织有关规章制度，管理卡塔尔民航事务的正常运转及飞行安全；起草卡塔尔内阁决定同外国签订航空协议的文本；执行有关航空与空运的国际协议；代表卡塔尔出席阿拉伯或其他国际空运会议；规划并实施卡塔尔民航领域各方面人员训练计划，加强卡塔尔公众对民航的了解；根据政府有关规定管理民用机场，保证它们正常运转、得到保养并发展；监控本国民航公司的兴建、注册与运转，管理外国航空公司在卡塔尔领空的商业飞行，并审批过境许可；根据国际规则颁发飞行资格证书；提出并收取飞机起飞与降落及接待的各种税费；确定卡塔尔同外国的飞行航线及机票价格；调查航空飞行事故并确定事故责任及其相应的判决。

2. 民航公司与航线

卡塔尔原为"海湾航空公司"的股东之一，同巴林、阿联酋和阿曼各占该公司股份的 25%。2000 年，该航空公司亏损严重。2001 年 5 月，4 个股东国一致同意各出 3980 万美元作为该航空公司新注入资金。2002 年 5 月，卡塔尔撤出了其在海湾航空公司的所有股份。

卡塔尔航空公司系卡塔尔政府与私营企业各占 50% 股份的合资公司，建立于 1993 年。该公司发展较快，在 1999 年，运送旅客已达 91 万人次。2001 年中，卡塔尔航空公司共有 15 架飞机，其中 13 架客机用于飞往中东、欧洲、印度次大陆和远东国家的航线，共有 26 个飞行站点。尽管受 2001 年 9 月 11 日美国纽约和华盛顿遭空中恐怖袭击事件的影响，国际上各航空公司的客运量下跌，但卡塔尔航空公司的客运量却上升了 31%，2001 年客流量达到 160 万人次。2002 年，该公司的客运量升至 250 万人次，往返于 40 条航线。2003 年，卡塔尔航空公司一次性订购 32 架空中客车型民航机，合同价值 51 亿美元，到 2008 年时其客机拥有量从原来的 24 架升至 56 架。2003 年，该公司的客运收入上升 47%，货运收入上升 73%，客运量上升 35%，达 330 万人次。2004 年，卡塔尔航空公司又购入 1 架挑战者 300 型喷气机，列为地区与洲际飞行的要人座机。2007 年 5 月，该公司又新签订了进口 80 架空中客车型客机的长期合同，总价值 160 亿美元，计划 2015 年时拥有飞机数量比现在上升 1 倍。目前，卡塔尔航空公司同世界约 100 家航空公司签有互运客货协议。

卡塔尔另有一个小型航空公司，名为海湾直升机公司，创建于 1974 年，属卡塔尔石油总公司附属公司，主要承担国内航空业务。

据联合国年刊统计，2003 年卡塔尔空运飞行累计 7500 万公里，运送旅客 318 万人次，总运载量约 10 亿公里吨。

3. 民用飞行学院和飞行员训练中心

1995 年，民用航空飞行学院由同海湾航空公司合资的单位改为卡塔尔独家拥有。它先隶属于卡塔尔交通运输与通信部，后由民航总局直接管理。该学院由卡塔尔独家经营后，进行了

一系列改造，发生了质的变化。该学院面向所有海湾合作委员会成员国招生，吸收合格的高中毕业生，经 3 年培训后成为飞行员或民航系统技术人员。该飞行学院设有 4 个专业和 1 个特别课程系。

飞行员训练中心系卡塔尔独家经营单位，招收海湾合作委员会国家及其他阿拉伯国家、亚洲国家民航公司的学员，旨在提高飞行技能。该中心建筑、装备和模拟器等资产总价值 1 亿美元。较先进的飞行员训练装备是空中客车—340 型飞机模拟器，价值 1500 万美元。

4. 机场

卡塔尔共有 5 个机场，其中多哈机场为国际机场，余为国内机场。

多哈国际机场位于首都离市中心 3 公里处，共有建筑面积 2.36 万平方米，建有一条长 4575 米的飞行跑道，装备有现代化的导航设备。20 世纪 90 年代，多哈国际机场经历多次扩建工程，其中包括贵宾候机室、旅客过境厅、免税商店、护照检查关卡等改造项目，并新设了女性候机厅。1992 年，该机场新建一个货运通道，耗资 0.32 亿里亚尔。1996 年，该机场服务工作改由资本 1 亿里亚尔的机场服务股份公司承担，该公司同时也负责国际机场实施新的改进项目。

多哈国际机场连接欧洲和亚洲 30 多条航线，1994 年接待到离港民航机 14304 架次；入境旅客 86.59 万人次，离境旅客 81.98 万人次，过境旅客 45 万余人次；发出货物与邮件 2.5 万件，收入 1.2 万件。2001 年，该机场接待来往旅客达 270 万人次。2005 年，卡塔尔为迎接 2006 年在多哈举办的第 15 届亚运会，在筹建新机场过程中，另行拨款 1.4 亿美元对原有多哈国际机场进行了改造、粉刷整修，使其年接待旅客流量由原来的 420 万人次增至 750 万人次，相应的服务水平有新的提升。

2004 年 1 月，卡塔尔政府计划新建 1 个与多哈国际机场相
连的现代化机场。新机场在距多哈国际机场 4 公里处的东部海
岸，以填土造地方式修建，分 3 个阶段实施。计划耗资 25 亿美
元的第一期工程（争取在 2009 年完工）完工后，建成两条飞机
跑道，候机楼每年可接待来往旅客 1200 万人次。新机场整个工
程要在 2015～2020 年完工，估计总共需耗资 75 亿美元。届时接
待客流量可达 5000 万人次，将充实卡塔尔政府努力把多哈建成
如同迪拜一样的地区交通中心的计划。2005 年初，新机场项目
开始填土造地工程，并在年中进行了机场道路、停机坪及 5 层旅
客通道建筑项目的招标。

三 海运

1. 国家港务总局与海运能力

卡塔尔国家港务总局原为国家交通运输与通信部领导的
下属机构，后改为直属政府内阁领导。卡塔尔国家港
务总局同时也是国际海事组织、阿拉伯海运科学院和国际港口联
合会成员，在卡塔尔国内外海事、海运及港口事务中发挥积极作
用。

国家港务总局主要职责：接待来往卡塔尔的船只并为其引
水；为进口物资卸船、仓储和交付货主服务；兴建、使用和维修
海岸灯塔；为遇难船只提供抛锚、入坞、救援和给养等援助；运
转并维修港口设施与装备；对卡塔尔船只进行注册和检查，颁发
航海资格证书；收取港口税费；发布航海船只与海岸导航安全法
规；制定领水规则，确定货船船长、官员和技术人员的权利与义
务，制定有关海运货主的规定及处理财务纠纷等事宜；管理乌姆
赛义德工业园区港口进出的通道；在地区、国际海事组织中代表
卡塔尔并参与地区与国际反污染事务；管理国家传统船只建造
厂。自 20 世纪 90 年代，国家港务局除了下辖多哈、乌姆赛义德

和拉斯拉凡 3 个主要海港外，还增加了豪尔（Khor）、沃克拉（Wakrah）和鲁韦斯（Rawais）等小海港。

1994 年，多哈和乌姆赛义德两港进出货船 719 艘，装卸货物 585 万吨，港务总局岁收 2950 万里亚尔。据世界船队注册统计，卡塔尔注册的海运船只，在 2006 年 12 月 31 日前共有 86 艘，总载运量 652280 吨。

2. 主要港口

（1）多哈海港。多哈海港位于首都心脏地区，朝向多哈湾南端，陆地部分被城市包围。该港前身是卡塔尔珍珠采集船只的集散渔港，后逐步发展成卡塔尔进出口油气产品外物资的主要港口。目前，多哈海港建有 9 个水深 7.5 ~ 9 米的运货码头，总长 1699 米；另有 1 个面粉装卸码头和 1 个水深 12 米、长 600 米的集装箱码头。这一集装箱码头目前是卡塔尔唯一提供集装箱服务的通道，该码头还可停靠航母。多哈港的冷冻库货储量现为 500 吨。多哈港还扩建了 1 个新的集装箱通道，由 2 个码头和 1 个滚装设施组成。1999 年，卡塔尔集装箱运输量总共为 8 万个。

1993 年，卡塔尔政府开始在多哈港外挖掘一条 17 公里长的水道，挖掘出来的沙土被用于扩建海港新码头 36 万平方米所需填土，其余部分用于多哈国际机场扩建 3.55 平方公里新机场工程所需填土。2006 年，卡塔尔宣布计划在多哈新建国际机场附近兴建多哈新海港，并在两者中间建一个平分共用的免税区使其相连。2007 年 10 月，多哈新港项目被取消，代之而起的新计划是在乌姆赛义德兴建新港。与此同时，拨款给多哈老港，用于扩建，以增加该港的吞吐量。

（2）乌姆赛义德海港。该港位于多哈南 45 公里处，系卡塔尔石油出口主要通道，其油气管道通往石油重镇杜汉。该港地处卡塔尔东海岸，水深便于停泊大型油轮，且便于经霍尔木兹海峡输往国际石油市场。同时，该港也是石油工业进口所需设备的主要港口。1998 年, 乌姆赛义德连同其工业园区被列为卡塔尔工业城, 故当局扩建了乌姆赛义德海港, 主要是新建一个多用途海运码头, 可装卸石油以外的商品, 便于工业园区开展贸易业务。目前, 该港北部建有吃水 15.5 米、长 730 米和吃水 13 米、长 570 米的 2 个深水输油码头和 1 个吃水 10 米、长 400 米的运货码头, 南部建有 1 个吃水 13 米、长 508 米的深水输油码头。

（3）拉斯拉凡海港。该港位于卡塔尔半岛东北角, 连接一个占地面积为 50 平方公里的工业园区。1996 年, 该港连同工业园区被正式列为拉斯拉凡工业城。拉斯拉凡港系卡塔尔最新的海港, 主要用于出口天然气产品, 于 1992 年始建, 1995 年竣工。港口占地面积 8.5 平方公里, 有 2 个防波堤, 分别长 6 公里和 5 公里。港口建筑占地 1.5 平方公里。该港建有 8 个码头, 分别是用于停靠 2 艘天然气和 2 艘液化天然气运输船只的 4 个码头、2 个用于装卸固体物资的码头、1 个用于装卸工业园区各种工业所需建筑材料和重装备的码头、1 个为停靠拖船和引水船的码头。拉斯拉凡港现在是世界上最大的液化天然气出口港。

3. 海运公司

卡塔尔国家航海与运输公司组建于 1957 年, 属卡塔尔官办公司, 承担海上运输与装卸业务, 既是船东也当船代理, 还兼管船舶维修、保养等业务。该公司还建造一些捕鱼船艇。

卡塔尔海运公司组建于 1992 年, 原为在卡塔尔与巴林之间担负乘客和汽车摆渡使命的公司, 后扩展为海上货运公司, 包括运输原油、液化石油气、化工产品与铁矿石等。1996 年 6 月, 该公司开始实施投资 3.5 亿里亚尔的扩建计划。2000 年, 该公司拥有 7 条货船, 2002 年又增加 2 条。2003 年, 该公司又签订了价值 8 亿里亚尔的购船合同, 从韩国现代重工公司引进 6 条油轮。2006 年 2 月, 该公司同日本公司签订 16.5 亿美元的合约,

从日本引进 8 条液化天然气运输船。2006 年 3 月，该公司与新加坡公司签订合作意向书，由后者承建一个修船厂，用于维修保养卡塔尔油气轮及其他船只。

哈鲁勒（Halul）海上服务公司，为卡塔尔新建海运公司，卡塔尔海运公司与卡塔尔国家航海与运输公司各占其一半股份。2001 年，该公司已斥资订购了 9 条船。

四　电信

1. 卡塔尔电信服务系统

原来，卡塔尔电信、电视和电话业务统归卡塔尔电信公司（Q-Tel）垄断。卡塔尔电信公司原为政府交通运输和电信部领导下的国营公司，建于 1987 年，分成财务、工程、行政管理、商业和运行事务四大体系，承担卡塔尔全国有线与无线通信联络系统的运转、维修、服务与发展。根据政府要求，该公司努力使其业务的运营能与国家经济及社会发展同步。1998 年，卡塔尔电信公司转型为股份制公司，私营界持有该公司 45% 的股份。

2005 年 5 月，卡塔尔政府新成立电信信息技术最高委员会，为电信界变革铺路。2006 年政府颁布的法令规定，电信信息技术最高委员会是卡塔尔的电信管理权威机构。据此变化，卡塔尔电信公司原可垄断到 2013 年的进程被打破。根据卡塔尔政府对世界贸易组织的承诺，卡塔尔电信信息技术最高委员会在 2007 年通过组织激烈的竞争活动，为卡塔尔选择了第二家经营移动和固定电话业务的公司——总部在英国的沃达丰电信公司。2008 年，沃达丰公司在卡塔尔的移动电话业务开始运转，并获得固定电话线路经营许可。

据国际电信联合会及联合国年鉴统计，卡塔尔电信服务在 2005 年开展情况主要有：固定电话线路使用 20.5 万条，移动电话线路使用 71. 68 万条，互联网用户 21. 9 万户，个人电脑用户 13. 3 万户。另外，卡塔尔在 2000 年有 52 万户电视观众，1996 年有 1 万户文传机用户。

　　2. 电信服务的发展

　　1994 年，卡塔尔电信公司拥有 13 万个座机电话客户，同年新装价值 1. 3 亿里亚尔的欧洲全球移动通信系统，引进了先进的同步数字架构（SDH）数码通信系统、有声电脑、电话拨打式电视等项目。1996 年，卡塔尔电信公司拥有 15 万个座机电话客户，而手机客户增至 28772 个。同年，该公司收入 10 亿里亚尔，盈利 3. 07 亿里亚尔，公众电话线路设置能力增为 35 万条。1998 年，卡塔尔电信公司将 45% 股份转让给私营界，价值约 6. 5 亿美元。2000 年 5 月，该公司同法国公司签订合同，由后者为其增设 10 万个全球移动电话的网络。同年底，该公司座机客户为 16 万个，手机客户为 11. 95 万个。2003 年，该公司宣布引进第三代移动电话，同年岁收 20 亿里亚尔，盈利 11. 49 亿里亚尔。2004 年 3 月，该公司无线通信客户增加 41%，达 37. 65 万个。1996 年，卡塔尔电信公司开通电脑网络服务。尽管卡塔尔电信公司提供电脑服务的费用比邻国巴林、阿拉伯联合酋长国等都贵，但其使用不对称数码分流线（ADSL）服务，使其用户联网更快捷。据国际电信联合会 2006 年统计，卡塔尔电信公司当年拥有电脑客户 7 万户，平均每百人中有 1 户。

　　近年来，卡塔尔电信公司提供服务项目的主要发展有：60 个电视频道和 30 个无线电频道的新型电缆显示系统；移动网络用户由 9 万户增至 19 万户；开通了电子商务业务，25 家卡塔尔公司受益；开通了移动电话卡、短信及语音信息的预付费业务；开通了卡塔尔和沙特阿拉伯之间的光导纤维电缆连接，使联系方式多样化；用宽带技术进入因特网；为家庭因特网使用者提供快速通信方式等。

沃达丰公司的进入必将引起卡塔尔电信市场的竞争，促进电信服务的改善。但是，卡塔尔电信市场较为有限。据国际电信联合会统计，卡塔尔在 2006 年手机拥有率已是人均 1.1 部，固定电话每百人 27 部，在中东地区位于前列。为了应对近乎饱和状况下的竞争，卡塔尔电信公司早已开始到处寻找市场，其在阿曼的子公司于 2006 年底中标 57 万部移动电话的项目，占阿曼有关市场 31% 的份额。卡塔尔电信公司还于 2007 年初以 37 亿美元的资金购买了科威特瓦塔尼亚集团公司的 51% 股份，并在伊拉克亚洲电话公司占有股份。

3. 卫星通信

"多哈 - 1"和"多哈 - 2"两大卫星通信站一直在通信网络内部运行，与太平洋、大西洋两大洋上空的卫星联系。第三个卫星通信站提供电话和无线电服务，同时负责卡塔尔同阿拉伯国家间的数据与电视节目的调换。1999 年兴建的新卫星通信站，耗资 1500 万里亚尔，采用最现代化的天线。连接卡塔尔和沙特阿拉伯的陆地无线微波系统已被光纤系统取代。

4. 同国际电信合作

卡塔尔在电信方面对外合作较为广泛，直通 200 多个国家与地区。1994 年国际长途通话约 6200 万分钟，还同一些国家签有手机漫游协议。1985 年，卡塔尔开通远洋船只卫星电话、电传通信站，1992 年使用 10 万次。多哈卫星地面站联通大西洋上空的卫星。1986 年，卡塔尔接通阿拉伯通信卫星，可经此卫星传输电话、电报、电传和转播广播电视节目。1984 年，卡塔尔与阿拉伯联合酋长国及巴林铺设 1.2 万条电话线的电缆，获优质通信服务效果。卡塔尔同巴林、科威特及阿拉伯联合酋长国之间还建有光缆传输项目，海底电缆总长 1300 公里。另外，卡塔尔是国际移动电话商业协议的一员。

五 邮政服务

卡塔尔邮政局负责境内与对外邮件交往业务，总部设在首都多哈。2000 年完工的新邮政局大楼，建筑面积约 1.5 万平方米，装备较为现代化。

1950 年，卡塔尔在多哈开设第一个邮政办事处，1956 年和 1960 年先后在杜汉与乌姆赛义德各建了一个邮电所，1963 年成立国家邮政局。目前，在全国建有 28 个邮政支局，22134 个电脑控制的邮政信箱（筒）。卡塔尔邮政局同世界 99 个国家签有互换邮电服务协定。

卡塔尔邮政局为向民众提供优质服务，不断更新装备，改进工作方式，准确传输信件、包裹及快件。该局使用机器自动出售邮票，自动盖章，每年发行 3~4 种纪念邮票。邮政服务覆盖全国各地、机关和企事业单位、城市与乡村居民。

卡塔尔邮政局是阿拉伯与国际邮政联合会成员，并在建立海湾国家邮政组织中发挥了积极的作用。卡塔尔首都多哈市建有一个邮票博物馆。

卡塔尔邮政局曾于 1990 年划归交通运输与通信部领导，该部取消后，又改为直属政府内阁领导。

六 气象服务

卡塔尔气象局建于 1982 年，原归属政府交通运输和通信部领导，后直属政府内阁领导，负责全国气象预报工作。该局建立以来，天气预报工作不断有所发展，既为航空、航海等交通运输工作带来许多便利，也为卡塔尔千家万户所钟爱。

卡塔尔气象局总部设在首都多哈，在首都国际机场等地建有气象站。为更好适应现代化发展，该局人员专业化程度不断提

高，有关仪器与设备也不断更新。该局已建有中央气象电脑网络，并从欧美气象卫星接收气象云图。

第七节　财政与金融

塔尔财政与金融事务分别由政府财政、经济和贸易部及卡塔尔中央银行（政府部级单位）管理，国家审计局（政府副部级单位）进行监督。

一　财政

1. 国民（国内）生产总值

塔尔国民总收入在 1984 年为 57.8 亿美元，人均 1.9 万美元，仅次于阿拉伯联合酋长国位居世界第二；2002 年为 174.9 亿美元，人均 2.8 万美元，仍位居世界前列。

卡塔尔国民生产总值在 1993 年为 260.5 亿里亚尔（约合 71.56 亿美元）；1994 年为 261 亿里亚尔（约合 71.7 亿美元）。1994 年人均国民生产总值 5.2 万里亚尔（约合 1.4 万美元）。

2003 年，卡塔尔国内生产总值为 196 亿美元，人均国内生产总值 2.8 万美元。2004 年为 1035.63 亿里亚尔（约合 284.5 亿美元），其中农业和渔业产值 2.02 亿里亚尔，占 0.2%；石油等矿产 643.65 亿里亚尔，占 62.2%；加工工业 79.22 亿里亚尔，占 7.6%；水电和燃气 23.24 亿里亚尔，占 2.2%；建筑业 54.14 亿里亚尔，占 5.2%；餐饮与旅馆业 43.5 亿里亚尔，占 4.2%；交通运输与电信业 29.07 亿里亚尔，占 2.8%；金融保险与商业服务 69.1 亿里亚尔（未扣除银行手续费 26.54 亿里亚尔），政府税收 99.38 亿里亚尔，公共服务收入 6.53 亿里亚尔，国内家政服务业 6.07 亿里亚尔，进口税收 6.25 亿里亚尔。同年，人均国内生产总值约 14 万里亚尔（约合 3.8 万美元）。

2005 年，卡塔尔国内生产总值 354 亿美元，较之上年增长约 20%。同年人均国内生产总值 4.4 万美元。

2006 年，卡塔尔国内生产总值为 558.2 亿美元，较之上年增长 57.7%。同年人均国内生产总值为 6.29 万美元。

据卡塔尔统计局和中央银行评估的数字，2007 年卡塔尔国内生产总值 2586 亿里亚尔（约合 710 亿美元），石油、天然气领域产值占 56.5%，达 1461 亿里亚尔；其他领域产值共占 43.5%，达 1125 亿里亚尔。非石油、天然气各领域的产值在国内生产总值中所占比例如下：金融、保险和房地产业为 318.65 亿里亚尔，占 12.3%；政府、家庭和社会服务业 200.53 亿里亚尔，占 7.8%；各种制造工业 185.11 亿里亚尔，占 7.2%；建筑业 146.34 亿里亚尔，占 5.6%；贸易、餐馆和旅馆业 120.02 亿里亚尔，占 4.6%；运输和通信业 98.03 亿里亚尔，占 3.8%；水电业 43.29 亿里亚尔，占 1.7%；农业和渔业 2.5 亿里亚尔，占 0.1%。

据卡塔尔国家银行评估，截至 2009 年底，卡塔尔人均国内生产总值可达 63867 美元。

2. 国家财政收支

卡塔尔国家财政收支状况与其石油出口价格及生产水平密切相关。20 世纪 70 年代，卡塔尔石油国有化及油价上升，石油收入激增，使卡塔尔迅速脱贫，预算盈余攀升，也为广泛建立与发展自身工业、基础设施建设和经济繁荣带来有利条件与动力。此后，石油价格与生产水平一直是卡塔尔国家财政收支状况的晴雨表。

1997/1998 财政年度，卡塔尔预算开支 163.87 亿里亚尔，收入 133.97 亿里亚尔，赤字 29.9 亿里亚尔；年终决算实际开支 179.32 亿里亚尔，收入 147.42 亿里亚尔，实际赤字 31.9 亿里亚尔。

1998/1999 财政年度，预算开支 156.59 亿里亚尔，收入 123.53 亿里亚尔，赤字 33.06 亿里亚尔；年终决算实际开支

169.68 亿里亚尔，收入 152 亿里亚尔，实际赤字 17.68 亿里亚尔。

1999/2000 财政年度，预算开支 141.36 亿里亚尔，收入 105.3 亿里亚尔，赤字 36.06 亿里亚尔；年终决算实际开支 173.82 亿里亚尔，收入 152.72 亿里亚尔，实际赤字 21.1 亿里亚尔。该年度预算石油价格平均为 10~15 美元/桶，而实际油价 17 美元/桶。

2000/2001 财政年度，预算开支 154 亿里亚尔，收入 126.17 亿里亚尔，赤字 27.83 亿里亚尔；年终决算实际开支 188.95 亿里亚尔，收入 232.91 亿里亚尔，盈余 43.96 亿里亚尔，约占同年国内生产总值的 7.3%。其中，预算支出计算油价平均 18 美元/桶，预算收入计算油价平均为 13~15 美元/桶，出口石油平均为 59.4 万桶/日，而实际油价为 27 美元/桶。

2001/2002 财政年度，预算开支 175.6 亿里亚尔，收入 180.57 亿里亚尔，盈余 4.97 亿里亚尔。其中，油价计算平均为 16.5 美元/桶，而欧佩克当年限价为 22 美元/桶，故年终决算时，卡塔尔财政收支实际盈余数又超出预算许多，达 40.53 亿里亚尔。

2002/2003 财政年度，政府预算开支 200.26 亿里亚尔，收入 182.07 亿里亚尔，赤字 18.19 亿里亚尔。因预算收入油价计算平均为 16.5 美元/桶，而当年实际油价平均为 24.5 美元/桶，故年终决算时，不仅没有赤字，还盈余约 60 亿里亚尔。

2003/2004 财政年度，政府预算开支 233.12 亿里亚尔，收入 223.04 亿里亚尔，赤字 10.08 亿里亚尔。此预算油价按平均 17 美元/桶计算，而这一年实际油价远远高于此价格，故年终决算时，又无赤字，还盈余 39.51 亿里亚尔。至此，21 世纪以来连续 4 年财政盈余，累积共计 184 亿里亚尔，远远超过 20 世纪 90 年代近 10 年的赤字总和。

2004/2005 财政年度，政府预算开支 283.52 亿里亚尔，收

入 261.92 亿里亚尔，赤字 21.6 亿里亚尔。该预算中油价计算平
均为 19 美元/桶，仍远远低于当年实际油价 35.2 美元/桶，年终
决算仍为财政盈余。

2005/2006 财政年度，政府预算开支 217.1 亿里亚尔，收入
380.38 亿里亚尔，其中石油价格按平均 27 美元/桶计算，而实
际油价为 51.7 美元/桶。

2007 年 4 月，卡塔尔埃米尔批准了 2007/2008 年度财政预
算，总支出 657 亿里亚尔，同比增长 20%；总收入 725 亿里亚
尔，同比增长 27%，盈余 68 亿里亚尔。

3. 政府预算开支的分配

2002/2003 财政年度，卡塔尔政府预算开支中公共发展项目
拨款占 43.91 亿里亚尔，分别为：基本建设项目拨款 30.86 亿里
亚尔，卫生与社会服务拨款 8.87 亿里亚尔，教育与青年项目拨
款 4.18 亿里亚尔。

2003/2004 财政年度，政府财政支出实际为 252.14 亿里亚
尔，其中工资薪水占 59.23 亿里亚尔、各项负债还本付息 19.28
亿里亚尔、供应与服务业项目 18.36 亿里亚尔、各项例行支出
110.45 亿里亚尔、项目资金支出 44.82 亿里亚尔。同年政府收
入 291.65 亿里亚尔，其中石油与天然气收入 184.87 亿里亚尔，
投资收入 80.61 亿里亚尔。

2004/2005 财政年度，政府除各种例行开支外，将公共发展
项目拨款比上年增加了 44.3%，达 88.83 亿里亚尔，其中基础
设施建设与公共服务项目占 48.18 亿里亚尔。

2005/2006 财政年度政府预算开支中，各项例行支出拨款达
117.28 亿里亚尔，基建等发展项目开支拨款 99.82 亿里亚尔。

2006/2007 财政年度国民开支预算，据国际货币基金组织的
国际金融统计为 1521.75 亿里亚尔，其中政府支出 300.88 亿里
亚尔，私营界开支 364.7 亿里亚尔，股票证券开支 41.5 亿里亚

尔，固定资本构成扣除 814.67 亿里亚尔。政府预算开支中，工资薪水占 66.32 亿里亚尔，债息支付为 14.15 亿里亚尔。

2007/2008 财政年度政府预算中，计划投入 100 亿里亚尔用于基础设施建设，80 亿里亚尔用于教育产业投资，49 亿里亚尔用于医疗卫生和社会服务产业投资。

4. 外债

1995 年，卡塔尔所欠外债共 45.08 亿美元，其中包括发展项目所用资金。1998 年，所欠外债为 97.96 亿美元（约占国内生产总值的 95.5%），其中政府借贷与财政赤字所致债务 29.61 亿美元。

2000 年，卡塔尔外债为 128.23 亿美元，占当年国内生产总值的 87.6%。其中，政府直接欠债 56.51 亿美元，政府担保债务 16.54 亿美元，国家碳氢化合物企业附属单位发展项目贷款 48.68 亿美元。2001 年，卡塔尔所欠外债为 132.23 亿美元，占当年国内生产总值的 76.5%，其中政府直接负债 73.05 亿美元，政府担保外债 6.5 亿美元，国营卡塔尔石油总公司附属企业发展项目借贷 52.68 亿美元。

据英国伦敦《中东北非年鉴》2006 年版统计，2002 年卡塔尔所欠外债共计 160 亿美元，占国内生产总值的 90%；2003 年所欠外债共计 169 亿美元，占国内生产总值的 86.2%；2004 年所欠外债共计 129 亿美元，占国内生产总值的 45%；2005 年外债总额攀升到 211 亿美元，占国内生产总值比例仅为 59.6%。2006 年，卡塔尔所欠外债约占当年国内生产总值的 40%。而据国际货币基金组织统计，卡塔尔 2002 年所欠外债为 143.28 亿美元，占国内生产总值的 81.7%；2003 年所欠外债为 138.93 亿美元，占国内生产总值的 70.5%；2004 年所欠外债为 153.55 亿美元，占国内生产总值的 56.3%；2005 年所欠外债为 150.11 亿美元，占国内生产总值的 47.5%；2006 年所欠外债为 204.22 亿美元，占国内生产总值的 48.5%。

据国际货币基金组织国际金融统计，2001～2005 年卡塔尔所欠各方外债情况如表 4-2 所示。

表 4-2

	2001 年	2002 年	2003 年	2004 年	2005 年
国家欠中长期外债(亿美元)	45	40.38	43.22	40.17	37.43
私营界中长期外债(亿美元)	76.28	76.55	65.34	80.52	117.5
短期外债(亿美元)	22	22	24.99	29.42	49.29
外债总额(亿美元)	143.28	138.93	133.55	150.11	204.22
总债息(亿美元)	22.22	28.56	35.07	17.92	21.64
外债占国内生产总值的百分比	81.7	70.5	56.3	47.5	48.5

2002 年卡塔尔政府债务支付额为 14.35 亿美元，比 1998 年增长 1 倍，但在 2005 年急剧降为 3.8 亿美元。

5. 外汇储备

1994 年，卡塔尔中央统计局统计，卡塔尔黄金储备 1.51 亿美元，外汇存款 12.88 亿美元，在国际货币基金组织储存 1.85 亿美元，共有 16.24 亿美元的外汇储备。1995 年，国际货币基金组织统计，卡塔尔外汇储备为 6.94 亿美元，海外资产为 7.87 亿美元。

1997 年，卡塔尔外汇储备 5.11 亿美元，黄金储备 2.38 亿美元。

据英国《中东北非》年鉴统计，卡塔尔在 2004 年底共有外汇储备 34.14 亿美元。其中，黄金储备 0.18 亿美元，国际货币基金组织存款 1.34 亿美元及特别提款权 0.36 亿美元，外汇存款 32.26 亿美元。

据《经济情况》国别报道引用国际货币基金组织的统计，

卡塔尔在 2005 年除黄金外的外汇储备为 45.42 亿美元。

据国际货币基金组织的国际金融统计，卡塔尔截至 2006 年 12 月 31 日共有外汇储备约 53.916 亿美元，其中黄金储备 1000 万美元，在国际货币基金组织特别提款权 4040 万美元、存款 3520 万美元，其他外汇存款 53.06 亿美元。

据国际货币基金组织的国际金融统计，2002~2006 年卡塔尔所持有的外汇储备情况如表 4-3 所示。

表 4-3

单位：万美元

	2002 年	2003 年	2004 年	2005 年	2006 年
黄金储备	670	790	1830	1000	1000
其他储备	156680	294420	339590	454240	538160
储备总数	157350	295210	341420	455240	539160

6. 海外资产

1995 年，卡塔尔中央统计局宣布，1994 年其海外资产为 8.37 亿美元。据 2006 年英国《中东北非》年鉴统计，卡塔尔政府海外资产在 1995 年为 7.87 亿美元，后增至 30 亿美元。2005 年卡塔尔金融机构统计，其政府海外资产为 165.7 亿里亚尔（约合 45.52 亿美元）。

如同其他海湾石油富国，卡塔尔也建立了"主权财富基金"机制。该机制从长远、造福子孙后代着想，每年从石油和天然气资源收入中提取一定的比例作为主权财富基金，长期储存，主要留给子孙后代享用，或在特殊情况下供应急之用。主权财富基金既不列入政府收支账目，也不能随便动用，应急之用必须经阿勒萨尼统治家族批准。这一基金在 2007 年底已积累至 600 多亿美元。原来，卡塔尔主要将主权财富基金储存在国内外银行之中，靠银行利息保值或略有增值。后来，卡塔尔政府为充分挖掘这笔财富的效益，将其中部分用于海内外投资，以求获得更多利润。加之，政府同时需要通过自身的投资手段增加财政收入，争取实现 2015 年时将石油收入在财政总收入中的比例由 2005 年的 55%降至 25%的目标。为此，卡塔尔在新世纪初新成立了投资署（局）的机构，负责为卡塔尔国家投资开辟通道。卡塔尔投资署由现任首相哈马德·本·贾西姆直接领导，并对埃米尔负责。

卡塔尔对外投资，有其成功之处，也不乏亏损之时。据卡塔尔投资署执行董事长阿卜杜拉透露，2008 年的国际金融危机使卡塔尔主权财富基金损失 20%之多。该董事长还说，卡塔尔政府在总结经验教训基础上，决定在 2009 年 3 月开始调整投资战略，6 个月内不再考虑海外投资，今后投资重点由欧洲债券、股票和资产转向具有升值潜能的能源和商品项目，同时更多地关注国内投资市场。

二 金融

1. 货币

卡塔尔货币独立前曾使用卢比，后改为里亚尔（Qatar Riyal），简写为 QR。1 个里亚尔等于 100 个迪尔汉姆（Dirham）。卡塔尔货币中的硬币分 1、5、10、25、50 迪尔汉姆（现今大部分不流通）；纸币有 1、5、10、50、100 和 500 里亚尔。

卡塔尔里亚尔兑换美元价，自 1980 年以来保持不变，其汇率是 1 美元 = 3.64 里亚尔。

2005 年 5 月 31 日，卡塔尔实行的汇率为：100 里亚尔 = 15.11 英镑 = 27.47 美元 = 22.28 欧元，即 1 英镑 = 6.618 里亚尔，1 美元 = 3.640 里亚尔，1 欧元 = 4.488 里亚尔。

2007 年 5 月 31 日，卡塔尔货币兑换率为：100 里亚尔 = 13.89 英镑 = 27.47 美元 = 20.42 欧元，即 1 英镑 = 7.197 里亚

尔，1 美元 = 3.640 里亚尔，1 欧元 = 4.897 里亚尔。

据国际货币基金组织的国际金融统计和卡塔尔中央银行公布的数字，2002～2006 年卡塔尔货币里亚尔对世界主要货币比价的变动情况，如表 4 - 4 所示。

表 4 - 4

货币名称	2002 年	2003 年	2004 年	2005 年	2006 年
美 元	3.64	3.64	3.64	3.64	3.64
英 镑	5.94	6.66	6.62	6.70	7.27
欧 元	4.12	4.53	4.53	4.57	4.98
人民币	0.44	0.44	0.444	0.459	0.478
日 元	0.031	0.034	0.033	0.031	0.031

2. 卡塔尔货币署与中央银行

1973 年，卡塔尔政府组建了货币署并授权它行使中央银行的职责。1990 年，卡塔尔政府决定货币署署长享有政府大臣级待遇，副署长享受国务秘书（副大臣级）待遇。该署行使职权期间的主要贡献有：制定了有关卡塔尔银行及外国银行驻卡分行的运转法规，并采取一系列金融保护措施；规范了外国银行盈利的转移及对外国驻卡银行账户的监督；责成各银行信贷量不少于所持基金，限定商业银行现金流动的最低数量；在本国银行财产与债务方面，妥善处理了伊斯兰银行在卡塔尔的运转事宜，规定了卡塔尔里亚尔存款与贷款利息率，规范了新的投资服务范围；建立了一个追踪、分析国际银行界行情的特别中心，另外建立一个银行研究所，旨在促进卡塔尔银行业良性发展。按政府法令，卡塔尔货币署负责发行货币，原纸币上有该署署长与政府财政大臣联合签名的印章。该署还代表国家管理卡塔尔外汇储备与海外资产，包括黄金储备、可兑换外汇储备、在国际货币基金组织中存款及特别提款权等海外资产。

1993 年 8 月, 卡塔尔又组建了中央银行, 取代原货币署, 旨在统一银行机构并更好地为国家经济发展服务。政府规定中央银行为卡塔尔独立的法人, 组织实施国家金融、贷款与银行事务政策及相关计划。因此, 卡塔尔中央银行除被授权负责制定卡塔尔金融与银行政策外, 还发行流通国家货币, 稳定货币及其兑换外币价格; 组织、监督和控制所有设立在卡塔尔的商业银行与金融机构; 管理国家外汇储备与海外资产。卡塔尔中央银行 1993 年注册资金 10 亿里亚尔, 储备金 5.59 亿里亚尔, 储蓄存款 17.33 亿里亚尔, 流动货币 22.66 亿里亚尔。2004 年 12 月, 卡塔尔中央银行储备金升为 45.08 亿里亚尔, 存款升为 30.65 亿里亚尔, 流动货币升为 31.23 亿里亚尔。中央银行在 2002 年拥有资产达 60.04 亿里亚尔, 其中含海外资产 50.2 亿里亚尔。1997 年 10 月, 中央银行又被授予了为在卡塔尔的银行及金融机构办理海外分行许可证的权利。2000 年 2 月, 中央银行曾勒令 11 家未经许可而集资的金融公司停业, 并退还约 1 亿美元的客户资金。

1995 年, 卡塔尔发行纸币与硬币共 15.15 亿里亚尔, 在市场运转流通的有 13.99 亿里亚尔。据国际货币基金组织的金融统计, 截至 2006 年 12 月 31 日, 卡塔尔全国共有货币 278.83 亿里亚尔, 其中在银行外运转流通的有 39.59 亿里亚尔, 其余储存在中央银行与各商业银行中。

卡塔尔规定, 凡要在卡塔尔获得开办银行许可证者, 至少有 500 万里亚尔可支付资金和 500 万里亚尔工作资金, 而且要百分之百地固定保存下来。有关强制性保存的资金由中央银行集中收取存款利息。

据卡塔尔中央银行公布的数字, 2002 ~ 2006 年卡塔尔货币在银行存、贷款利息率情况, 如表 4 - 5 所示。

表 4 – 5

单位：%

	2002 年	2003 年	2004 年	2005 年	2006 年
贷款利息	4.8	4.7	4.9	6.4	7.3
存款利息	0.9	0.8	1.4	1.9	2.7
货币市场利息	1.6	1.3	2.6	4.5	5.5

2007 年 2 月，卡塔尔中央银行将里亚尔存款利息调为4.65%，各商业银行按 1% 比例浮动的规定，将里亚尔存款利息调为 5% ~6%，贷款利息为 9.5% ~11%。

3. 各类商业银行

截至 2008 年，卡塔尔设有 17 家商业银行，其中本国银行占 9家，系 6 家常规银行和 3 家按伊斯兰宗教法规经营的伊斯兰银行；8 家外国银行中，阿拉伯国家银行有 3 家，其他外国银行 5 家。

卡塔尔本国建于 20 世纪 90 年代以前的老牌银行有 7 家，系5 家常规银行和 2 家伊斯兰银行，其简况如下：

卡塔尔国民银行，建于 1965 年，资金 3.54 亿里亚尔（2005年 12 月升为 10.38 亿里亚尔，另有储备金 68.3 亿里亚尔，银行存款 390.55 亿里亚尔），原有 24 个国内分行和驻外分行，现为32 个国内分行和 4 个国外分行；该银行一直是卡塔尔最大的商业银行，国家控股 55%，2003 年拥有资产 347.89 亿里亚尔，当年盈利 6.4 亿里亚尔。

卡塔尔商业银行，建于 1975 年，资金 1.05 亿里亚尔（2005年 12 月升为 9.34 亿里亚尔，另有储备金 43.7 亿里亚尔，存款149.42 亿里亚尔），原有 6 个国内分行，现有 20 个。2005 年 8月卡塔尔商业银行收购了阿曼国民银行 35% 的股份。

多哈有限银行，建于 1979 年，资金 7800 万里亚尔（2005年 12 月升为 6.93 亿里亚尔，储备金 16.6 亿里亚尔，存款

124.33 亿里亚尔），原有 11 个国内和驻外分行，现为 23 个。

阿哈里银行，建于 1984 年，资金 6000 万里亚尔（2005 年 12 月升为 3.05 亿里亚尔，另有储备金 7.49 亿里亚尔，存款 49.72 亿里亚尔），原有 3 个分行，现为 8 个。2004 年，巴林阿哈里联合银行收购了卡塔尔阿哈里银行 40% 的股份，但后者仍沿用原有名称。

卡塔尔工业发展银行，于 1997 年 10 月新建，为政府向中、小规模的企业发放长期低息工业贷款的银行，资金 2 亿里亚尔。2006 年起，该银行业务范围扩大，涉及旅游、卫生、教育和农业等领域。

卡塔尔伊斯兰银行，建于 1983 年，资金 1.5 亿里亚尔（2005 年 12 月升为 6.63 亿里亚尔，另有储备金 14.26 亿里亚尔，存款 69.44 亿里亚尔），原有 5 个分行，现为 9 个。

卡塔尔伊斯兰国际银行，建于 1999 年，资金 0.5 亿里亚尔（2005 年 12 月升为 2.03 亿里亚尔，另有储备金 6.77 亿旦亚尔，存款 52.69 亿里亚尔），原仅有 1 个分行，现为 5 个。

卡塔尔在 21 世纪新建的本国银行，分别是常规经营的哈利吉银行和按伊斯兰宗教法规经营的赖扬银行。其中，赖扬银行规模较大，集资 142 亿里亚尔（约合 39 亿美元），卡塔尔占 80%，余为海湾合作委员会成员国私营企业所有。卡塔尔本国银行中，现有哈利吉银行与赖扬银行先后于 2006 年 1 月和 2007 年 8 月在多哈证券市场上市，可供卡塔尔人和非卡塔尔的海湾国家投资者选择。

设在卡塔尔的外国银行有：

阿拉伯有限股份银行（约旦），创建于 1958 年，资金 1000 万里亚尔（1996 年总资产 11 亿里亚尔）；原有 2 个分行，现为 3 个。

马什里克银行（原名阿曼银行，后由阿拉伯联合酋长国银行经营），创建于 1971 年，资金 1000 万里亚尔。

法国帕利巴斯银行（Paribas），创建于 1973 年，资金 1000

万里亚尔。

英国汇丰银行中东分行，创建于 1954 年，资金 1000 万里亚尔，原有 3 个分行，现为 4 个分行；1999 年资产 5.5 亿美元，2004 年升为 126.63 亿美元。

英国标准特许（Chartered）银行，创建于 1950 年，资金 1000 万里亚尔。现有总资产 12.41 亿里亚尔。

巴基斯坦联合银行，创建于 1970 年，资金 1000 万里亚尔。

伊朗萨德莱特银行，创建于 1970 年，资金 1000 万里亚尔，现有资产 12.4 亿里亚尔。

卡塔尔国际银行，原名格兰德雷斯（Grindlay's）银行，创建于 1956 年，资金 1000 万里亚尔。2004 年，科威特国家银行获得格兰德雷斯银行 20% 的股份，此后改用新名称。截至 2005 年 12 月，该银行有资本 1.67 亿里亚尔，储备金 5.69 亿里亚尔，银行存款 36.97 亿里亚尔。

截至 1994 年底，卡塔尔所有商业性银行拥有资金与储备总数 313 亿里亚尔；银行存款 189.72 亿里亚尔，其中政府存款 33.98 亿里亚尔（其中外汇存款值 12.05 亿里亚尔），私营企业存款 155.74 亿里亚尔（其中外汇存款数值 49.23 亿里亚尔）；全年提供融资贷款总金额 183.06 亿里亚尔，其中向私营企业提供 94.99 亿里亚尔，占 51.9%，向国营企业提供 88.07 亿里亚尔，占 48.1%。

4. 证券市场

卡塔尔多哈证券股票市场建于 1997 年 5 月，为卡塔尔公司企业扩建工厂和建设新项目开创了新的资金来源，标志着卡塔尔金融服务向前迈进了重要的一步。1998 年是该证券市场全面运转的第 1 年，其股票指数上升 35%，成为阿拉伯世界最佳股票交易市场。该股票市场最初几年只对卡塔尔人开放，2002 年 2 月开始扩展到海湾合作委员会成员国。同年，在多哈证券市场上市的公司有 21 家, 资金总额 185 亿里亚尔 (约合 51 亿美元)。
2003 年, 多哈股票市场上市公司达到 30 家, 资金总额升至 972
亿里亚尔 (约合 267 亿美元)。2005 年 4 月, 该股市开始对外国
人开放。2008 年多哈证券市场有上市公司 38 家, 资金总额高达
3500 亿里亚尔 (约合 950 亿美元)。

多哈证券市场被认为是中东地区最活跃的股票市场, 由独立
的管理方面监控。尽管如此, 它仍然在 2000 年年底和 2005 年底
两次卷入内部交易和虚假股票申请的丑闻。卡塔尔因此而建立金
融市场管理局。经纠正的多哈证券市场股票指数一度下跌 35%。
此外, 多哈证券市场还承受地区证券市场普遍不景气的压力。

据卡塔尔中央银行公布的数字, 2003～2007 年多哈证券市
场有关资金和指数的变动情况如表 4-6 所示。

表 4-6

	2003 年	2004 年	2005 年	2006 年	2007 年
市场资金(亿里亚尔)	972	1472	3172	2217	3477
指数	3946.7	6493.6	11053.6	7001.3	9580.5
变动百分比	69.8	64.5	70.2	-35.5	36.8

1998 年 3 月, 卡塔尔政府通过了允许发行公债的新法令,
1999 年 7 月首次发行 20 亿里亚尔的国库券。该券每张面值 1 万
里亚尔, 3 年期利息 7.75%, 免征利息税。政府以出售此债券的
收入取代了银行短、中期贷款。1999 年 5 月和 2000 年 6 月, 卡
塔尔政府两次分别发行为期 30 年的欧元债券, 总价值 24 亿美
元。其中第一笔相当于 10 亿美元的债券, 被美国认购 55%, 欧
洲认购 25%, 中东国家占 20%; 第二笔相当于 14 亿美元的债
券, 美国投资占 2/3, 余为欧洲国家投资。2003 年 10 月, 卡塔
尔还发行了价值 7 亿美元的伊斯兰债券, 为期 7 年。

5. 保险业

卡塔尔政府视保险业为国民经济中又一个储蓄与投资的渠道，是经济与社会发展的需要，故对保险业既给予必要的关心与投入，又加以法律规范。

卡塔尔共有 9 家保险公司。其中，本国保险公司有 5 家，其余 4 家为外国公司的分支。相比之下，本国公司更为活跃，且起主导作用。1994 年收缴保险费总额中，本国保险公司占 93.6%；在再保险费中，卡塔尔本国保险公司占 98.6%。

各保险公司简况如下：

卡塔尔保险公司，成立于 1964 年，注册资金 3600 万里亚尔，卡塔尔政府占其中 12% 的股份。截至 2006 年 12 月，该公司拥有资本 4.25 亿里亚尔，资产 4.02 亿里亚尔。该公司分别在多哈、迪拜、阿布扎比、沙特阿拉伯、阿曼和马来西亚设有分支机构。

卡塔尔保险与再保险总公司，成立于 1978 年，注册资金 1500 万里亚尔，系合资公司。截至 2004 年，该公司拥有资本 5000 万里亚尔，总资产 8.11 亿里亚尔。

海湾保险公司，建立于 1978 年，合股注册资金 900 万里亚尔。截至 2003 年，该公司资本为 2900 万里亚尔。

卡塔尔伊斯兰保险公司，建立于 1994 年 4 月 16 日，注册资金 2000 万里亚尔，属合资公司。截至 2005 年 12 月，该公司拥有资本 5000 万里亚尔，总资产 3.97 亿里亚尔。

多哈保险公司，建于 1999 年，系卡塔尔民营保险公司。截至 2003 年，该公司拥有资本 1.27 亿里亚尔。

阿拉伯保险有限公司，系黎巴嫩合资公司分支，注册资金 540 万黎镑。1966 年在卡塔尔获得开办许可。

黎巴嫩—瑞士保险公司，于 1966 年获得在卡塔尔经营权，合股资金 100 万黎镑。

埃及国营保险公司，于 1969 年开始在卡塔尔开办分支，注册资金 75 万埃镑。

阿特拉斯保险公司，是总公司位于伦敦的分支机构，1966年开始在卡塔尔经营，注册资金 275 万里亚尔。

1994 年，卡塔尔各保险公司共获保险上缴费 4.934 亿里亚尔（上年为 4.142 亿里亚尔），其中航海保险 2.03 亿里亚尔，火险 1.136 亿里亚尔，汽车保险 1.181 亿里亚尔，普通事故保险 0.488 亿里亚尔，工业事故保险 990 万里亚尔。同年，卡塔尔各保险公司共收取再保险费 3.17 亿里亚尔（上年为 2.57 亿里亚尔）。

6. 卡塔尔金融中心

卡塔尔金融中心根据 2005 年第 7 号法令建立，于 2005 年 5 月 1 日开始营业，时任卡塔尔经济和贸易大臣为主席，后由现任财经和贸易大臣接替。卡塔尔成立金融中心的目的，主要是吸引国际金融机构和跨国公司到卡塔尔设立分支机构或办事处，参与和促进卡塔尔繁荣经济计划和投资计划的实施，形成一个独立的多边合作的国际商业机体。卡塔尔政府为该中心制定的优惠政策有：3 年免税，3 年后低税收，可享有 100% 的外资待遇等。美国和欧洲一些国际金融公司已在卡塔尔金融中心落户。该中心的商业领导机构是卡塔尔金融中心管理局；其监督机构是卡塔尔金融中心监管局。两个局是互相独立、平行的机构，而且不受卡塔尔政府的领导与约束。

三 国家审计署

卡塔尔国家审计署于 1973 年建立，1995 年重组。法律规定该署署长为政府副大臣（国务秘书）级待遇，副署长享受大臣助理待遇。该署分成政府事务审计局、经济事务审计局、招标与建筑审计局、司法事务局、行政与财政局 5 个组成部分，配备大批来自各个不同领域的专家。

国家审计署通过审核文件，检查政府有关部门对国家开支与收入的执行情况；对政府预算资助发展项目执行情况进行抽查，审查有关项目资金使用的真实性和合法性。审计结果以审计报告和备忘录的形式交政府有关部门，审计中发现有重大问题时，要抄送埃米尔办公厅和内阁财政和经济贸易部。

在对经济界审计中，国家审计署对需审计的公司和单位的账目进行复核，检查其总的预算、银行账目、商务转账、利润和亏损，有关审计工作在财政年度终结时完成。

在对招标与建筑方面审计中，国家审计署要复查有关标书、合同文本和项目协议书，凡所需金额逾 10 万里亚尔的建筑项目均需进行审计。审计署亦是政府与公司进行招标、商务与合同洽谈委员会的常设成员，确保国家财政法规、税收得到落实。

为做好审计工作，并适应形势发展的需要，卡塔尔国家审计署重视对其工作人员的培训，包括海外培训；引进现代审计技术，包括使用先进电脑程序等。

第八节　对外经济关系

一　对外贸易

1. 对外贸易的主要特点

卡塔尔对外贸易的主要特点：一是在国民经济结构中所占分量较大，主要反映在对外贸易与国内生产总值相比的比例上。20 世纪 90 年代以来，进出口贸易总额同国内生产总值相比基本保持在 80% 左右。其中 1992 ~ 1994 年分别为86.6%、81% 和 79.6%；2003 ~ 2005 年分别是 86.6%、76.3% 和 83.8%。二是对外贸易中顺差多。自 20 世纪 80 年代以来，始终是出口金额大于进口金额，而且总体呈上升之势，尤其是近年来更为明显。外贸顺差在 1990 年约 22 亿美元，2000 年升至 86.64 亿美元，2004 年又升至 120.72 亿美元。三是外贸顺差因无形贸易收支逆差而缩水。卡塔尔对外贸易虽然每年有顺差，有时差额较大，但同一财政年度的外汇收支平衡常常缩水较多，有时还出现赤字，主要原因是对外服务进出口逆差较大及偿还外国贷款较多。1996 年，对外贸易顺差达 12.49 亿美元，而同年经常项目国际收支还是出现 12.4 亿美元的逆差。2001 年，对外贸易顺差 81.45 亿美元，而当年经常项目国际收支盈余仅为 49.4 亿美元。四是卡塔尔出口贸易中原油出口所占比重虽大，但比例不断下降。20 世纪 70 年代，这一比例较大，每年逾 90%。20 世纪 80 年代末和 90 年代初，有关比例下降至 80% 多。1996 年降至 66%，1998 年为 59.5%，2003 年进一步降到 51%。与此同时，天然气出口不断攀升，1998 年占总出口额的 16.7%，2000 年时占 28%，2003 年时已为 32%，2007 年升至 35.2%。

2. 对外贸易发展概况

卡塔尔自 1974 年将石油资源收归国有起，石油收入快速增长，促使对外贸易在 20 世纪 70 年代总体上不断上升。卡塔尔对外贸易在 20 世纪 80 年代一度有所下降，特别是 1982～1985 年期间。1985 年卡塔尔进口总额仅 41.46 亿里亚尔，为 1976 年以后的最低点；由于石油产量下降，1983 年卡塔尔对外出口总额由 1980 年的 207.87 亿里亚尔大幅跌至 120.02 亿里亚尔。

自 20 世纪 90 年代以来，卡塔尔对外贸易基本上呈不断攀升之势。1990 年，卡塔尔外贸出口 141.61 亿里亚尔（约合 38.9 亿美元），进口 61.69 亿里亚尔（约合 16.9 亿美元）；1991 年出口 116.84 亿里亚尔（约合 32.1 亿美元），进口 62.61 亿里亚尔（约合 17.2 亿美元）；1993 年出口 115.78 亿里亚尔（约合 31.8 亿美元），进口 68.82 亿里亚尔（约合 18.9 亿美元）；1994 年出口 114.53 亿里亚尔（约合 31.46 亿美元），进口 70.15 亿里亚尔

（约合 19.27 亿美元）；1996 年出口 38.33 亿美元，进口 25.84 亿美元，有形贸易顺差 12.49 亿美元，而同年度经常项目国际开支却有 12.46 亿美元的赤字，加上资本项目，整个国际收支赤字达 5.24 亿美元；1997 年出口 38.56 亿美元，进口 29.33 亿美元，有形贸易顺差 9.23 亿美元，而同年度经常项目国际收支赤字 16.78 亿美元，加上资本项目后的整个国际收支尚存赤字 4.87 亿美元；1998 年出口 50.3 亿美元，进口 30.71 亿美元，有形贸易顺差 19.59 亿美元，同年经常项目国际收支赤字 4.56 亿美元，整个国际收支仍有赤字 0.48 亿美元；1999 年出口 72.14 亿美元，进口 22.52 亿美元，有形贸易顺差为 10 年中最高峰，达 49.62 亿美元，同年经常项目国际收支也出现盈余 21.7 亿美元，而整个国际收支盈余为 24.57 亿美元。

卡塔尔对外贸易在 21 世纪出现新的气象，出口额激增不断，盈余较多。2000 年出口额升至 115.94 亿美元，进口 29.3 亿美元，有形贸易顺差 86.64 亿美元，同年经常项目国际收支盈余 54.17 亿美元，整个国际收支盈余 35.31 亿美元；2001 年出口 112.64 亿美元，进口 30.69 亿美元，有形贸易顺差 81.95 亿美元，同年经常项目国际收支盈余 49.40 亿美元，整个国际收支盈余仅 27.23 亿美元；2002 年出口 401.55 亿里亚尔（约合 110.32 亿美元），进口 157.43 亿里亚尔（约合 43.25 亿美元），有形贸易顺差 244.12 亿里亚尔（约合 67.06 亿美元），同年经常项目国际收支盈余 139.18 亿里亚尔（约合 38.24 亿美元），整个国际收支盈余 383.3 亿里亚尔（约合 105.3 亿美元）；2003 年出口 480.21 亿里亚尔（约合 131.92 亿美元），进口 178.26 亿里亚尔（约合 48.97 亿美元），有形贸易顺差 301.95 亿里亚尔（约合 82.95 亿美元），同年经常项目国际收支盈余 208 亿里亚尔（约合 57.14 亿美元），整个国际收支盈余 161 亿里亚尔（约合 44.23 亿美元）；2004 年出口 615.05 亿里亚尔（约合 168.96 亿美元），进口 175.61 亿里亚尔（约合 48.24 亿美元），有形贸易顺差 439.44 亿里亚尔（约合 120.71 亿美元），同年经常项目国际收支赤字 294.26 亿里亚尔（约合 80.84 亿美元），整个国际收支盈余 145.18 亿里亚尔（约合 39.88 亿美元）。

2005 年，卡塔尔对外贸易总额 1155.85 亿里亚尔，其中出口 795.81 亿里亚尔，进口 360.04 亿里亚尔，有形顺差 435.77 亿里亚尔；服务性收支逆差 33.62 亿里亚尔（出口 117.23 亿里亚尔，进口 150.85 亿里亚尔），其他国际收支逆差 51.25 亿里亚尔（收入 51.39 亿里亚尔，支出 102.64 亿里亚尔），资金汇出 93.8 亿里亚尔，资本扣除 27.42 亿里亚尔，金融扣除 120.23 亿里亚尔，错遗找补收入 47.38 亿里亚尔，纯国际收支盈余 156.83 亿里亚尔。

2006 年，卡塔尔对外贸易总额 383.4 亿美元，其中出口 259.8 亿美元，进口 113.6 亿美元，有形顺差 156.2 亿美元。

据卡塔尔统计局和中央银行公布的数字，卡塔尔 2007 年对外贸易总额 2251 亿里亚尔（约合 618 亿美元），其中出口 1529 亿里亚尔（约合 420 亿美元），进口 722 亿里亚尔（约合 198 亿美元），有形贸易顺差 807 亿里亚尔（约合 222 亿美元），扣除经常性国际收支逆差 347 亿里亚尔（约合 95 亿美元）后的贸易盈余 460 亿里亚尔（约合 127 亿美元）。至此，卡塔尔对外贸易及整个国际收支平衡，已连续 9 年保持盈余。

3. **进出口商品**

1994 年，卡塔尔出口商品中，原油及其副产品占 81.3%（上年占 83%），化工产品及原料占 10.4%（上年占 8.9%），其他工业产品占 5.8%（上年占 6.5%），其余占 2.5%（上年占 1.6%）。1996 年，对外出口 38.33 亿美元中，原油占 25.59 亿美元。1998 年，对外出口 50.3 亿美元中，原油占 29.95 亿美元，天然气占 8.4 亿美元。1999 年，对外出口 72.14 亿美元中，

原油占 40.14 亿美元，天然气占 13.53 亿美元。2000 年，对外出口 115.94 亿美元中，原油占 68.59 亿美元，天然气占 33 亿美元。2003 年，对外出口 480.21 亿里亚尔（约合 131.92 亿美元）中，原油占 244.9 亿里亚尔（约合 67.28 亿美元），天然气占 153.66 亿里亚尔（约合 42.2 亿美元），汽油 19.75 亿里亚尔（约合 5.43 亿美元），化工产品及原料 22.42 亿里亚尔（约合 6.16 亿美元），其他工业产品等为 39.48 亿里亚尔（约合 10.84 亿美元）。2005 年，对外出口 234 亿美元中，原油占 128 亿美元，天然气占 80 亿美元。2006 年出口的产品主要仍是原油、天然气、合成氨、尿素、乙烯等。

1994 年，卡塔尔进口商品中，食品与活畜占 13.2%（上年 12.9%），机械设备和交通工具占 39.7%（上年为 42.4%），加工工业品占 21.7%（上年 19.2%），化工产品及原料占 7%（上年 7.8%），杂货占 12.4%（上年 12.8%），其余占 6%（上年 4.9%）。2003 年，进口 178.26 亿里亚尔（约合 48.97 亿美元），其中：食品与活畜 15.04 亿里亚尔（约合 4.13 亿美元），化工产品及原料 11.69 亿里亚尔（约合 3.21 亿美元），基础加工工业品 37.87 亿里亚尔（约合 10.4 亿美元），机械设备和交通工具 84.57 亿里亚尔（约合 23.23 亿美元），杂货 20.18 亿里亚尔（约合 5.54 亿美元），燃料外原材料 5.48 亿里亚尔（约合 1.5 亿美元），其他 3.43 亿里亚尔（约合 0.94 亿美元）。2005 年，卡塔尔进口总额 366.21 亿里亚尔，其中食品与活畜 21.06 亿里亚尔，化工产品 24.46 亿里亚尔，基础加工产品 88.12 亿里亚尔，机械设备与交通工具 179.86 亿里亚尔（进口车辆 2844 辆），杂货 39.31 亿里亚尔，其他 13.4 亿里亚尔。2006 年主要进口产品是机械和交通设备、食品、工业原材料、轻工产品、药品等。

据卡塔尔统计局数据显示，卡塔尔 2007 年主要出口产品仍是石油、天然气等燃料及其产品，占总出口额的 89.5%；其次

是化工制品及相关产品；出口产品中的液化天然气占出口总额的
35.2%，共出口 2740 万吨，出口国排列分别是韩国（820 万
吨）、日本（640 万吨）、印度（620 万吨）、西班牙（350 万
吨）；出口原油中日本占 54%，新加坡占 16%，韩国占 9%，泰
国占 7%，中国台湾和印度各占 2%。卡塔尔 2007 年主要进口产
品为机器和机械用具、交通工具、钢铁、运输设备和建筑材料。
由于正在建设的各种能源、基础设施和工业项目较多，卡塔尔对
机器和机械用具需求增加。为适应不断发展的建筑业的需要，卡
塔尔加大了对钢铁的进口。

4. 对外进出口主要对象

1994 年，卡塔尔出口总额 114.53 亿里亚尔（约合 31.46 亿
美元），比上年 115.78 亿里亚尔（约合 31.8 亿美元）略有减
少。其中 82.9% 输往亚洲非阿拉伯国家（上年为 85.6%），
9.8% 输往阿拉伯国家（上年为 8.9%），4.1% 输往大洋洲国家
（上年为 2.9%），1.86% 输往美国（上年为 1.35%），1.34% 输
往其他美洲国家（上年为 1.25%）。2003 年，出口总额 480.21
亿里亚尔（约合 131.93 亿美元），其中：输往日本 224.13 亿里
亚尔（约合 61.57 亿美元），占 46.67%，位居第一；韩国为
90.18 亿里亚尔（约合 24.77 亿美元），占 18.78%，位居第二；
新加坡 46.28 亿里亚尔（约合 12.71 亿美元），占 9.6%，位居
第三；泰国 14.52 亿里亚尔（约合 3.99 亿美元），占 3%；阿拉
伯联合酋长国 11.25 亿里亚尔（约合 3.09 亿美元），占 2.34%；
中国 9.38 亿里亚尔（约合 2.57 亿美元），占 1.95%；美国 7.65
亿里亚尔（约合 2.1 亿美元），占 1.59%；西班牙 5.47 亿里亚
尔（约合 1.5 亿美元），占 1.14%；印度 5.35 亿里亚尔（约合
1.47 亿美元），占 1.11%；埃及 0.845 亿里亚尔（约合 0.23 亿
美元）。2003 年卡塔尔出口国家中，日本居首；如按地区排列，
阿拉伯国家以外的亚洲国家仍遥遥领先，阿拉伯国家位居第二，

美欧等西方国家排列第三。

1994 年，卡塔尔外贸进口国家主要是：西欧国家占 32%（其中英国占 32%，德国 20.7%，意大利 13.5%，法国 12.3%），阿拉伯以外亚洲国家占 30.1%（其中日本占 45%），阿拉伯国家占 16.7%（其中海湾合作委员会成员国占 86.3%），美洲国家占 13.3%。2003 年，卡塔尔外贸进口 178.26 亿里亚尔（约合 48.97 亿美元），进口来源中美国居首位，为 21.71 亿里亚尔（约合 5.96 亿美元），占 12.18%；日本第二，为 18.66 亿里亚尔（约合 5.13 亿美元），约占 10.47%；德国第三，为 17.2 亿里亚尔（约合 4.72 亿美元），约占 9.65%；英国 14.3 亿里亚尔（约合 3.93 亿美元）；意大利 13.26 亿里亚尔（约合 3.64 亿美元）；阿拉伯联合酋长国 11.87 亿里亚尔（约合 3.26 亿美元）；沙特阿拉伯 10.6 亿里亚尔（约合 2.91 亿美元）；韩国 8.83 亿里亚尔（约合 2.43 亿美元）；中国 6.05 亿里亚尔（约合 1.66 亿美元）；印度 5.61 亿里亚尔（约合 1.54 亿美元）；荷兰 3.39 亿里亚尔（约合 0.93 亿美元）；澳大利亚 2.94 亿里亚尔（约合 0.81 亿美元）；巴林 2.35 亿里亚尔（约合 0.65 亿美元）；瑞士 2.25 亿里亚尔（约合 0.62 亿美元）；西班牙 2.2 亿里亚尔（约合 0.6 亿美元）；马来西亚 2.15 亿里亚尔（约合 0.59 亿美元）；比利时 1.93 亿里亚尔（约合 0.53 亿美元）。2003 年，卡塔尔外贸进口国家来源按国家排列，美国居首；如按地区排列，则是西欧国家占首位，阿拉伯以外的亚洲国家占第二，阿拉伯国家为第三，美洲国家排第四。

2005 年，卡塔尔外贸进口国家排列为：法国 46.72 亿里亚尔，日本 42.63 亿里亚尔，美国 42.32 亿里亚尔，德国 33.62 亿里亚尔，意大利 23.65 亿里亚尔，阿拉伯联合酋长国 23.56 亿里亚尔，英国 20.96 亿里亚尔，沙特阿拉伯 20.93 亿里亚尔，中国 18.92 亿里亚尔，韩国 16.58 亿里亚尔，印度 14.12 亿里亚尔。

2005 年，卡塔尔对外出口国家与地区的排列为：日本 375 亿里亚尔，韩国 147.7 亿里亚尔，新加坡 76.58 亿里亚尔，阿拉伯联合酋长国 38.22 亿里亚尔，印度 32 亿里亚尔，中国台湾 23.81 亿里亚尔，泰国 18.94 亿里亚尔，中国大陆 13.69 亿里亚尔，美国 11.33 亿里亚尔，菲律宾 10.92 亿里亚尔。

据卡塔尔统计局和中央银行公布的材料显示，2007 年卡塔尔外贸出口的首要伙伴是日本，占总出口额的 40.6%，其次为韩国、新加坡、印度和泰国等；进口的首要伙伴是美国，占总进口额的 11.4%；其次是意大利，占 10.3%；日本第三，占 10.0%。

据国际货币基金组织贸易统计处材料，2002 ~ 2006 年卡塔尔对外贸易主要伙伴在进出口总额中所占百分比如表 4 - 7 所示。

表 4 - 7

单位：%

分 类	国 家	2002 年	2003 年	2004 年	2005 年	2006 年
出口国	日 本	46.7	46.0	41.9	36.9	39.8
	韩 国	15.8	18.5	15.8	19.4	18.6
	新加坡	9.3	9.5	9.1	8.2	6.4
	泰 国	3.4	3.0	2.8	2.9	4.1
进口国	法 国	4.2	3.3	26.6	11.4	13.3
	日 本	10.5	10.5	5.2	10.4	10.1
	美 国	13.0	12.2	9.5	10.3	9.3
	意大利	9.0	7.4	3.4	6.5	8.9

二 对外援助

向发展中国家提供经济援助系卡塔尔既定国策。自 20 世纪 70 年代卡塔尔实行石油国有化政策以来，国家经济实力不断增强，同时也开始了其对外援助的活动。

20 世纪 70 年代，卡塔尔官方对外援助相对较多。其中，1975 年一年提供外援达 3.39 亿美元。1980 年，卡塔尔提供对外援助 2.27 亿美元。20 世纪 80 年代，卡塔尔对外援助数额较前有所下降，1987～1993 年间官方公开对外援助总额仅 4 亿美元。1990 年，卡塔尔政府曾宣布免除 6 个阿拉伯国家（埃及、叙利亚、摩洛哥等）和 4 个非洲国家（几内亚、乌干达等）所欠债务。

20 世纪 90 年代以来，卡塔尔政府对发展中国家提供了数量较为可观的财、物等经济援助，尤其是对阿拉伯及非洲国家的援助。其中，伊拉克、巴勒斯坦、黎巴嫩等国获卡塔尔政府援助较多，第二位的受援国多为伊斯兰经济落后国家。21 世纪以来，卡塔尔积极参与国际社会抗震救灾等人道主义援助活动。2003 年，卡塔尔向战后的伊拉克捐赠 1500 万美元，作为伊高等教育基金，后又减免伊多年拖欠债务的大部分。2005 年，卡塔尔向美国飓风灾难捐款 1000 万美元。2008 年 5 月 12 日中国四川汶川等地发生严重地震灾害后，卡塔尔政府向中方提供 3000 顶帐篷及食品等援助。2003 年召开的援助阿富汗国际会议上，卡塔尔认捐了 5 亿美元。2009 年 1 月，卡塔尔在多哈举办的部分地区国家首脑会上，为巴勒斯坦加沙地带重建认捐了 2.5 亿美元。

除官方对外援助外，卡塔尔还有一些伊斯兰慈善组织，以民间组织渠道对外提供财物援助。

三　外国资本

卡塔尔独立前，外国资本控制卡塔尔石油开采、提炼和营销权，对卡塔尔国民经济起着主导性、举足轻重的作用。1974 年，卡塔尔实行石油国有化政策后，外国资本对卡塔尔国民经济的影响力急转直下。为了更好地发展本国石油天然气工业和基础工业，增强国民经济的活力，卡塔尔从 20 世纪 80

年代开始重新引进外国资本。除原有的银行、保险业等外国资本外，天然气生产领域的外国资本较雄厚，基础工业和加工工业中外国资本也较可观，商业界的外国资本正在不断渗入。

卡塔尔的投资条件与投资环境都较好，有人称之为"投资者的天堂"。卡塔尔自然资源丰富，已探明天然气储量 25.78 万亿立方米，居世界第 3 位；已探明石油储量 34 亿吨，居世界第 13 位。卡塔尔在埃米尔哈马德领导下，社会稳定，对外开放，经济等各个领域都在快速发展，吸引外国投资的目标较多。卡塔尔具有优良的医疗和教育设施，一流的空运和海运便于进入国际市场，货币可自由兑换，自由的移民与就业规定等，便利于外国投资的实施。卡塔尔政府推行的对外国投资的优惠政策（见随后介绍），对外国投资具有一定的刺激作用。

目前在卡塔尔的外国资本主要有：金融界 8 家外国银行所设分行的原始注册资本及如今运转的资金；4 家外国保险公司所设分行资本及运转资金；卡塔尔天然气公司和拉斯拉凡天然气公司股份中各有 35% 和 30% 的外国资本；卡塔尔燃料添加剂公司、多数石油化工公司和其他一些工业公司中，各有不同比例的外国资本。

在卡塔尔拥有资本的国际企业主要有：美国美孚石油公司等企业、法国道达尔石油公司等企业、日本能源和动力等公司、荷兰壳牌石油公司、丹麦马士基公司、挪威化工公司、台湾中华石油公司等企业。

四　对外经济管理

1. 对外经济主管部门与现行外国投资法规

卡塔尔对外经济的主管部门是政府财政、经济和贸易部，但对外援助工作还需同外交部等部门协调合作进行。财经和贸易部的经济事务局等机关负责卡塔尔对外贸易、外

国投资等事务的宏观调控与行政服务，具体事务则由各有关公司企业自己负责同外方直接联系、洽谈和签订合同。对外援助事务一般由内阁同外交部协商后，交财经和贸易部去落实援助款项和援助物资。

卡塔尔现行外国投资法规是 2000 年 10 月颁布的埃米尔第 13 号法令。其中，除卡塔尔方面为外国投资方提供优惠的条款外，针对外国投资方的规定主要有：

外国投资者无论是作为自然人还是作为企业法人（在卡塔尔政府允许直接投资的任何项目中有投资的人），都是非卡塔尔人；

外国投资者可以向卡塔尔国民经济中任何一个领域投资，其前提是必须有一个或多个卡塔尔合作伙伴，并且其卡塔尔合作伙伴的股份不少于 51%；

禁止外国投资者投资未经政府许可的房地产领域；

在上述规定范围内，外国投资者可以进行成立、经营和扩展公司所必需的一切活动。

2. 特殊的担保人规定

按卡塔尔法律规定和通常做法，凡欲在卡塔尔投资的外国方面必须在卡塔尔本地找到一家名为担保人的合作者，后者在新建公司中所占股份不能少于 51%；外国投资方与卡塔尔合作者注册资金均不少于 20 万里亚尔，并先行在卡塔尔银行开户，而且每年纯利润的 10% 要划入注册资金，直至使原注册资金增加 50% 为止。按此规定，外国人在卡塔尔经商、开公司、办企业均需有卡塔尔人作担保；如果没有卡塔尔担保人的签字，外国人搞经营所需办理驾驶执照、租房、开通电话和有线电视、引进劳工、个人出入境、经营项目报批等一切活动，都无法正常进行。故，外国人在卡塔尔投资的公司、商店或企业，从法律角度看都是同卡塔尔当地人合作的合资实体。

3. 优惠政策

20 世纪 80 年代后，为鼓励对外经济蓬勃发展，政府逐步放宽对外国同卡塔尔发展贸易及向卡塔尔投资的政策。卡塔尔政府鼓励对外贸易与吸收外国投资的主要政策如下。

（1）对同外国合资的公司给予 5 年免征利润税收的优惠，10 年内免收外国投资者收入所得税，外国投资方委派人员免征个人所得税；

（2）海关免税放行合资公司所需进口的设备、器杈及其零部件，免税放行卡塔尔市场不能提供而需进口生产所需原材料和半成品材料，且无定量的进口配额；

（3）在工业园区中为合资公司企业提供相对廉价的服务，如，提供先进的基础设施、廉价电费（每千瓦时 0.0178 美元）、低廉的工业用地租金（根据地区不同，每平方米每年 1～10 里亚尔不等）、试运作期间免征企业增值税等；

（4）外国投资者可自由将投资从卡塔尔转移到国外，或从国外转移到卡塔尔。

4. 近年来的新变化

长期以来，卡塔尔政府对外招商引资活动中，为保护国货、保证政府对资源和公司企业的控股权，总是着重偏向本国一方，外资控股比例一般不可逾越 50%。近年来，原有的政策原则虽依然如故，但具体做法上较前有所松动，更为灵活。

近年来，卡塔尔对外国人投资法进行修订，主要变动的是：若获卡塔尔经贸部特许，外国投资比例可超过合资总额的 49%；凡有卡塔尔政府参与的经济合作项目，无需另找卡塔尔合作者。外国投资者不能在卡塔尔购买土地等不动产，但可申请租用公司用地，1 次为期 60 年，还可申请购置家庭生活住宅土地和建筑。

2005 年 9 月，卡塔尔政府颁布法令，建立自由投资区，区内允许外国投资者自主经营，并在试营期内免税，享受原有对外

国投资者的各种优惠。近年发展的卡塔尔科技园就是一个自由投资区，目标是吸引世界高科技企业进驻，并同卡塔尔教育城的国际名牌大学研究部门相互合作，既形成1个商务、投资中心，也造就1个科研中心。已在该园落户的国际知名企业有：欧洲宇航防务集团、埃克森美孚公司、微软公司、劳斯莱斯公司、壳牌和道达尔石油公司。

第九节　旅游业

一　概况

卡塔尔具有良好的旅游资源：卡塔尔半岛三面临海，伸入阿拉伯湾，海岸线长达560多公里，周围100多个岛礁星罗棋布，风光旖旎秀丽；卡塔尔交通发达，航空来往旅客较多，年运客量逾百万人，国内公路网四通八达，往来方便；卡塔尔各地，尤其是沿海地区建有很多旅馆客栈、休养地点、文体娱乐场所和商业服务网点等旅游设施，可参观游览地点也较多，度假休闲条件舒适；卡塔尔保持的传统民族特性很耐人品味，而现代化的飞跃发展也较引人入胜。卡塔尔发展旅游业也面临一些不利因素，最主要的是夏季太过炎热，且历时较长。

卡塔尔旅游业起步相对晚一些，1989年才对外发放旅游签证。但近年来，卡塔尔旅游业发展较快，规模适中。据世界旅游组织统计，2001～2003年，卡塔尔旅游收入分别为2.72亿美元、2.85亿美元和3.65亿美元；同期到访卡塔尔的游客数量也较可观，分别为37.6万人次、58.66万人次和55.69万人次，后两年的游客量同卡塔尔当年全国人口数目接近。

近年来，卡塔尔政府越来越重视旅游业的发展，除努力开发旅游项目外，还不断投入巨资发展旅游设施，加大了吸引外国游客的力度。据统计，2004 年卡塔尔旅游收入约 5 亿美元。2005 年，卡塔尔接待游客逾 91 万人次，超出全国人口总数，旅游收入占国内生产总值比例由 2002 年的 0.2% 上升为 6%。2007 年，卡塔尔旅馆床位数已由 2004 年的 3706 张上升为 7393 张。

二 主要旅游城市与景点

1. 多哈

多哈是卡塔尔首都，系政治、文化、经济、交通运输与通信中心，还建有一个工业园区。凡到卡塔尔的游客必到多哈一游。多哈在历史上曾以贝达为名，长期是土屋建筑为主的小渔村，阿勒萨尼家族迁移定居到此，使之走上卡塔尔首都之路。卡塔尔独立后现代化加民族特色的建设，则为之带来巨变，由捕鱼采珠为主的小城镇变成繁荣新兴的现代化城市。至今，多哈还在不停地迈着现代化建设的步伐，每天都有新的建筑出现。

美丽的多哈城濒临卡塔尔半岛东海岸中部，且环绕一个新月形小海湾。其海滨大道两侧既排列富有民族特色的王宫与政府机构等建筑，又有规划得体的大众公园、绿地，吸引当地人和游客光顾驻足。多哈城内与海边的高级旅馆、疗养场所较多，餐厅与商业网点比比皆是，为游客在卡塔尔食宿、采购和休闲的最佳地点。国际上有名的高级旅馆，如希尔顿、喜来登、洲际、玛丽奥特、四季等系列旅馆，均在多哈建有连锁店。多哈体育设施发达，举办各种体育运动比赛较多，吸引游客数量可观，2006 年多哈亚运会期间尤为如此。

多哈海滨大道中部有一处较大的街心公园，名为贝达公园，里面建有几处反映海湾阿拉伯国家传统习惯和历史的艺术雕塑。尤其是那大型的蚌壳含珠雕塑，使人油然追忆卡塔尔那难忘的采珠捕鱼为生的过去。该公园既是多哈居民节假日的休闲之地，也

是大型露天庆典活动重要场所之一。

城市对面、多哈小海湾中央的椰林岛，仅2.5万平方米。岛虽小而四季常青，椰枣树生机盎然，象征阿拉伯人在炎热与荒漠中的顽强生命力。小岛由卡塔尔国家旅馆管理局经营，游客可乘坐卡塔尔传统的三角帆船式的渡船，在多哈城与小岛之间往返。岛上有美丽的沙滩、水上运动场、儿童游乐场以及风情万种的餐厅，还有供游客自助的野餐场所。从小岛眺望多哈城夜景非常迷人，常为游客在多哈的游览节目之一。

多哈不容遗漏的参观地点有：卡塔尔国家博物馆（由老王宫改建，位于多哈海滨大道东端，馆内陈列卡塔尔古迹文物，还有卡塔尔地理地质历史馆、介绍卡塔尔海产资源的小水族馆、一个陈列卡塔尔传统木船的小湖，开馆时间为周日至周四上午9～12时、下午4～7时）；民俗博物馆（系1935年兴建，其通风塔建筑风格独特，四面临风）；邮票博物馆；武器博物馆（位于多哈市郊，开馆时间每天上午9～12时、下午3～6时）和库特古城堡（19世纪土耳其奥斯曼帝国驻军的兵营遗址，建于1880年，现为传统手工艺展览馆，免费向公众开放）。

多哈还有动物园可供选择参观。该动物园设计精美，拥有来自世界五大洲的动物，立牌书写各种动物的产地、生活习性与特点等详细介绍，是孩子们增长知识的乐园。动物园是市政事务与农业部拨款建造并管理的单位，临近多哈工业园区和哈利法体育城。

多哈四环大道附近的欧麦尔清真寺，是穆斯林顶礼膜拜之处。该寺建筑面积3214平方米，广场面积1100平方米；上下两层礼拜殿分别可容纳2000和3000名男性穆斯林做礼拜；上、下层各有一个用木制屏风隔开的女性礼拜处，可分别容纳350名和400名女性穆斯林做礼拜。

多哈海滨大道南端是多哈湾的南岸，那里是多哈深水港所在地。多哈港南侧有一片专供私人使用的码头，停放各种游艇，是富人海上豪华享受的出发地。多哈港北侧有一个小型渔码头，附近有露天海边鱼市，供应新鲜鱼虾。港区外有一个以捕鱼、采珠为业的小渔村，传说曾是历史上海湾地区海盗活动中心。

多哈海滨大道北端也是多哈湾的北岸，这一区域几乎集中了多哈所有已建和在建的摩天大楼，属档次最高、楼层最高的新城区。喜来登、希尔顿、洲际、四季等五星级宾馆皆坐落这里。

2. 沙哈尼耶 （Al Shahaniya）

沙哈尼耶位于多哈西 35 公里处，属内陆城镇。该地以驯养骆驼与举办骆驼比赛而闻名，在其附近有一个以阿拉伯羚羊养殖场为主的自然保护区可供参观。阿拉伯羚羊曾一度灭迹，经卡塔尔人保护野生动物的努力，才使它们重新出现并繁殖兴旺，值得一看。羚羊养殖场附近的骆驼比赛场规模较大，其骆驼跑道长几公里，需用大喇叭进行调度、加油鼓劲。骆驼比赛主要在较凉快的几个月进行，避免室外酷热肆虐。卡塔尔产阿拉伯单峰骆驼，骑手们乘坐驾驭不易。伴随着刺激性较强的阿拉伯音乐，参赛者在沙尘飞扬的跑道上竞相狂奔，场景较为壮观，也使观看的人们印象深刻。

3. 乌姆赛义德

乌姆赛义德系卡塔尔以石油出口为主的工业城市，位于多哈南 45 公里处。该地临海，海边沙滩细软，属卡塔尔最佳的海滩，建有品位高档的疗养度假村。而且，该城市附近的沙堆是良好的天然滑沙场地。

4. 沃克拉 （Al Wakrah）

沃克拉位于多哈南 17 公里处，这是个海岸渔村，并有一些老式清真寺和古代传统建筑，还有一个小型博物馆，很有特色，值得参观。博物馆的陈列品与文字介绍，均同海上生活及自然历史有关。沃克拉海边沙滩质地较好，亦是海边游泳的良好场所。

5. 乌达德 （Al Udaid）

乌达德位于多哈南 60 多公里处，其最吸引游客的去处是该地的乌达德咸水湖，荒漠出平湖尤为游人喜爱。该湖是卡塔尔半岛毗邻沙特阿拉伯的沙漠地区内的一个内陆湖，其出海口狭长弯曲，直通阿拉伯海湾。另外，该地区以建有美国海外大型军事基地而闻名于世，留有美国对伊拉克战争的历史印记。

6. 豪尔 （Al Khor）

豪尔是海边城镇，位于多哈北 60 公里处，建有极具吸引力的海滨大道和一系列度假村。镇内有许多篮子状的环形路，路边有水井、瞭望塔、独桅帆船、温室草木等一些特色风光。值得参观的地方有卡塔尔闻名的瞭望塔、一些古建筑和一个小博物馆。两层建筑的小博物馆主要陈列当地考古发掘的古代文物。

7. 祖巴拉 （Al Zubara）

祖巴拉位于卡塔尔半岛西北部海岸，多哈西北 105 公里处，是卡塔尔历史名城，曾被古代希腊航海家视为卡塔尔代名词，也是 18 世纪的大贸易市场。200 多年前为现今巴林统治家族哈利法家族的发祥地，也是其同卡塔尔现今统治家族阿勒萨尼家族反复争夺之地。哈利法家族主体迁往巴林后，曾长期把祖巴拉列为其领地，卡塔尔于 1937 年将其夺回后才完成国土的完整与统一。21 世纪初，两国领土分歧化解后，祖巴拉被确认为卡塔尔领土。该地区有一座四方形古城堡，后由边防警察所改建成博物馆，在博物馆附近 2 公里处还留有一些古代海岸工事遗迹。祖巴拉博物馆免费开放，每周五、六两天闭馆。

8. 乌姆萨拉勒阿里 （Umm Salal Ali）

该地区位于多哈西北 27 公里处，是卡塔尔存在古墓遗迹的地区。所有的墓葬均可追溯到伊斯兰教兴起之前，多数已经历了 3 个千禧年的沧桑，是考古爱好者参观卡塔尔的首选。由于历史古迹的存在及考古、参观活动的兴起，附近的乌姆萨拉勒村逐步发展成了卡塔尔一个名镇。该地区还有一座历史较悠久的军民两用的古堡，内外建筑风格富有特色；一个名为巴尔赞（Barzan）的塔（离多哈 21 公里），属于 19 世纪建筑，这个 3 层长方形塔的外部建有台阶通向塔的顶层。

9. 几个古堡

莫瓦布堡（Murwab Fort）位于杜汉城北 15 公里处，建于公元 9 世纪阿拔斯王朝时期。其周围分散着 5 片居民建筑，共有 250 户住宅和 2 座清真寺。

拉基亚特（Rakiyat）堡，位于多哈北约 110 公里处，属于 19 世纪末 20 世纪初建筑，建有 3 个长方形角塔和 1 个圆形塔，为海湾地区典型的军事城堡。

瓦吉巴（Al‐Wajbah）城堡，位于多哈南部约 15 公里处，建于 19 世纪。1893 年，这里曾发生阿勒萨尼家族的第二代卡塔尔酋长卡赛姆带领军民战胜奥斯曼土耳其帝国军队的著名战役。该城堡呈方形，四周各有一个瞭望塔或箭楼。阿勒萨尼家族第 3、4 代卡塔尔酋长曾将此堡作为行宫使用。

10. 石灰岩洞

卡塔尔原有 3 个岩洞可供参观，现在已经不列在旅游手册上了。据记载，这 3 个洞的概况如下：

离多哈 7 公里处有个鸽子洞，洞口圆周约为 51 米，由 16 级石梯通往洞内。洞深约 9 米，洞底圆周约 9 米。洞底部有浅浅的水池，周边岩石有许多石缝，其深度至今不得而知。该洞常有野鸽营巢作窝，因此被称为鸽子洞。后因该洞蝙蝠较多，又有人称之为蝙蝠洞。

离多哈 26 公里处还有一个露真洞，该洞呈新月形，洞深约 42 米，洞穴周长约 36 米，洞壁石块是白色的，洞底很潮湿。

幽暗洞是个宽大、多水而又阴暗的洞穴，倾斜的洞壁又窄又长，用灯光照明才能下去。有 1 块大石头斜入洞里，堵住洞底。

三 旅游须知

到卡塔尔旅游需办旅游签证，需要有卡塔尔的担保人（亦可指定当地宾馆或机构担保）代为向移民局申请办理，通常需要一周时间才能办妥；签证一次所给停留期为 14 天；首次签证期满后，可一次性办理 14 天的延长停留期。如旅行者持有海湾合作委员会成员国任何一国的居民证或居留签证，则可在抵达卡塔尔后办理落地签证，亦可获 14 天停留期。凡逾期滞留的游客，将被课以 200～500 里亚尔的罚款。持旅游签证者，不得在卡塔尔境内打工或从事与签证身份不符的非法活动。

到卡塔尔的其他入境签证，均需要有卡塔尔担保人或担保单位代为申请办理，除商务签证外都由卡塔尔内政部颁发。商务签证，由在卡的担保方公司或指定机构代为向移民局机场签证处申请办理，通常需一个工作日办理时间；一次签证给予 14 天停留期，期满可办理 3 个月的延长期。工作访问签证，由卡塔尔内政部颁发，在卡的担保人负责交纳所需费用并领取签证。探亲访友签证，由卡塔尔内政部颁发，在卡的担保人负责交纳所需费用并领取签证；逾期滞留每天需交纳 200 里亚尔罚款；逾期前每月付 200 里亚尔则可办理延期手续，最多可延长 6 个月。多次入境签证由卡塔尔内政部颁发，由在卡的担保人负责交纳所需费用并领取签证。一年或一年以上的工作签证，也由卡塔尔内政部颁发，在卡的担保人负责交纳所需费用并领取签证。

卡塔尔海关规定，严禁携带任何含酒精饮料入境；严禁携带任何猪肉类食品入境；严禁携带任何枪支弹药入境；严禁携带任何药品入境（个人用处方药除外）。入境时大小行李及随身携带物品均需经 X 光机检查，如有违禁物品，立即予以没收，并对当事人处以罚款或拘留审查。另外，海关还规定入境者携带纸烟不得超过 800 支、雪茄限 100 根、烟叶限 500 克、香水限 250 毫升。

卡塔尔属伊斯兰教教规较严格的国家，外国公民需注意尊重并遵守当地的伊斯兰风俗习惯。例如，注意在公共场所的着装，女性尽可能避免穿超短裙、无袖或透明衣服，男性避免穿短裤和背心；男女之间在公共场所注意举止，不宜有过分亲昵的举动，以免被视为不尊重伊斯兰教教规而被拘留；拍照时注意不要在未征得同意情况下拍当地人，尤其是妇女儿童；购买或饮用酒类饮料，必须在被当地批准或指定的地点（宾馆、饭店或酒吧），酒后驾车者可被判重刑。此外，在穆斯林斋月期间到卡塔尔旅游，日出至日落期间，不能在公共场所吃喝，服装要庄重，男女间不握手。

卡塔尔安全部门对出入境管理严格，内政部对每个国民和长期居留的外籍人都采取留有指纹和齐全的档案等措施，故而社会秩序稳定，治安状况良好，较少有各种犯罪行为。宾馆旅游指南称，卡塔尔属世界上最安全的国家之一，少有盗贼，夜行无忧；一旦遇到意外，可拨打报警电话 999。在卡塔尔需注意行车交通安全。例如，卡塔尔车辆质量普遍较好，车速较快，易发生交通事故，需谨慎驾驶；在卡塔尔车辆靠右行驶，市内街道很少设有红绿灯，转盘广场较多，通过转盘时须礼让转盘内左方车辆先行；多哈市区有些路段设有电子监控系统，还有移动雷达测速设备，须严格遵守交通规则，以免受到严厉处罚。

卡塔尔公立和私营医疗机构较多，医疗条件都较好，技术水平较高。公立社区诊所和医院主要面向本国公民和获准长期居留者，卡塔尔公民和合法长期居留者均享受带有一系列医疗补贴的医疗卡服务，前者卡费每年象征性地缴纳 100 里亚尔（折合 230 元人民币），后者卡费每年缴纳 200 里亚尔。非卡塔尔公民或无长期居留权者，看病就诊不享受医疗补贴，主要去收费较高的私

卡塔尔

人诊所和医院。但是，公立哈马德医院急诊部免费收治急诊病人，患者可凭护照或其他身份证件前往就医。

到卡塔尔旅游，如有可能，在出行时间上要有所选择。由于卡塔尔夏天酷热，春天和冬天常有沙尘暴肆虐，故而最佳旅游时间为 10 月至 11 月、4 月至 5 月初两个时段，此时风和日丽、气候宜人。

卡塔尔机关与商店作息时间每天分为两段：上午 8、9 时至 12 时；下午夏季 3、4 时至 8 时，冬季 3、4 时至 6、7 时。如今一些西方化购物中心，开门时间都定为上午 9 时至晚上 9 时。卡塔尔的银行，工作时间为早上 7 时 30 分至下午 1 时，周五、周六两天休息。

卡塔尔所有电话均为 7 位数，座机电话号码以 4 开头，手机号码以 5 开头。卡塔尔寄平信，国内各地邮资均为 0.5 里亚尔，阿拉伯国家为 1.5 里亚尔，南北美洲与澳大利亚为 3.5 里亚尔，其他欧、亚、非洲国家均为 3 里亚尔（约合 7 元人民币）。卡塔尔乘坐出租车的费用，白天多哈城内每公里 0.5 里亚尔，外地每公里 0.75 里亚尔，晚上 9 时至凌晨 5 时则加倍。

卡塔尔民用电压为 240 伏。

四　旅游业的发展

进入 21 世纪以来，卡塔尔旅游业有了新的发展。2000 年，卡塔尔新设立了卡塔尔旅游管理局，局长由国营卡塔尔国家旅馆公司总裁兼任。同年，卡塔尔旅馆入住率平均为 80%。2004 年 11 月，卡塔尔被授权举办 2006 年亚洲运动会后，随即开始建设一个投资 7 亿美元的体育城。另外，政府为此次亚运会筹备工作、体育设施装修改进、先进设备引进等拨款 20 亿美元，以确保其体育设施等和技术条件符合奥林匹克标准。此举也大大刺激了国家旅游业的发展，2005 年卡塔尔接待游客总数同比增长约 25% 就是最好的例证。

　　2004 年 5 月，卡塔尔政府计划动用 150 亿美元投资旅游事业的发展，新建一批海边度假村或疗养所，以及拥有 2550 个房间的豪华酒店，还建一些生活样板城、文化设施和国际标准的运动场所。有关生活样板城中第一个项目工程划地 320 万平方米，预算投资 20 亿美元，提供 7600 套高级公寓、3 个豪华酒店、4 个游艇停泊港（可停靠 700 艘游艇）和一批社会与娱乐设施。第二个项目工程在 2005 年年底动工，兴建一批新旅馆、度假村、两个高尔夫球场和一批别墅型公寓。该旅游发展计划还包括动用 25 亿美元扩建多哈新国际机场。有关旅游文化项目由国家文化艺术和遗产委员会主管，其中有兴建伊斯兰艺术博物馆、国家图书馆及改建国家博物馆等工程。2007 年 5 月，卡塔尔旅游管理局对全国所有旅馆进行了新型的等级划分，旨在增加服务质量的透明度。

　　2000 年 10 月，为发展旅游业，卡塔尔颁布新的外国投资法，允许外国独资公司在卡塔尔兴建旅馆和旅游设施。同时，允许在卡塔尔的高档餐厅、饭店及部分经选择的俱乐部出售并享用酒类饮料。

第十节　国民生活

　　独立以来，卡塔尔政局相对稳定，经济蒸蒸日上，社会秩序井然。卡塔尔不仅人均国民收入长年居世界前列，而且政府重视百姓福利，有关待遇较好，故国民生活安宁富裕。

一　物价

　　卡塔尔物价曾在较长时间里相对平稳，涨幅有限。1999～2003 年间，卡塔尔物价上涨指数平均为 1.7%。

然而，2004 年和 2005 年情况开始大变，物价上涨指数分别为 6.8％和 8.8％。2006 年物价上涨为 11.8％，为 20 世纪 70 年代以来物价上涨指数的高峰。据卡塔尔中央银行统计，2003～2007 年期间，物价上涨指数平均为 8.5％，2007 年第 3 季度则高达 13.5％，突破历史最高水平。卡塔尔近年物价飙升的原因，首先是房价上涨幅度大、速度快。2004 和 2005 年，房价上涨率分别为 16.2％和 26.3％。房价上涨与近年石油、天然气、化工和基建项目发展过多过快有关。这些项目上马过快且集中，招致大批外国公司人员和外籍劳动力的涌入，对租赁、购房形成较大的冲击，刺激了房价的攀升。其次，美元贬值也是一个因素。卡塔尔坚持本国货币对美元比价固定在 1 美元＝3.64 里亚尔，20 多年不变，里亚尔与美元贬值同步运转，进口商品随之涨价，刺激了国内市场价格上升。此外，大幅增加工资引起物价反弹。面对物价飞涨，政府为官员增加工资，各企业单位也竞相为自己员工增发薪水，有的年增幅为 11％，有的卡塔尔雇员工资增幅甚至高达 25％，对抑制物价带来负面影响。

针对物价上涨问题，卡塔尔政府采取了一系列平抑措施，诸如中央银行限定各银行贷款利率不动，限定住房价格上调不得逾越 10％，减免钢筋、水泥等建材的税收，为面粉类食品提供补贴，政府兴建外籍劳工居住的劳工城等。这些措施，加上外籍员工涌入高峰已过，物价攀升势头趋于转缓。此外，尽管近两年卡塔尔物价上涨指数偏高，而基本服务费用和日常必需品的涨价幅度还较有限。例如：2005 年食品、饮料和烟草商品价上调率为 3.1％，成衣和鞋袜价格下调了 2.7％，交通运输与通信费用则上调了 3.9％。

据卡塔尔中央银行和政府发展计划总秘书局统计，2002～2006 年卡塔尔国内消费价格与 1998 年相比的变化指数，如表 4－8 所示。

表 4 - 8

单位：%

	2002 年	2003 年	2004 年	2005 年	2006 年
消费价格变化率	100. 24 0. 20	102. 51 2. 0	109. 48 6. 8	119. 13 8. 8	133. 23 11. 8
食品、饮食、烟变化率	101. 21 - 1. 7	100. 86 - 0. 3	104. 22 3. 3	107. 48 3. 1	115. 36 7. 3
服装与鞋变化率	98. 3 - 4. 6	96. 77 - 1. 6	104. 6 8. 1	101. 81 - 2 7	114. 46 12. 4
家具变化率	97. 13 - 5. 3	98. 61 1. 5	101. 91 3. 3	106. 45 4. 5	110. 87 4. 2
租房、能源变化率	101. 75 13	120. 07 18	139. 55 16. 2	176. 19 26. 3	221. 91 25. 9
交通运输变化率	101. 06 - 2. 5	92. 59 - 8. 4	95. 98 3. 7	99. 71 3. 9	101. 56 1. 9
医疗服务变化率	97. 81 3. 5	100. 36 2. 6	98. 93 - 1. 4	103. 34 4. 5	104. 55 1. 2
教育文化变化率	95. 9 - 1. 2	99. 35 3. 6	102. 27 2. 9	102. 16 - 0. 1	104. 53 2. 3
其他商品与服务变化率	105. 24 - 0. 3	105. 98 0. 7	110. 34 4. 1	114. 89 4. 1	130. 51 13. 6

　　卡塔尔政府重视国内物价稳定和百姓安居乐业，有关政策始终顾及有限收入者。就公民和居民总体而言，均享受政府对供水、供电、汽油与天然气等物价补贴。电费每度 1. 7 美分，燃气费 0. 7 美分/立方米，水 1. 2 美元/立方米（海水淡化费成本为 1. 5 ~ 2 美元/立方米）。

　　到卡塔尔自费旅游住宿普通旅馆，在 2003 年前每人每日餐宿开支约 165 里亚尔（单身）或 115 里亚尔（夫妇）。其中，住宿（含早餐）125 里亚尔（单人间）、150 里亚尔（双人间），中、晚餐费各 20 里亚尔/人，若用快餐类则为 10 ~ 15 里亚尔/人。2004 年后，卡塔尔旅馆住宿费飞涨，仅 2005 年一年中就上涨 60%。卡塔尔参观景点要么不收费，收费也控制在 15 里亚尔（约 30 元人民币）以内。

二　就业

塔尔本国人基本不存在就业困难问题，本国劳动力远远少于实际需求。按 2004 年官方统计，全国人口共 744029 人（其中男性 496382 人，女性 247647 人），而本国人仅 18 万人左右。

卡塔尔就业人员基本分为政府公职人员和经济类职工两大类。前者本国人占多数，不少于 60%；后者则以外籍人为主，占少数的本国人多为企业的主管或高级职员。2004 年，卡塔尔全国经济类就业人员总数 437561 人，其中本国人仅 50282 人，占 11.5%；余为外籍人，占 88.5%。按各经济类从业人数划分，社团和私人家政服务业 149526 人，建筑业 117049 人，商业、旅馆与餐饮业 64718 人，工业 40039 人，矿产业 17997 人，金融、保险业 16625 人，交通运输和电信业 15218 人，农牧渔业 12025 人，水电和燃气业 4364 人。

卡塔尔政府为鼓励就业，建有不少职业培训中心类机构，为本国人和外籍人提供更好的就业机会。

卡塔尔原不鼓励也不禁止女性从事社会工作。近年来，这一做法有所改变，既允许女性从政，也鼓励女性参加社会工作。2005 年，谢哈·宾特·艾哈迈德女士被任命为教育大臣，系卡塔尔妇女政治地位的历史性突破。该女大臣在 2007 年政府改组中，由新首相提名经埃米尔批准，继续留任。

三　居住条件

塔尔政府高度重视全国各界的住房问题和居住条件，尽力使本国公民人有其房、安居乐业；甚至连外籍劳工的居住事宜也在考虑之中。政府专门设有住房局，在民事服务和住房部领导下，规划运筹全国各界住房事宜，并为有限收入者提供免费住房或资助其建房。

卡塔尔政府为其官员和公民提供的住房优惠，属当今世界所罕见。政府为各级官员建有不同规模的现代化住宅区，其中高级官员还可免费享受别墅式豪华住宅。迄至 2000 年，这类高级官员住房已达 4200 套。除此之外，政府为普通官员建有统一的标准公房。这类公房均统一标准为一层或两层的住宅，占地面积为960 平方米，含有起居室、餐厅、客厅、厨房、储藏室、车库和庭院各 1 个以及 4 间卧室，另加其他必需的设施。

按有关规定，凡卡塔尔籍公民年龄在 20 ~ 50 岁的已婚者，无房且未获得任何住房便利的收入有限者，均可申请享受免费公房或政府资助其建房。由政府资助建房的受益者，可免费获得约700 ~ 1000 平方米的房基地；一笔无息建房贷款，其中 60% 分20 ~ 25 年期从工资中扣除；政府有关方面提供建筑设计、施工、供水、供电和排水等项目的免费服务，并保证新建房屋符合卫生与防火条件。资助建房受益者如果在还清建房贷款前丧失劳动能力或死亡，其本人或家属无需继续偿付所欠余款。此外，卡塔尔政府还为每套公房或资助建房提供价值 2 万里亚尔的家具费。

2005 年前，卡塔尔政府平均每年负责提供公房、资助建民房数不足 1 万套。而 2005 年，卡塔尔政府批准了 15 万户公房与资助建房申请，为有史以来数量之最，超过以往 10 年的总和。

及时解决公房与资助建房的同时，卡塔尔政府也抓紧其他居民住房建设，2005 年就筹建 350 套别墅与数千套公寓，以满足各方居民日益增长的住房要求。2008 年 4 月，卡塔尔政府经长期考虑，决定动用 40 亿里亚尔，在多哈工业园区附近开工兴建"劳工城"，以缓解近年来迅速增长的外籍劳工住房问题。据报道，该建设项目按现代化国际标准设计和施工，计划两年内完工

并交付使用，届时这 60 多栋公寓可安置约 5 万名外籍劳工居住。该"劳工城"内建有各种配套的生活设施，诸如商店和超市、加油站和洗车场、餐厅和咖啡馆、运动场和健身房、清真寺等，还将设立有关的管理与服务机构。

近年来，卡塔尔天然气、石油工程项目的快速发展，带来外国公司人员与劳工的涌入，加之频繁举行大型国际活动的人员往来，对租用别墅、公寓的需求大幅增加，使卡塔尔的房租价格飞涨。2006 年卡塔尔举办亚运会期间，多哈房租价格曾比 2004 年翻了一番。为避免过大的风波，针对近年房价上涨率出现 16.2% 和 26.2% 的状况，卡塔尔政府及时规定出租房屋加价不得逾 10% 的比例。

四　福利与税制

1. 福利

卡塔尔公民享受一系列的各种福利待遇，可谓包揽世界福利大全。除了住房优惠和政府对水、电、燃气等提供补贴外，还实行免费教育，包括在职人员脱产培训。

卡塔尔公民原享受免费医疗，还惠及外籍居民。后来，医院和诊所承受的压力过大，浪费过多，卡塔尔政府被迫实行改革，将医疗保险与医疗补贴相结合作为医疗保障的基本做法。目前，卡塔尔公民办理每年缴纳 100 里亚尔的医疗卡，即可享受免费医疗待遇；外籍人需获有长期居留证才能办理医疗补贴卡，每年交 200 里亚尔，即可享受一系列医疗补贴；无长期居留证者则不能享受医疗补贴，但有急病时可到公立哈马德医院急诊部免费就医。

卡塔尔政府社会服务事务与住房部下属的社会事务局负责保障孤儿、寡妇和失去劳动能力的老人的基本生活需求。2000 年，该局为 5767 人分发 6220 万里亚尔，人均 1 万余里亚尔。此外，卡塔尔还有一些宗教慈善机构，向贫困家庭与个人提供资助。

2. 税制

卡塔尔不收个人所得税，只对外国公司在卡塔尔企业中所占股份的利润抽税，而且有关税率逐步下调，由最多不超过 50% 下调至 35% ，近又改为 12% 。

卡塔尔海关对普通货物征税的比率为 5% ，钢铁征税 20% ，尿素和氨水征税 30% ，烟叶及烟制品征税 100% 。

第五章

军　事

第一节　概述

卡塔尔独立以后，摆脱了原为英国保护国的地位，建立起本国独立的军队和国防力量。长期以来，卡塔尔最高当局始终高度重视其武装部队的建设，视之为巩固政权的重要支柱。宪法规定国家元首埃米尔兼任武装部队总司令，现任埃米尔还兼任内阁国防大臣，直接掌控军队。在埃米尔关注与主持下，卡塔尔军队不断有所发展，人员逐步增加，装备及时更新，实力较前增强，为保卫国家安全利益发挥了重要作用，并为地区和平与安定作出了一定的贡献。

一　建军简史

卡塔尔军队前身是阿勒萨尼家族武装和英国殖民统治时期的治安部队。1971 年 9 月独立后，卡塔尔着手重新组建了本国的独立武装力量，分别建成正规军和准军事武装的治安部队。由于埃米尔当局高度重视国防与军队建设，加之地区形势的风云变化，卡塔尔武装力量在 30 多年时间里取得了明显发展。军队总兵力由独立筹建时的数千人，发展成如今的 1.24

万人；部队装备由单兵武器为主，演变成重武器占较大比例；建军初期只有单一兵种陆军，现已扩展为陆、海、空三个军种齐全的合成部队。与此同时，作为准军事部队的治安力量也实力大增，人员总数已达 1 万多人，装备不断现代化。

卡塔尔军队建立以来，一直遵循本国宪法规定，坚持摒弃进攻性战争而努力捍卫国家主权利益的宗旨。虽然未大规模经历过战争硝烟的考验，但在同邻国发生领土争端和派小分队出国作战中经受了一定的军事行动的检验。卡塔尔为海湾合作委员会成员国，其军队积极参与了该组织旨在联合防御的努力，陆、海、空三军均有分队参加海湾合作委员会组织的联合军事演习。卡塔尔军队除在本国担负国防使命外，还曾于 1991 年派小分队参与了解放科威特的战争行动，此后，在海湾合作委员会联合机动部队"半岛之盾部队"中派有常驻分队。为显示对地区和平作贡献，卡塔尔在 2006 年黎巴嫩与以色列武装冲突后，曾表示愿派 200 名军人小分队参与黎巴嫩南部维和行动，后向联合国驻黎巴嫩维和部队派出一支由 206 名军人组成的分队。

二 国防体制

卡塔尔武装部队由正规军和准军事力量的治安部队组成，国家元首埃米尔任武装部队最高统帅——总司令，王储兼任副总司令。正规军分为陆、海、空三个军种，统属国防部（总司令部）领导，现任埃米尔兼任国防大臣。准军事部队由多种警察部队等组成，行政上归属内政部领导。但是，警察部队中的快速机动打击部队直属埃米尔调遣。埃米尔下设国防安全委员会，由埃米尔任主席，王储、首相、内政大臣、外交大臣等人任委员，组成最高国防安全决策机构。

卡塔尔正规军总司令部是国防部，通过军队总参谋部统帅陆、海、空三军部队。总参谋部既是埃米尔统帅军队的办事机构，也是卡塔尔军队的最高军事指挥机关。总参谋部设总参谋长一人，秉承埃米尔的指令领导卡塔尔军队。总参谋部机关设作战、训练、装备和后勤等部门。陆军部队不设单独的司令部，直属总参谋部；海、空军设有各自的司令部，但接受总参谋部的领导与指挥。卡塔尔军队最高军衔为少将。

卡塔尔治安部队原无统一的司令部，警察快速机动打击部队单设司令部，其他警察分属公安总局、首都警察局等内政部下属职能局领导。近年来，卡塔尔所处地区形势变化对其国内安定有一定的影响，2005 年 3 月曾发生一名埃及侨民在多哈剧院门外制造自杀性爆炸事件，疑为海湾地区"基地"组织的恐怖袭击活动。卡塔尔迅速采取加强防范措施，在建立国家安全局的同时，将警察武装统一编成内部治安部队，或称内卫武警部队。内部治安部队行政上仍属政府内政部领导，但归埃米尔兼武装部队总司令统一调遣。内部治安部队最高军衔为准将。

现任埃米尔兼武装部队总司令和国防大臣为哈马德·本·哈利法·阿勒萨尼少将；现任王储兼武装部队副总司令为塔米姆·本·哈马德·阿勒萨尼；现任军队总参谋长为 2005 年 4 月上任的阿卜杜·拉赫曼·本·沙乌德·阿勒萨尼（Sheikh Abd Rahman Bin Saud Al Thani）。

三　国防预算

卡塔尔国防与安全预算在 2004 财政年度为 75 亿里亚尔，约合 20.6 亿美元。此预算使军队与安全武装人均开支相对较高，约合 8.5 万美元/人。

卡塔尔纯国防预算原占国家总开支的比例相对稳定，在 9% 上下浮动。如 1994 年国防开支占国家总开支 9.4%，合 3 亿美元；1995 年占 8.9%，合 3.3 亿美元。但 20 世纪 90 年代后期以来，卡塔尔历年国防与安全的开支数额呈直线上升的状况，且在国家总开支中所占比例居高不下，在 30% 左右浮动。据伦敦战略研究所《军事力量对比》年鉴等权威方面统计，卡塔尔国防与安全预算在 1998 年为 49.98 亿里亚尔（合 13.73 亿美元），占国家总开支 29.45%；1999 年为 53.44 亿里亚尔（约合 14.68 亿美元），占国家总开支 30.74%；2003 年为 70 亿里亚尔（约合 19.23 亿美元），占国家总开支 30%；2004 年为 75 亿里亚尔（约合 20.6 亿美元），占国家总开支 26.45%；2005 年为 80 亿里亚尔（约合 21.98 亿美元），占国家预算总开支 36.85%。2006 年卡塔尔国防与安全预算为 85 亿里亚尔，约合 23.35 亿美元。

四 国防科技和国防工业

卡塔尔国小人少，军队规模有限，独立又较晚，故国防科技相对滞后，国防工业基础几乎没有。其武器装备来源主要靠从国外进口，本国无军工生产单位，仅在军队中建有一些装备维修、保养单位。

第二节 军事实力、编成和装备

卡塔尔军队现有总兵力 1.24 万人，其中陆军 8500 人，空军 2100 人，海军 1800 人。卡塔尔军队总兵力中，仅 30% 为土生土长的本地人，其余均为外籍招募人员。

一 陆军

1. 陆军兵力

陆军兵力为 8500 人，占总兵力的 68.5%。

2. 陆军编成

陆军有 2 个旅共 13 个营的作战部队。其中，1 个野战装甲旅辖装甲营、机械化步兵营和炮兵营各 1 个；1 个皇家警卫旅（团）辖 3 个步兵营；另有 4 个独立机械化营、1 个特种部队营和 2 个炮兵营。

3. 陆军主要装备

主战坦克 30 辆，均为 AMX－30 型；

各型装甲车约 350 辆，其中 AMX－10P 型步兵战车 40 辆，蝰蛇 ER－9 型装甲侦察车 20 辆，突击队员 V－150 型装甲侦察车 8 辆，AMX－10RC 型装甲侦察车 12 辆，"雪貂"式装甲侦察车 12 辆，VBL 型装甲侦察车 16 辆，食肉鱼（Piranha）－2 型步兵装甲输送车 36 辆，AMX－VCI 型装甲人员输送车 30 辆，VAB 型装甲人员输送车 160 辆，"法赫德"式装甲人员输送车 10 辆，其他型号装甲车数辆；

各型火炮 89 门，包括 MK 式 F－3 型 155 毫米自行榴弹炮 28 门，G－5 型 155 毫米牵引式榴弹炮 12 门，多管火箭炮 4 门，120 毫米迫击炮 15 门，81 毫米自行迫击炮 4 门；

各型反坦克导弹发射架 148 部；其中"米兰"式 100 部，"霍特"式 48 部。

二 空军

1. 空军（含防空部队）兵力

空军兵力为 2100 人，占总兵力 17%。

2. 空军主要编成

空军有 1 个战斗机中队、1 个运输机中队、1 个武装直升机中队和 1 个运输直升机中队，分驻首都多哈和加利亚（Ghariyeh）两个空军基地。

3. 空军主要装备

各型作战飞机 18 架，其中幻影 – 2000ED 型 12 架，幻影 – 5 型 6 架；

各型运输机 8 架，其中波音 707 型 2 架，波音 727 型 1 架，空中客车 340 型 1 架，火神（Falcom）900 型要人座机 3 架，诺曼 BN – 2 型 1 架；

各型教练机 6 架，均为"阿尔法喷气"式；

各型武装直升机 21 架，其中小羚羊 SA – 342 型 13 架，海军用突击队员 MK – 2/3 型 8 架；

各型运输直升机 12 架，其中"超级美洲豹"式 6 架，"突击队员"式 4 架，"小羚羊"式 SA – 341 型 2 架；

各型空对空导弹约 540 多枚，其中 R – 550 型 272 枚，R – 530 型 128 枚，"云母"（Mica）式 144 枚；

各型空对地导弹约 200 余枚，其中 AS – 30L 型 128 枚，余为"飞鱼"式 AM – 39 型。

防空部队主要装备为各型地对空导弹发射架 48 部，其中"轻剑"（Rapier）式 15 部，"罗兰"式 9 部，"北风"（Mistral）式 24 部；各型肩扛式地对空导弹发射器 42 具，其中"吹管"式 10 具，"毒刺"式 FIM – 92A 型 12 具，SA – 7 型 20 具。

三　海军

1. 海军兵力（含海岸警卫部队）

海军兵力为 1800 人，占总兵力 14.5%。

2. 海军编成

海军有 1 个导弹快艇大队、1 个巡逻艇大队和 1 个海岸防卫营。舰艇部队分驻多哈和哈鲁尔岛（Halul Irlands）两个海军基地。海军司令部位于首都多哈。

3. 海军主要装备

导弹快艇 7 艘，其中巴尔赞（Barzan）级 4 艘，达马沙（Damash）级 3 艘；

巡逻艇 26 艘，其中海曼帖克级 M－160 型 3 艘，达曼级 polycat1450 型 3 艘，克里丝提塔里亚级 MV－45 型 4 艘，P－1200 型 4 艘，鱼叉（Spear）级 12 艘；

海岸反舰导弹：飞鱼 Mm－40 型 3 个发射连。

第三节　军事训练和兵役制度

一　军事训练

卡塔尔军队较为重视军事训练，视之为巩固国防、提高军队作战能力的主要手段。

卡塔尔军队的军事训练事务由总参谋部训练局主管，统一制定全军训练大纲，经总司令部批准后，下发各军兵种部队具体规划实施。

卡塔尔军队规模小、发展起步晚，至今未建立自己的军事院校。其军官培训、深造大都派往国外阿拉伯国家或西欧等其他外国军事院校，高级军官大都毕业于英、美军事学院。卡塔尔军队仅设一些培训中心，负责对在职军官进行考核与集训。部队训练则由各军兵种部队按总参谋部年度的军事训练大纲具体落实实施。由于武器装备主要靠进口等原因，卡塔尔军队常年聘用一些西方国家军事专家担负不同的培训工作。

为提高部队军训水平和协调作战能力，卡塔尔军队除自己组织各种合成军事演习外，还积极参加海湾合作委员会举办的"半岛之盾"年度性联合军事演习，并不时参加美、英、法等国同地区国家联合举办的军事演习。

　　为了改变没有自己军校的状况、更好地适应部队日益增长的需要，卡塔尔最高当局和武装部队不断努力寻求同各方的合作。其一，2005 年 9 月，卡塔尔武装部队与卡塔尔教育基金会合作，在北部城市豪尔附近，开办一所名为"卡塔尔指挥学院"的大学预科学校，该学院同美国威斯康星州圣约翰西北军事学院合作，在运用国际英语中学教材授课的同时，教授指挥与军事技能，学员编成排、连的单位。该校学员毕业后可直接进入国外用英语教学的大学或军事院校深造。其二，2007 年 9 月法国国防部长埃尔韦·莫兰访问卡塔尔，他与卡塔尔王储兼武装部队副总司令塔米姆举行了会谈，加强了两国之间的军事合作伙伴关系。据报道，双方签署了一份军事合作意向书，由法国圣西尔军校在卡塔尔开设分校，2011 年起为卡塔尔及海湾地区其他国家培养陆军军官。法国军方称，该分校的预算由卡塔尔承担，80 名教官和文职教员由法方提供；分校教学与母校相同前提下，适当调整以适应卡塔尔的需求；学制 3 年，首批招生为 50 名士官生；学校以法语为教学语言，学员入校前的语言预备培训期为 2 年；计划 2009 年开设预备班，招生百余名，以便从中选优提拔为士官生；可以招收女生，但由卡塔尔决定是否招收女生。

二　兵役制度

　　卡塔尔实行志愿兵役制。志愿入伍条件主要为体检合格、无犯罪前科、品德操行良好的卡塔尔公民或居民。士官生则需具备高中毕业文化水平且成绩优秀。志愿兵首期服役年限为 3 年，技术军士与军官则为 5 年。志愿者经部队审批合格后签订合同方可称为军人，首期服役年限届满后，需新签合同才能继续留在部队工作。

　　卡塔尔因本国人口少、劳动力相对不足，故兵源较缺乏。卡

塔尔军队目前兵源中仅有 30% 来自本国公民，其余只能从侨居卡塔尔的其他阿拉伯和伊斯兰国家青年中招募。

卡塔尔志愿兵与职业军人退出现役时，可获较丰厚的退休金、安家费、伤残补助金。军人因公丧生或阵亡者，其家属可获高额抚恤金。

第四节 准军事部队

塔尔准军事部队总人数 1 万多人。其中，2003 年成立的警察快速机动打击部队约 2000 人，亦称反恐防暴快速反应部队，组织上归属内卫部队领导，实际上由国家元首埃米尔直接指挥调遣；另加其他警察武装约 8000 人，统称内卫部队，属内政部管辖，内政大臣兼内卫部队司令。埃米尔作为武装部队总司令，有权直接调动、指挥内卫部队。内卫部队中建有防暴大队、要人警卫分队等特殊单位。

据报道，卡塔尔反恐快速机动部队和内卫部队不仅装备精良，而且人员素质较高。其招募新兵的条件比军队招兵还要严格，要求报名者为年龄在 18～25 岁的公民，先接受文化知识笔试，成绩合格者进行身体健康、体质和心理承受力的检测，全部合格后还需通过艰苦的基础训练，方能成为这些部队的正式士兵。内卫部队人员工资待遇较好，士兵服役 1 年者月薪可达 1.1 万里亚尔，入伍 4 年的士官月薪 1.6 万里亚尔，尉级军官月薪 2 万里亚尔以上。这支准军事部队较好地完成了 2006 年多哈亚运会的各项保障任务，安保与服务工作均较成功，受到国家元首埃米尔的好评。

内政部下属其他警察部门有公安总局等 7 个部门。

1. 公安总局

该机构在卡塔尔全国各地设有公安分局等分支机构。其主要职能是确保各地公民与财产安全，维护公共秩序，侦察、调查各类刑事案件，逮捕、关押各类罪犯。

2. 首都警察局

该局主要负责多哈地区安全警戒工作。包括制止流言蜚语、流氓行为等维护公共秩序的工作，承担要害部门的警卫工作，确保首都机场、港口安全运转及防止不法分子的渗透等工作。

3. 移民、护照与国籍总局

该机构下设移民国籍局、港口机场与边境护照局、信息与身份证局、移民与居留局、稽查局。主要职责是办理卡塔尔公民护照与身份证等有关事务，审查、签发与延长出入境签证及旅游许可证，依法处理外国公民在卡塔尔居留等事务。

4. 交通管理局

该局主要负责交通与行人安全，维持交通秩序，依法处理违反交通规则者，审核与签发各类驾驶执照。

5. 海岸警卫局

该局主要负责海岸巡逻警戒任务，确保海岸安全，调查海港违法、违规案件，施行海上搜查与救援行动，与有关方面合作施行环保与渔民保护工作。该局下辖水警部队，装备各种小型巡逻快艇20多艘。

6. 公共关系局

该局负责警察事务信息搜集，提高公民对各种危机与危险的意识，介绍警察现代使命及其为社会提供的服务，同广播、电视等新闻媒介合作开展警务与法治宣传教育。

7. 民防局

民防局主要负责消防、急救、警报与预防工作，遏制并处理各类可能发生的危机、灾难。平时制定并组织实施人防训练计划，检查人防设备与技术能力不足之处，监督工业、商业及公共场所采取必要的安全预防措施。

第五节　对外军事关系

卡塔尔国情决定了其军队对外依赖较大，国防战略借助同世界大国美、法、英等国签订的联合防御协定，武器装备基本靠外国供应，重大维修项目由生产国承担；初级军官来源依靠外国培训，在职军官的深造也主要送往国外；卡塔尔军队中还聘用外国军事顾问或装备技术专家。

一　军事条约与协定

卡塔尔国小兵少，位于动荡的中东和海湾地区尤显势单力薄。这一基本国情决定卡塔尔需要借助同地区、国际联合防御的安全合作，作为对外防御的基本国策。为此，卡塔尔独立不久即加入阿拉伯联合防御的行列。此后，卡塔尔又根据所处形势的变化，分别对外签署了下列以联合防御为主的军事条约与协定：

1. 卡塔尔与海湾合作委员会联合防御协定

卡塔尔于 1981 年加入海湾合作委员会组织，并成为该组织联合防御协定成员。据此协定，卡塔尔积极参与海湾合作委员会召开的国防部长和总参谋长联合会议，积极参加该委员会组织的各种联合军事演习活动；派分队参加"半岛之盾"部队并常驻科威特或沙特阿拉伯；在海湾战争中，派部队参与了解放科威特行动，在海湾危机中为保卫海湾国家安全作出了努力。

2. 卡塔尔与美国联合防御协议及军事合作协定

鉴于 1990 年伊拉克侵占科威特及后来以美国为首多国部队解放科威特的经验教训，科威特等海湾国家在海湾战争后纷纷寻求同美、英、法等大国签订联合防御条约或协定，借助世界军事大国的威慑力量确保自身对外防御安全。在此背景下，卡塔尔于 1992 年与美国签订了为期 50 年的联合防御合作协议。两国关系由此进入一个新的发展阶段，两军关系也随之不断深入发展。

美国在承诺确保卡塔尔国防安全的前提下，同卡塔尔签订了一系列军事合作协议或协定。其中，1998 年卡塔尔同美国签订军事合作协定，由美国向卡塔尔派军事专家、顾问，帮助卡塔尔军队训练部队和使用美制武器装备；卡塔尔向美国提供美军在卡塔尔储存武器装备、美海军在卡塔尔派驻巡逻飞机等便利。1999 年，卡塔尔与美国再度签订军事合作协议，给予美军在卡塔尔驻扎 1 个装甲旅部队的军事便利。2000 年，卡塔尔又与美国达成协议，由美军承担扩建卡塔尔乌达德空军基地工程，完工后供美军使用。2003 年 3 月美国对伊拉克战争前夕及战争期间，卡塔尔同美国达成一些新的军事合作协定，为美军使用卡塔尔军事基地开展对伊拉克战争及后来在伊拉克稳定局势提供便利。由于美军中央司令部的前指设在卡塔尔，卡塔尔一度成为美国对伊拉克战争的 1 个重要的新闻中心。

3. 卡塔尔与法国联合防御协议及军训、军事便利合作协定

出于同美国签订联合防御协议的同一考虑，卡塔尔在 1994 年同法国签订了联合防御协议。在此基础上，两国又于 1999 年签订双边军训和军事便利合作协定，规定由法国向卡塔尔派遣军事专家和顾问，帮助卡塔尔军队训练部队和使用法制武器装备；卡塔尔向法国军队提供在卡塔尔储存武器装备的便利；两国军队加强互访，定期举行联合军事演习；法国军事院校接收卡塔尔军事学员等。近年来，法国为加强同卡塔尔的军事合作，于 2007 年签署了在卡塔尔建法国圣西尔军校分校的合作意向书。

4. 卡塔尔与英国联合防御协议与军事合作协定

卡塔尔与英国于 1996 年签订联合防御协议，晚于美国和法国。据此协议，两国又签署了一些具体的军事合作协定，规定英国向卡塔尔派遣军事专家和顾问，帮助训练部队；英军事院校为卡塔尔培训军事学员；加强两国军事交往与联合演习；卡塔尔为英国提供使用军事基地的便利等。英军为参与美国对伊拉克战争，也较多地使用了卡塔尔提供的军事基地的便利。

二　武器来源

塔尔独立之初，其军队武器装备主要来自英国。独立后，卡塔尔军队侧重从法国引进武器装备。迄今，卡塔尔军队约 70% 的武器装备来自法国。进入 20 世纪 90 年代后，卡塔尔军队注意从英、美等西方国家进口武器装备，使卡塔尔军队武器装备来源向多元化发展。20 世纪 90 年代以来，卡塔尔从国外进口的武器装备主要有：

1996 年卡塔尔同法国签订合同，由法国向卡塔尔军队提供步兵战车和装甲人员输送车；1997 年卡塔尔从法国引进幻影 - 2000 型战斗机、魔术 II 型空对空导弹；1999 年，卡塔尔从法国购 AMX - 30 型主战坦克。

卡塔尔自 1996 年以来，分别从英国进口 "轻剑" 式地空导弹、突击队员 V - 150 型步兵战车和 "食肉鱼" 式装甲人员输送车。

卡塔尔于 1996 年从西班牙进口幻影 - 5 型战斗机。

卡塔尔自 20 世纪 90 年代以来，从美国进口武器装备主要有 "毒刺" 式肩扛防空导弹和多管火箭炮等。

卡塔尔从埃及进口武器装备主要为 10 辆 "法赫德" 式装甲人员输送车和 4 门自行迫击炮。

三 海外驻军、外国军事基地与驻军

1. 海外驻军

卡塔尔在海外驻军主要是，根据海湾合作委员会联合防御有关协定，向常驻沙特阿拉伯的海湾合作委员会国家联合机动打击部队"半岛之盾部队"，派驻 1 支由 200 名官兵组成的分队；2006 年以色列与黎巴嫩大规模军事冲突后，向常驻黎巴嫩南部边境地区的联合国维和部队派有 1 支 206 名官兵组成的分队。

2. 外国军事基地和驻军

外国在卡塔尔的军事基地和驻军主要归属美国、英国等国。1998 年，美国获得在卡塔尔储存武器装备的便利，美国海军获准向卡塔尔派驻巡逻飞机。1999 年，美国获得在卡塔尔驻扎 1 个装甲旅部队的便利。2000 年，美国获得卡塔尔乌运德空军基地使用权，并由美军工兵承担该基地扩建和改造工程。该基地可驻扎 120 架军用飞机和 4000 人的部队；其飞机跑道约 4573 米长，在中东属罕见。2003 年美国对伊拉克战争前，沙特阿拉伯不允许美军使用其苏尔坦亲王空军基地对伊拉克采取军事行动，美军将从那里撤出的空军指挥与控制中心迁往卡苔尔。美国对伊拉克战争期间，美军还使用卡塔尔萨利亚军事基地作为中央司令部的前指，一度成为国际媒体轰轰烈烈采访、报道美对伊战争的新闻中心。伊拉克战争后较长一段时间里，美军在卡塔尔驻扎部队约 6500 人。美国在卡塔尔驻军于 2006 年降至 430 人（其中陆军 188 人，空军 181 人，海军 4 人，海军陆战队 57 人）；2007 年为 512 人（其中陆军 188 人，海军 4 人，空军 198 人，海军陆战队 122 人）。如今，美在卡塔尔还设有美军中央司令部总部下属单位，卡塔尔的乌达德基地仍是美国在海外的大型军事基地之一。除美国外，英国曾在乌达德基地驻有 6 架"旋风"GR4 型战斗机。

第六章

教育、科学、文艺、卫生和体育

第一节　教育

一　发展简况

20世纪 50 年代初以前，卡塔尔仅有不规范的私塾教育，且学生数量十分有限。1952 年，在时任统治者阿里·本·阿卜杜拉·阿勒萨尼长老的关怀下，卡塔尔建立第一所国立小学，系其正规教育的起步。1956 年，卡塔尔政府组建的内阁第一个部级单位，就是主管教育的知识部。1971 年国家独立后，该部改名为教育部。1956 年，卡塔尔政府确定现代化教育体制：小学学制 6 年、初中 3 年、高中 3 年。1958 年，卡塔尔首批国立小学学生毕业，有关正规化的现代教育进一步展开。20 世纪 60 年代初，卡塔尔建立高级中学，并相继建立了一些高中专科学校，如工业高中、商业高中、宗教专科、男子教师学校和女子教师学校等。1973 年，原有两所教师学校升格为男子师范学院和女子师范学院。这两所师范学院成了 1977 年新建高等学府——卡塔尔大学的核心。卡塔尔大学建立后逐步发展成为拥有 8 个学院和 4 个研究中心的综合大学。至此，卡塔尔教育体系基本完成并不断走向完善。2003 年，在现任埃米尔哈马德的夫人姆扎女士的大力促成下，卡塔尔教育、科学和社会发展基金会建成又一个高等学府——卡塔尔教育城，当年即有 4 所美国大学在其中开设分校，使卡塔尔和海湾其他国家学生可以就近享受美国的高等教育，且避免赴美国留学而面临的签证费事、习俗差异等麻烦。后来，又有加拿大大学的分校等在该教育城落户。

截至 1993/1994 学年，在不足半个世纪的时间里，卡塔尔已从一所正规国立小学起步，逐步发展成具有较全面的教育体系，并拥有相对较大的教师与学生队伍。全国有教师 7768 人，教育部行政管理等公职人员 1327 人；各类大、中、小学校 200 多所；在校大、中、小学生及外派进修生共约 12 万人，成人扫盲和职业培训每年近 5000 人。1999/2000 年度，卡塔尔教育部下辖教职员共 10715 人，其中女性 7189 人；全国各类国立院校等教学设施 218 个。

进入 21 世纪，卡塔尔教育事业在 20 世纪 90 年代的基础上又有较大的发展。虽然国立学校教师与学生的队伍较前变化不大，而私立学校的队伍迅速上升。据卡塔尔官方在 2005 学年的统计，全国仅国立大、中、小学校就有 200 余所，各级教师、教授 7851 人，各类在校学生 78896 人；政府提供赞助的私立中、小学校和学前学校也有 200 余所，各类在校学生 62507 人。据联合国教科文组织统计，截至 2005 年，卡塔尔成人扫盲完成率达到 89%，同海湾国家基本持平。其中卡塔尔妇女扫盲完成率达 88.6%，在海湾国家名列前茅。

二 教育宗旨与政策

卡塔尔教育宗旨是挖掘卡塔尔最宝贵的财富——国民潜能，大力开发人力资源为卡塔尔进步的重中之重。为此，卡塔尔教育部不遗余力地促进教育事业的发展，包括努力加

强对教育的领导、对干部的考核、学校管理的改善、老师和学生教学水平的提高、学校建筑及相关设施的改进、各种教学服务的保障、教学课本与教材的现代化、先进教学辅助设备和技术的引进等。

卡塔尔的教育政策主要有免费教育等。

1. 实行免费教育

卡塔尔所有公立学校均实行免费教育，不分贫富，人人平等。政府还为小学生免费提供课本、文具、运动服及校车接送服务。政府为各级学生设立奖学金，组织他们参加宗教和文化活动，组织他们开展各种比赛和展览活动，参加夏令营和科学旅游活动。政府还为住在离校较远的学生及外国派往卡塔尔的留学生免费提供住宿便利。对于学习优秀的大、中学校毕业生，卡塔尔政府免费送他们到国外学习或进修。

2. 尽力普及教育

卡塔尔政府在发展国立学校的同时，允许并鼓励私立学校的建立与发展，使其共同为提高国家民族文化水平而努力。政府对私立学校的鼓励措施有，免费供水、供电，提供书本与文具，提供健康保障，以政府赞助方式保证私立学校学费低廉。为扩大教育的普及面，政府还开办了残疾与弱智儿童的特殊教育学校，同时也为成人扫盲与职业培训等作出了不懈的努力。此外，卡塔尔外籍人较多，他们为同各自国家教学课程相衔接，需开设各自的子弟学校，卡塔尔政府也予以支持。

3. 注意教师队伍卡塔尔化的比例

卡塔尔国立学校向在卡塔尔工作的外籍人员子弟开放，他们在中、小学在校生中所占比例近40%。与此同时，卡塔尔政府也较为重视其教师队伍卡塔尔化的比例，主张坚持本国的特色与遗产教育。1995年时，卡塔尔教育部系统教职员工中，本国人所占比例达70.4%。2004年，卡塔尔大学中本国人已占教员队伍的 44%，占管理人员的 78%。

4. 努力保障足够的教育经费

为保证教育事业的运转与发展，卡塔尔政府始终努力充分保证教育经费的拨款。1994 年，政府预算中，教育经费为 8.89 亿里亚尔。其中，教职员工薪水占 6.49 亿里亚尔，教育服务费占 1.67 亿里亚尔，建筑与维修费为 0.73 亿里亚尔。2005/2006 年度，政府教育经费预算支出为 48.63 亿里亚尔。教育界还得到其他行业和私营企业越来越多的支持，银行、商业机构和能源企业等也不时资助或帮助学校建设新的实验室、课堂、语言教室和电脑教室等。

2005 年以来，卡塔尔政府的教育经费拨款增加幅度极大，令人瞠目。2005 年由 2002 年的 18 亿里亚尔猛增至 48 亿里亚尔；2006 年增至 57 亿里亚尔，2007 年又猛增至 80 亿里亚尔。究其原因，一是国际油价飙升使卡塔尔政府收入激增，各方开支水涨船高；二是原有教育设施增加经费开支外，一些兴建中的教育设施需增加资金投入，尤其是卡塔尔教育城的扩展建设需更多的拨款。

三 各类中、小学校

1. 学前学校或幼儿园

1995 年，卡塔尔共有 64 所学前教育学校或幼儿园，有教员 321 人，在校生 7018 人，多为欧洲人办的英语幼儿园。

2. 国立中小学校

1994 年，卡塔尔共有国立中、小学校在校生 56330 人，其中卡塔尔籍 40189 人，约占 60.59%。小学生 35130 人（卡塔尔籍占 61.04%），初中生 17344 人（卡塔尔籍占 60.14%），高中生 13143 人（卡塔尔籍占 59.38%），特别课程（残疾或弱智）

学生 713 人（卡塔尔籍占 69.28%）。中、小学生总数中，男生为 33174 人，女生 33156 人，各占约 50%。

2003 年，卡塔尔建有国立小学 106 所，教员 3734 人，学生 37871 人；国立初中 56 所，教员 1726 人，学生 18950 人；国立高中 45 所，教员 1784 人，学生 15825 人。总计 207 所中、小学校，教员 7244 人，学生 72646 人。

2005 年，卡塔尔国立小学 99 所，教员 3738 人，在校学生 33127 人；国立初中 51 所，教员 1656 人，在校学生 17588 人；国立高中 42 所，教员 1793 人，在校学生 16877 人。总计 192 所国立中、小学校，教员 7187 人，在校学生 67592 人。

3. 私立中、小学校

1994 年，卡塔尔共有私立中、小学生 24880 人，其中女生 11005 人，占 44.2%；男生 13875 人，占 55.8%；小学生 17784 人，其中男生 9994 人，女生 7790 人；初中生 4304 人，其中男生 2457 人，女生 1847 人；高中生 2792 人，其中男生 1424 人，女生 1368 人。1998 年，卡塔尔共有私立中、小学校 48 所，学生 4.2 万人。

2004 年，卡塔尔私立中、小学校有 100 多所，在校学生 5.2 万人。其中，外国人设立的学校 50 多所，在校学生中外国侨民子弟 3.85 万人。外国人办的学校中，美、英两国所办居多，其次是印度、巴基斯坦、法国和菲律宾等，大多由这些国家使馆或文化中心兼管。

4. 特殊教育学校

卡塔尔于 1974 年首创特殊教育，在多哈 1 所小学中为聋哑、弱智儿童开设了 1 个特殊班级。1980 年发展成 3 个班级，共 39 名学生，配备 8 名教员。1981~1982 年，改为分设男子特殊教育学校和女子特殊教育学校。1985 年这两所学校分别改名为男子希望学校和女子希望学校。后来又发展成弱智与聋哑学校各两所，男女学校各 1 个。两所弱智学校在校生 266 人，两所聋哑学校在校学生 87 人。1994 年，这 4 所特殊教育学校共有在校生 713 人。

5. 留学预科学校

2005 年 4 月，卡塔尔教育基金会与武装部队合作建立一所名为"卡塔尔指挥学院"的学校，位于多哈北部的豪尔城附近，同年 9 月开学。该学院同美国威斯康星州圣约翰西北军事学院合作，运用国际英语中学教材授课，并教授指挥与军事技能。该学院面向卡塔尔、阿拉伯、伊斯兰国家招收 11~18 岁中学生，毕业后可直接进入用英语教学的大学或军事院校学习。学生在校期间，编成学员排，受学生连长的领导。

四 成人教育

据卡塔尔教育部统计，卡塔尔在 1994/1995 年度完成成人教育学业者共 4616 人，其中完成扫盲和达到小学文化程度者 1179 人（男 461 人，女 718 人）；达到初中文化程度者 1521 人（男 1031 人，女 490 人）；达到高中文化程度者 1916 人（男 1173 人，女 743 人）。

卡塔尔成人教育机构主要有：

1. 语言学校

筹建于 1973 年，由卡塔尔教育部直接管理，招收卡塔尔政府官员及半官方国营企业职员，旨在改进并提高他们的语言水平。开设有阿拉伯语、英语和法语等课程。装备有先进的语言教学辅助设备和现代化语言实验室。

2. 行政管理学院

筹建于 1964 年，亦属教育部管理。只招收具有高中文化水平的卡塔尔政府官员，由学员所在单位选派，培训后回原单位担负高级行政管理工作或晋升。

3. 职业发展训练局

建于 1962 年，负责培训卡塔尔工人和技术人员能胜任本职工作，并掌握新引进的技术，以适应其技术晋级的需要。该局于 1970 年在联合国开发计划署帮助下，在多哈建立了一个地区性的训练中心。卡塔尔职业发展训练局所设培训科目有：机械、空调与冷冻机、电器、电焊、木工、装潢、卫生设施、电脑、供电、广播和电视、供水、土地测量、建筑设计和电工等。1994 年，共培训 523 人，其中卡塔尔人为 516 人。

4. 家庭发展基金会

1997 年，在现任埃米尔夫人姆扎女士关怀下建立，含有多个教育单位与中心，主要面向卡塔尔女性，使她们能掌握一些就业技能、兴办企业或适应家庭需要的剪裁刺绣工艺和行政管理业务等技能。该基金会还设有一个帮助女性了解国内外历史、文化与伊斯兰宗教的机构。此外，该基金会同美国弗吉尼亚联合大学女子学院合作，建立名为"沙卡布"（Shagab）女子学院，可培养学员获取艺术、服装设计、商品设计等高级文凭。这一学院对外开放，除招收卡塔尔女性外，还接受来自海湾及中东其他地区的女学员。

据联合国教科文组织统计，截至 2002 年，卡塔尔成人扫盲完成率已达 84.2%，其中男性 82.3%，女性 84.9%；截至 2005 年，卡塔尔成人扫盲完成率达到 89%，其中男性 89.1%，女性 88.6%。

五　高等教育

1. 卡塔尔大学

卡塔尔大学系卡塔尔高等学府，也是卡塔尔本国拥有的唯一的国立大学。该大学成立于 1977 年，在原先男子师范与女子师范两所学院合并的基础上扩建而成。大学总部与主体于 1985 年迁至首都多哈城北部。

　　目前，卡塔尔大学下设机构主要有教育学院、人文与社会科学学院、理科学院、伊斯兰法与伊斯兰教研究学院、工程学院、行政与经济学院、技术学院、医学院等 8 所学院；还有科学研究中心、人文与档案资料中心、教育研究中心及传记文学研究中心等 4 个研究机构；另有计算机中心和教学技能中心两个辅助机构；还设有海湾合作委员会国家发展研究项目等附属机构。大学总部设有大学委员会、评论咨询委员会和最高教育委员会等 3 个领导机构，入学注册部、住宿部（包括学生住宿、教职员工住宿和维修等 3 个处）和督导办公室等 3 个行政机构。另有一个学生事务部，分成学生活动、体育活动、训练活动、艺术活动、文学活动及服务工作等 6 个处。2003 年，谢哈·宾特·阿卜杜拉·密斯纳德（Sheikha Bint Abdullah Al‑Misnad）女博士被任命为卡塔尔大学校长。

　　除面向本国青年招生外，卡塔尔大学还对阿拉伯和其他外国学员开放。1993/1994 年度，卡塔尔大学共有学生 8438 人（男生 2479 人，女生 5959 人），不含毕业生 871 人（男生 201 人，女生 670 人）。2000/2001 年度为 8500 人，2003/2004 年度达 9638 人（含毕业生 1493 人），还是女生多于男生。卡塔尔大学校园内，男、女学生可同堂上课、同在大学公共设施处活动，但宿舍区严禁异性进入。

　　1994/1995 年度卡塔尔大学共有教员 449 人，其中卡塔尔籍教员 263 人、助教 53 人，具有博士后文凭的外籍教员 133 人。2003/2004 年度，卡塔尔大学拥有教员 654 人。

　　1995 年，卡塔尔大学当时的 7 个学院简况如下：教育学院在校生 1862 人（含毕业班学生 478 人），教员 126 人（其中卡塔尔籍 57 人）、助教 9 人、督导 43 人。人文和社会科学学院在校生 1050 人（含毕业班学生 241 人），教员 79 人、助教 15 人。

理科学院在校生 778 人（含毕业班学生 162 人），教员 112 人（其中卡塔尔籍 33 人）。伊斯兰法与伊斯兰教研究学院在校生 482 人（含毕业班学生 70 人），教员 56 人（其中卡塔尔籍 29 人）。工程学院在校生 318 人（其中卡塔尔籍学生 288 人），教员 48 人（其中卡塔尔籍 26 人）。行政与经济学院（建于 1986 年）在校生 787 人（含毕业班学生 70 人），教员 41 人（其中卡塔尔籍 7 人）。技术学院（建于 1990 年）在校生 430 人（含毕业班学生 67 人），教员 46 人。

2005 年，卡塔尔大学共有教职员 664 人，在校学生 9760 人，毕业学生 1544 人。

卡塔尔政府设有大学毕业生聘用委员会，由政府各部门官员组成，认真聘用本国大学毕业生到政府部门工作，用人单位所需本国人员不足部分则从其他阿拉伯或外国大学毕业生中挑选。

2. 卡塔尔教育城

2003 年 10 月落成的卡塔尔教育城，系卡塔尔第 2 个高等学府。位于首都多哈郊区。

该学府建成之初设有 4 所美国大学的分院，分别是康奈尔医学院卡塔尔分院、弗吉尼亚州立联邦大学卡塔尔文学院、卡内基—梅隆大学卡塔尔分校和美国得克萨斯州农工大学卡塔尔分校。所设专业有医学和药剂、工程设计、电子、机械、化学、石油工程等。招生对象主要是卡塔尔及海湾其他国家高中毕业生。教学内容和方式与位于美国本土的母校保持一致，学生可通过互联网与远在美国本土的大学教授进行面对面交流，先进的设备与管理方法保障远程教学的质量。学生上课男女同班，但宿舍远远分开，严禁男女互相探望。课堂上是西方式教育，校园里还是卡塔尔传统氛围，建筑物大部分带有明显的阿拉伯风格。

卡塔尔教育城由卡塔尔教育、科学和社会发展基金会创办。该基金会成立于 1995 年，主席是国家元首埃米尔的夫人姆扎女士。基金会在 1997 年开始筹办、兴建教育城，历经 6 年才完成教学楼及相关设施。2004 年 9 月，康奈尔医学院卡塔尔分院（建有一个装备 250～300 张病床的教学医院）率先开课，2008 年首批现代药剂师学员毕业。教育城除拥有 4 所美国院校外，还设立了学习中心、社会发展中心等研究机构。卡塔尔最高当局对兴建教育城也很重视，埃米尔哈马德曾率王室和政府成员隆重地出席 2003 年 10 月举办的教育城的开幕式。卡塔尔认为教育城有助于提高国民素质，为民族作贡献。

卡塔尔教育城于 2008 年全部建成，不仅有第 5 所美国大学在此建分校，而且还有其他院校将在此落户，教学专业设置也将进一步增加。教育城不仅同美国等国家合作，还与联合国教科文组织充分合作，争取将自己办成卡塔尔和其他阿拉伯国家的科研、教育和文化中心，提高本国和地区的教学与科研水平。

2003 年 1 月，联合国教科文组织在其巴黎总部举行仪式，任命卡塔尔第一夫人兼卡塔尔教育、科学和社会发展基金会主席姆扎女士为该组织基础教育和高等教育特别专员，使她成为该组织委以重任的第 1 位海湾女性。既确认她为海湾地区普及基础教育、扫除妇女文盲和提高妇女地位作出的努力，也肯定她为兴建卡塔尔教育城所作的贡献。

3. 其他高等院校

21 世纪以来，卡塔尔引进了几所外国学院到卡塔尔办学。其中，加拿大北大西洋学院于 2002 年 9 月在多哈设立分院，设有信息技术、企业管理、卫生科学及工程技术等学科；迄 2005 年，在校生已达 1000 人，毕业班学生中 80% 在校期间已被用人单位预聘。荷兰职业教育大学也在多哈开设了分院，学制 4 年，设有旅游管理、旅游与休闲管理等专业，毕业发学士文凭。印度甘地国立大学则在卡塔尔开设函授课程。

六　国外留学

19 94/1995 年度，卡塔尔在国外留学人员共 1193 人（男生 849 人，女生 344 人），其中大学本科生 721 人（男生 546 人，女生 175 人）；硕士、博士等研究生 414 人（男生 249 人，女生 165 人）；参加外国短训班 58 人（男生 54 人，女生 4 人）。他们大多数在英国、法国或美国一些大学就读。

第二节　科学技术

塔尔的历史背景及其具体国情，使其在科学技术领域里起步较晚，涉足范围有限，对外依赖较大。由于科学技术领域的事务尚不广泛，卡塔尔政府迄今尚无全国性的科学技术管理部门，也未设立相关行业的统一行政组织机构。

近年来，在卡塔尔政府大力支持和关怀下，卡塔尔各行各业的科学技术成分不断增加，有关水平不断提高。目前，卡塔尔在一些项目上的科学技术水平已走在地区国家的前列。

一　环境保护

塔尔政府高度重视环境保护，一直是中东和海湾地区积极倡导环保的国家。不仅较好地保护本国不因盛产石油、天然气和石化产品而造成环境污染，还对地区环境保护作出了贡献。在国家元首埃米尔哈马德参与和资助下，卡塔尔大学在 21 世纪来临之际，编纂出版了多达 11 卷的阿拉伯地区环保百科全书，被视为当今世界上重要的出版物之一。卡塔尔所拥有的地理信息系统也属世界一流水平，故国际社会以卡塔尔为地区国家有关地理信息的培训中心。

卡塔尔朝野环保意识较强，各种负责管理和宣传环保事务的政府单位、民间组织较多。国家规定，每年 2 月 26 日为卡塔尔环保日，全国成千上万的学生在这一天参加义务植树等环保活动。

二 医疗

卡塔尔医疗科技水平普遍较高，在海湾地区享有较好的声誉。哈马德医疗集团的妇女医院，建有一个世界一流的不孕症治疗机构，具有包括试管婴儿在内的各种先进医治技术，不仅在卡塔尔颇受欢迎，也吸引了海湾合作委员会成员国不少妇女到卡塔尔就医。该集团的哈马德总医院心脏病科，所配备的医疗器材不仅在地区名列前茅，在世界上也进入先进行列。哈马德总医院在骨髓移植方面也具有世界先进水平。

三 图像传输

卡塔尔新闻通讯社装备有较先进的图像接收与传输系统，加之该通讯社工作效率与技术水平较高，受到阿拉伯国家同行推崇。为此，阿拉伯新闻通讯社联合会选择卡塔尔作为其与东南亚和太平洋新闻通讯社联盟之间的图像接收与传输的交换站。

四 海水淡化

卡塔尔天气干旱，年降水量仅为 75～130 毫米，加之地下水稀少，故属于世界上严重缺水的国家之一。然而，卡塔尔政府在不遗余力地开发地下水资源的同时，着力发展海水淡化工程，并取得了明显的成绩。尽管卡塔尔人口增长较快，供水需求急速上升，但政府通过海水淡化仍能较好地解决日常生活用水及工、农业用水问题。近年来，卡塔尔人均拥有海水淡化水量，一直保持在 1092 升/日（约合 400 立方米/年）的比例，为当今世界人均拥有海水淡化水量的最高水平。

五　阿拉伯羚羊回归

阿拉伯羚羊和白羚羊曾在卡塔尔栖息，但因其地理气候变化和人为捕杀等缘故，在 20 世纪 40～50 年代，几乎到了濒临绝迹的境地。20 世纪 60 年代，卡塔尔政府意识到这一生态变化问题，及时采取了补救措施。在沙哈尼亚地区建立起大型养牧场和自然保护区，重新引进阿拉伯羚羊和白羚羊，用现代化技术使其增加繁殖，让这一动物重新在卡塔尔生存繁衍。如今，这种白体花脸黑腿的阿拉伯羚羊在卡塔尔已有多群生存。据 2004 年统计，这种一度几乎绝迹的羚羊已达 37126 只，其中有 100 多只在 2003 年放归大自然野生。与此同时，引进的其他品种羚羊和鹿也开始在卡塔尔繁殖后代。

六　工农业的科技活动

卡塔尔油、气田多在近海大陆架地区，其海上采油与天然气开采设备和技术均较为先进。在天然气液化生产与输出领域，卡塔尔目前仍处于世界领先地位。在化肥加工领域，卡塔尔化肥公司生产尿素与氨的数量在国际上也名列前茅。

卡塔尔农业生产条件恶劣，但政府通过兴建并推广实验农场、对农民采取多种鼓励措施、努力引进滴灌、温室等现代化农业生产技术手段，终于使卡塔尔农业有所起步，改变了过去农产品基本上完全依赖进口的状况。

随着时代的发展，卡塔尔越来越认识到，科学技术发展对其国民经济、人民生活、社会进步和国际影响的重要性，正在不断加强对科学技术领域的开发工作，已经采取了许多措施。

1. 青年中心模式的科学俱乐部

该俱乐部经常开办青少年科学技术学习班与讲座，鼓励青少年发明创造，并为他们举办成果展览，促进青少年对科学技术的兴趣爱好，努力使他们成为未来科学技术进步的中坚力量。

2. 教育、科学和社会发展基金会

该基金会由埃米尔哈马德夫人姆扎任主席，其担负使命之一是发展卡塔尔的科学技术事业。该基金会已在多哈建成卡塔尔第2个高等学府——教育城，引进国际名牌大专院校在那里设立分校，既推动卡塔尔高等教育事业的发展，也由此带动卡塔尔科技水平的提高。

3. 卡塔尔科技园

建立该园也是卡塔尔教育、科学和社会发展基金会的努力成果之一，旨在吸引世界高科技企业落户，利用他们与教育城落户的世界一流大学的科研部门相互交流，共同促进卡塔尔科学技术事业的发展。目前已有欧洲宇航防务集团、微软公司、壳牌和道达尔石油公司等国际知名企业在卡塔尔科技园设立分支机构。2005 年，壳牌公司斥资 1 亿美元，在卡塔尔科技园建立 1 个研究中心。同年，卡塔尔科技园宣布，罗尔斯—罗伊斯公司将在该园设立为英国航空发动机公司进行测试与保养设施；通用动力技术公司确定在该园建 1 个教学中心。

第三节　文学艺术

卡塔尔政府于 1977 年设立文化艺术局，负责管理文化艺术事宜。其主要法定职责有：管理卡塔尔民间文化遗产并对其进行汇编、分类、研究和剖析；大力发展民族音乐和舞台艺术；发展现代艺术的同时，保护传统手工艺术；对全国各地文化中心实施管理和指导；组织国内外各种文化交流活动，包括文艺团体互访与演出、文化艺术展览与交流、举办文化周活动等。

卡塔尔

一　文学

卡塔尔在远古时代，囿于历史条件与具体国情，独特的文学底蕴不足，直到进入伊斯兰纪元时才有明显变化。公元 7 世纪末，卡塔尔诗人兼文学家卡塔尔·伊本·富加及其兄弟阿拉伯文学家马胡兹·富加，在阿拉伯海湾乃至整个阿拉伯伊斯兰大帝国中，均享有盛名，他们的作品体现了能言善辩和擅长修饰的特长，因而一直流传至今。尤其是卡塔尔·伊本·富加的诗歌中充满激情，富有战斗与视死如归的精神，至今仍为阿拉伯社会所称颂。此后，卡塔尔自身的文学作品主要表现在世代流传的故事上，多以诗歌形式在民间流行传播。

20 世纪 50 年代，卡塔尔文学开始新的发展。不仅出现了有名望的文学家兼诗人阿卜杜·拉赫曼·穆阿维达教授，而且还有女诗人兼文学家杏德·萨拉曼。杏德不仅写诗著文，而且还是位文学评论家，并精通历史与旅行。同一时代的卡塔尔统治者阿里·本·阿卜杜拉·阿勒萨尼本身也是一个文学家。他自幼酷爱读书，其文学作品至今仍为卡塔尔乃至阿拉伯文学界所推崇。

1971 年独立后，卡塔尔文学进一步发展。除了传统的文学遗产被作为民间文化遗产加以整理外，现代的诗歌等文学作品也层出不穷地涌现。其中成就突出的诗人有穆巴拉克·本·赛伊夫，其诗集有《夜与岸》、《夏夜》等。另一女诗人宰姬娅·玛露拉的诗集有《在思念的寺庙中》、《多彩的爱情》等。卡塔尔的短篇小说出现于 20 世纪 70 年代，多发表在各种报刊上，内容多描述昔日的苦难和当代的各种矛盾与冲突。卡塔尔直到 20 世纪 90 年代才出现中长篇小说。著名作家为黛拉勒·哈利法和舒阿婀·哈利法两姐妹。她们的作品有《人与湖的传统》和《海的旧梦》等。这些文学作品除在国内发行外，还广泛流传到其他阿拉伯国家。

国家文化艺术局每年组织一些阿拉伯国家文豪到卡塔尔访问讲学，也派一些卡塔尔文学工作者去其他阿拉伯国家做学术访问。分布在全国各地的文化中心与青年中心等机构，也经常举办诗歌朗诵等文学活动。卡塔尔群众性自发组织诗歌朗诵活动较为普遍，这也是传播卡塔尔历史文化的重要途径。

二 戏剧和电影

卡塔尔建有本国的剧团，以歌剧、歌舞剧和话剧为主。演出题材多为男女爱情、民族勇敢精神、忠于祖国与忠诚待人等主题，偶尔也有一些外国文学剧本的演出。目前，卡塔尔所有戏剧演出均用阿拉伯语。传统的戏剧演出，由于舞台上布景与演员服装的民族化色彩较浓，音乐悦耳，观众即使听不懂台词，也能获得赏心悦目的享受。卡塔尔戏剧院设施有限，仅在首都多哈有一个建于 1982 年、可容纳 550 名观众的剧场。各地文化中心与青年中心中有的设有小剧场。

卡塔尔电影院比剧场数量多得多，但主要放映埃及、黎巴嫩等国出产的阿拉伯电影，以及其他一些不含有损伊斯兰风俗习惯内容的外国电影。

三 音乐舞蹈

卡塔尔人如同其他国家阿拉伯人一样，能歌善舞，且民族传统风味浓厚。

1. 音乐

卡塔尔传统乐器以打击乐器为主，主要是各种各样的单面鼓（无底陶罐上口蒙皮而成）、双面鼓、带铃鼓等，多用手弹，个别也用木棒敲打。此外，其民族乐器还有阿拉伯竖笛、竖琴和单弦提琴等。

卡塔尔民间的民族音乐和歌曲主要分成两大类：一是与大海

有关，二是反映沙漠游牧生活。前者紧扣历史上的海上采集珍珠的生活，分为出海前送行曲、在海上作业的晨曲和暮曲、返航在海岸边的凯旋曲等。其中有"巴哈里"（Bahri 意为我的大海）、"阿德萨尼"（Adsani）等。反映沙漠游牧生活的乐曲节奏较快，据说从科威特传入较多。除这两大类乐曲外，还有各种表示喜庆活动的不同的伴奏歌曲。卡塔尔歌曲中，不少带有祈祷色彩。

卡塔尔也使用西洋乐器，其警察部队就建有一支苏格兰式军乐队，在重大节日期间还走上街头，为民众表演。

2. 舞蹈

卡塔尔民间民族舞蹈种类繁多。其中"阿德哈"（Ardha）舞用于重大庆祝活动，也经常用于婚庆典礼。该舞为男士穿正规民族服装并佩带刀剑，边舞边唱，充分体现卡塔尔民族强劲的阳刚之气。"扎凡"（Zafan）舞为男子独舞，在一圈歌手环绕伴唱中进行。"法莱沙"舞为讲述美、恶之间斗争故事的古典歌舞。流行较多的是"乐娃"（Lewa）、"塔姆波拉"（Tamboura）舞，还有在伊朗也较为盛行的"哈班"（Habban）舞。

卡塔尔跳舞通常为男女分离，各自扎堆跳，互不混合。专供女性跳的舞有"哈马里"（Khammary）舞，此乃脸戴面罩的集体舞，在结婚典礼上跳。较现代的女孩则跳"谢克·谢卡"舞，传统舞步中带有一点西方风味。

卡塔尔人酷爱歌舞，每逢周末或节假日，即使没有庆祝活动，也能经常看到公园、海滩或度假村等地有人围堆唱歌起舞，伴奏乐器仅仅是一个手弹鼓。卡塔尔人也喜欢以歌舞欢迎客人，甚至在一些博物馆也设有欢迎游客的歌舞展示。

四 美术与手工艺

绘画、造型艺术等在卡塔尔较受欢迎。不仅小学课程里设有美工课程，而且全国各地文化中心或青年中心

里，不少也开设有绘画、书法或造型艺术学习班，还经常举办成果展。有些妇女组织也设有绘画或造型艺术培训班。现任埃米尔夫人倡导举办的妇女组织，还同美国专业学院建立合作关系，为参加培训学习美工方面的女性颁发相应等级的资格证书。

卡塔尔人较为钟情其祖祖辈辈流传的手工艺技术与产品，视之为重要文化遗产之一。从用椰枣树枝叶加工的各种编织物，到金银首饰加工、珍珠宝石镶嵌，以及女性服装刺绣和钉饰物等民间手工艺品，至今在卡塔尔仍有较广泛的市场。这一手工艺在现代化经济和社会发展中依然得以生存，经久不衰并获得游客的青睐。此外，卡塔尔还盛行手工编织毛线毯和伊斯兰风格雕塑的室内装潢制品，亦被视为传统手工艺术。卡塔尔文化艺术局为发扬传统手工艺技术，利用一个古城堡设立了一个固定的展览，专门展出卡塔尔的手工艺精品。这一展览不仅形象地展示卡塔尔的民族特性，而且也增加旅游活动的景点。

五　文化设施

卡塔尔的文化设施多种多样，一是国家文化艺术局设立的剧场和该局下属各地文化中心的文化设施；二是国家图书馆局负责的国立图书馆及其分支机构；三是国家青年和体育总局下属青年中心里的文化设施；四是国家旅游局管理的供游览参观的文化遗产设施。除上述已经或将要介绍的文化设施外，还有在这里侧重介绍的国家博物馆与古迹局下属的机构与设施。国家博物馆与古迹局主要职责是管理历史性博物馆，保管文物并组织文物展览。该局负责管理的最大机构是位于多哈的卡塔尔国家博物馆。

卡塔尔国家博物馆于 1975 年开始运转后，很快即享有海湾地区重要文化遗产的声誉，并闻名于世。该博物馆面对多哈滨海大道，占地约 5 万平方米。其主要建筑原系阿勒萨尼统治家族第

三代统治者阿卜杜拉·本·穆罕默德（1913~1949 年在位）的王宫。该博物馆主要展出部分有：（1）老城堡，主要由阿拉伯伊斯兰格调的建筑组成，室内展出卡塔尔进入石油时代前的情况和文物；（2）新城堡，属现代化建筑，室内展览反映卡塔尔人文地理和自然历史、伊斯兰科学与工艺、石油工业发展及其对卡塔尔的影响、从沙漠到现代化生活；陈列卡塔尔一些兵器、编织工艺等展品，描述骆驼与马、狩猎及一系列反映风俗习惯的图片；（3）海洋生物馆，主要展出阿拉伯海湾水域的鱼类和其他海产品，并介绍卡塔尔人捕鱼、采珠及珍珠贸易、海上生活等情况；（4）人工湖，位于博物馆馆区内，陈列了一些传统帆船、渔船与现代游艇等；（5）植物园，汇集了世界各地沙漠植物。

国家博物馆与古迹局下辖机构中，还有流行传统之家、沃克拉博物馆、豪尔博物馆、祖巴拉地区博物馆及 1994 年新建的兵器博物馆等。

第四节　医药卫生

一　医药卫生体制和概况

1. 医药卫生事业管理部门

卡塔尔医药卫生事业原属内阁卫生部管理。1999 年内阁改组后，原卫生部被取消，其有关业务归并到社会服务与住房部。2005 年 5 月，卡塔尔政府决定组建国家卫生署，直属政府内阁，承担管理所有有关医药卫生范围的事务。政府管理医药卫生的具体部门主要是：卫生预防局、初级医疗卫生局、医药与医务管制局和学校卫生局。

2. 医疗服务承办单位

卡塔尔国营医疗服务单位分为两个层次：一是由一系列国立

医院组成的医疗集团，承担各专科诊断医治和住院治疗；二是分布在全国各地的 25 个国立医疗卫生服务中心和各个国立学校规模不等的医务所，向各种病人提供初级医疗服务。除国营医疗机构外，卡塔尔还有一些私人医院与诊所及药店。

3. 医疗福利的改革

卡塔尔独立后，曾长期实行本国公民、外籍居民均享受免费医疗福利待遇的制度。后来，因为医疗部门遭受持续超负荷运转的压力，而被迫有所改革。据统计，在未实行改革时的 1994 年，仅数十万人口的卡塔尔，其医疗部门接诊治疗的人数达 260 万余次，1998 年则进一步达到 433 万人次。在总结以往经验的基础上，卡塔尔政府于 2000 年出台了政府补贴和个人象征性交费相结合的医保方式，凡卡塔尔公民与居民均可申请医疗保健卡，公民每人每年交 100 里亚尔，即可享受免费医疗待遇；获长期居留的居民每人每年交纳 200 里亚尔，即可享受政府多种医疗补贴，主要在门诊、诊断检查、手术和普通用药等方面。2005 年以来，卡塔尔政府为提高医疗机构的功效、克服官僚主义作风，反复酝酿以医疗保险方式提供医疗服务的最佳模式。为应对近年大量外籍人员的涌入对医疗服务形成的压力，卡塔尔政府计划在 2009 年左右实施新的医疗服务政策，规定每个在卡塔尔的外籍居民都要参加医疗保险，有关费用由个人和所在公司、企业等单位分摊。卡塔尔政府医疗改革的另一方面，是兴建私人医院。2004 年耗资 1 亿里亚尔的首家私人医院建成以来，卡塔尔如今至少已有 4 家私人医院，分流了不少病员，减缓了公费医疗的压力，激活了国立医疗机构有关服务水平的竞争。

4. 医疗事业的发展

卡塔尔医疗卫生质量较高，即使用西方国家标准进行衡量也是如此。据卡塔尔官方统计，1994 年卡塔尔共有临床医生 718 人，男女护士 317 人；私人诊所 77 个，私人药店 75 家。1998

年，全国共有医务工作人员 4500 人，医院病床 1250 张。

据世界卫生组织 2001 年统计，卡塔尔平均每万人可有 22 个医生、49 个护士，有关比例在阿拉伯国家名列前茅。另外，2002 年卡塔尔医疗卫生开支占国内生产总值的 3.1%，人均 894 美元。

近年来，卡塔尔医疗卫生事业又有新的发展。2005 年卡塔尔政府发展计划总秘书局公布数字显示，卡塔尔全国有公共医生 1657 名，护士 5217 名，医院病床 1500 张，较前有不少增加。卡塔尔政府计划到 2012 年使全国医院病床数增长一倍。2007 年，卡塔尔政府将医疗卫生事业拨款增至 48 亿里亚尔，占同年政府总开支约 7.3%。据联合国发展计划署统计，2005 年卡塔尔人均寿命已由 1975 年的 62 岁提高到 75 岁，大大高于阿拉伯国家同年度的平均数 67 岁。

二　医疗机构简介

1. 医疗卫生中心

卡塔尔全国设有 25 个国立医疗卫生与急救中心，其设置主要按地区与人口多少而安排，使医疗服务的覆盖网络尽量便民。出于同一考虑，这些医疗卫生中心，每日工作时间普通科室为 12 小时，急诊室为 24 小时。

医疗卫生中心为基本医疗单位，每个中心人员组成中都有一批普通和专科临床医生、护士和研究人员，配备先进的医疗设备与器材，还拥有实验、检验室和药房。每个中心规模不等，有的随所属的社区扩大或避免拥挤而扩大规模。有的中心还建有自己的小型手术室并设有眼科、耳科、心脏科、皮肤科等专科。每个中心都有一个病历室，将患者的病历输入电脑，便于医生通过电脑联网迅速了解病人情况和决定应采取的医疗方式。

卡塔尔医疗卫生中心还同国际卫生组织相互交流医护经验和

信息，并组织专家互访活动。进入 21 世纪后，新立项的医疗服务设施中有新建 30 个救援和急救中心，覆盖卡塔尔全国各地。

2. 哈马德医疗集团

该集团由一系列国立医院组成。其中哈马德总医院、鲁梅拉医院和新建的北方医院为综合医院，余为妇女或其他专科医院。这些医院基本满足了国内各种医疗卫生服务的需要，又在实践中培训了卡塔尔医护人员。

哈马德总医院于 1982 年开业，是卡塔尔最大的综合医院，专业科室较齐全，拥有 630 个床位。设有以下科室：（1）手术部设有：普通外科、整形外科、神经外科、儿童外科、眼外科、心血管外科、泌尿外科、牙外科及麻醉科等科室，每个科室由会诊、专家与注册医生 3 个医疗组组成；手术部拥有 241 张病床，该部普通整形和泌尿外科积极参与地区国家有关专业的培训活动。（2）内科医疗机构分别设有：心脏、风湿、糖尿病、内分泌紊乱、消化、血液、皮瘤及其他诊断科室，另有肿瘤医治与激光治疗及艾滋病实验室等科室。（3）儿科拥有 78 张病床，医疗机构分别设有：肾结石、血液病、肿瘤及内分泌等专科诊室，每个科室均有会诊、专家和注册医生 3 个医疗组。其下属的萨德儿童急诊室有 18 个床位，接收各种儿童急诊病人，诊室由 8 名会诊医生、6 名专家、9 名注册医生及 41 名普通医生组成。（4）麻醉部装备先进仪器，其人员除参加本院手术麻醉工作外，还参加一系列国际研讨与座谈会等学术会议。（5）临床与病原实验室，主要为哈马德医疗集团急诊中心提供病例进行多功能的实验测试、血样抽检、尸检与解剖。该院在新世纪新建一个五星级旅馆式服务病房。

妇产医院于 1988 年 9 月开业，拥有 334 张病床，侧重妇产与婴儿的医护工作。该院有不少女医生，还设有不孕科，可采用试管婴儿国际先进的治疗方法。该院也有一个五星级旅馆式服务

病房。

鲁梅拉医院建于 1957 年，扩建后拥有 180 张床位，用于老年病和康复病人；另有 119 张病床供短期病人使用。该医院设有烧伤科、儿童康复科、牙科、理疗科等科室，可接收长年住院病人。

北方医院，为 2005 年 5 月开业的新建医院，位于豪尔地区，面向北方地区居民。该医院占地面积 19.2 万平方米，其中 2 万平方米为建筑面积，另有大面积绿地和可容纳 320 辆车的停车场。所设科室中有妇产、急救、手术等科和实验室以及药房。其住院病床现为 100 张。

阿迈勒（Amal 希望）肿瘤医院，2004 年年中开业，现有 70 个床位，计划年收留肿瘤病人 600 人，治疗 4500 人次。该医院与德国汉堡大学合作，具有世界一流医术和先进医疗设备。

新建的哈马德医疗城综合体主要有 4 所专科医院，2002 年局部开业，2008 年全部完工。其中，心脏专科拥有 80 张病床；骨科与创伤专科拥有 80 张病床；儿童医院与康复医院规模适中，装备精良。

沃克拉医院，属新建医院，面向卡塔尔南部地区居民，设计容纳 200 张病床。

另外，卡塔尔还计划新建一所神经专科医院，并在鲁韦斯和杜汉分别建一所拥有 50 张病床的医院。

3. 护理技术中专和医学院

护理技术中专学校原来是卡塔尔唯一的有关专科的国立学校，建于 1969 年。该校规模有限，在校生仅 100～200 人。卡塔尔政府为每个学员每月发 1800 里亚尔奖学金。

2004 年，美国康奈尔医学院卡塔尔分院在卡塔尔教育城开课，2008 年起每年为卡塔尔医务界输送一批专业人员。

2007 年，卡塔尔大学新建一所医学院开课，既为卡塔尔医务界培养人才，也将使卡塔尔国立医学教学水平有较大的提升。

4. 私营医院

卡塔尔全国目前共有 4 所私营医院，它们是阿哈利（Al - Ahali 国民）医院、伊马迪（Al - Emadi）医院、美国医院和多哈临床医院。这些医院服务质量较好，但收费较高，光顾对象多为富人和不享受政府医疗补贴的外籍人。

三　卫生预防服务

卡塔尔政府卫生预防局下辖疾病防治与统计处、卫生教育处、环境保护与职业卫生处、口岸卫生处和体格检查处等机构。

卫生预防局主要职责是通过接种疫苗、食品管制和机场、海港口岸卫生检疫等方式来预防传染病和流行病；加强全民卫生教育，尤其是关怀妇幼健康的宣传；严格保护环境卫生。同时，该局还负责每个公民、居民的生死登记，并发给相应证明；起草适宜的抗御传染病的法令；关注并上报环保与职业卫生条件；监控全国陆地与海上不受污染；对外籍工人及其他需要者进行体检。

卫生预防局建有两个专业化的实验室，一是监控饮水和食品的卫生；二是检查国产与进口奶制品卫生。另有一个中央实验室。

卡塔尔重视油轮深海航行造成海水污染及其他工业造成海水污染的危害问题，早在 1981 年就专门建立了有关的常设环保委员会。卡塔尔是有关阿拉伯海湾海岸环保的科威特协议的倡议国。

为了创造良好的卫生环境，政府重视通过新闻媒介进行卫生宣传，尤其注意在国立学校中开展卫生教育。

四　卫生服务水平

卡塔尔从世界各地聘用高水平的医生，经常邀请外国医疗专家到卡塔尔进行工作访问和技术交流，不时派遣哈马德医疗集团人员到国外进修，从而使卡塔尔医疗卫生服务保持在较好的状态。此外，卡塔尔还经常主办医学方面的国际会议。

除了各地医疗卫生中心装备现代化的医疗设备和器材外，哈马德医疗集团的医院也都装备较先进的医疗设备和仪器。例如哈马德总医院的心脏科装备世界一流的核磁共振图像仪、切片扫描仪和激光仪器，为病人提供现代化诊断检查。妇女医院在治疗不孕症方面具有世界先进水平。哈马德总医院有 30 部透析仪器可一周 6 天运转，既方便又价廉。此外，卡塔尔医院在采血和储存、人体器官移植等方面的技术也较先进。

在急救方面，不仅急诊医生水平高，设备先进，而且急救速度快。卡塔尔医护急救车的设置，要求 10 分钟内赶到病人所在地，并能实施初步救治。

第五节 体育

塔尔国早在独立前即高度重视体育运动，现任埃米尔哈马德当局则进一步发展了卡塔尔的体育运动事业：健全了体育运动的领导体制，大力推动体育运动专业队伍、联合组织和俱乐部的发展，不断投资建设、翻新各种体育运动场所及相关设施并使之达到国际现代化标准，积极开展国内外多种形式的体育竞赛活动，不仅提高了本国体育运动水平，而且扩大了卡塔尔的地区和国际影响。

一 体育领导体制

塔尔国体育运动的最高行政领导部门，现今是政府内阁直属的青年和体育总局。国家奥林匹克委员会则是卡塔尔体育运动的最高技术领导和协调单位。

在 20 世纪 50 年代，卡塔尔体育运动仅为群众自发和民间自行组织的活动，主要侧重于民间流行的运动项目，如马术、足球、摔跤和骆驼比赛等。1961 年，政府决定成立国家体育运动联合会后，才出现正式的体育组织，将体育运动纳入官方领导的轨道。该体育运动联合会曾改名为国家最高体育运动委员会。

卡塔尔政府习惯于将体育运动与青年活动结合在一起。1979 年，政府决定成立国家青年福利和体育运动最高委员会，同时成立了卡塔尔国家奥林匹克委员会。国家青年福利和体育运动最高委员会领导全国青年工作的同时，也领导全国的体育运动工作，并成立了一系列的专业体育协会和各种类型的体育俱乐部。此变更被视为卡塔尔体育运动发展的重要起点。1990 年，国家元首埃米尔颁布法令，建立青年和体育总局（YSGA）取代青年福利和体育运动最高委员会，明确其为独立的法人机构并享有国家单列预算经费；规定其主要职责是：决定青年工作的总方针、培训体育运动领导人、审批青年工作计划并监督实施情况；组建各类体育俱乐部和体育联合会；对青年体育活动给予物质和精神上的鼓励与奖励；批准和保障有关青年体育项目及活动的经费；负责有关青年体育事务的研究。这一举措，进一步促进了卡塔尔体育运动的发展。

卡塔尔体育运动的开展，采取官方领导、专业技术组织与民间组织相结合的方式。国家青年和体育总局作为政府代表，负责对体育运动的行政领导与后勤保障。公办为主的各体育俱乐部，为专业体育运动员队伍的组织归属单位、专业与业余运动员的训练与比赛活动场所。国家设立的各体育专业联合会，为体育专业技术归口领导机构，是有关专业技术提高和内外比赛活动的组织者。为加强对体育运动的技术领导并同国际接轨，卡塔尔重视发挥国家奥林匹克委员会的作用，由其从技术与行政两方面管理掌握全国所有的体育联合会，决定卡塔尔参与地区与国际运动会的项目，推荐各项运动的国家队领导，为重要运动比赛作出安排。现任王储塔米姆兼任国家奥林匹克委员会主席和国际奥林匹克委员会委员，反映了卡塔尔奥委会的分量，也体现了当局对体育运动的重视。除官方控制与支持的体育组织外，卡塔尔民间仍保留并新建一些俱乐部等体育组织。

卡塔尔政府倡导"体育为大家"的口号。在此方针下，国家青体总局与奥委会大力推动群众性体育运动。除经常组织各类体育比赛活动外，还广泛地吸收群众到体育俱乐部锻炼身体，同时加强各级学校体育运动的开展。

二 体育机构

塔尔的体育机构，主要是国家青年和体育总局和奥委会领导下的体育运动专业联合会和体育俱乐部。

卡塔尔现建有 26 个体育运动专业联合会，它们是：卡塔尔足球联合会，建于 1960 年，1963 年加入国际足球联合会，1975 年加入阿拉伯足球联合会，1976 年加入亚洲足球联合会；卡塔尔篮球联合会，建于 1964 年，1974 年加入阿拉伯篮球联合会，1977 年加入国际篮球联合会，1979 年加入亚洲篮球联合会；卡塔尔排球联合会，建于 1962 年，1964 年加入国际排球联合会，1975 年加入阿拉伯排球联合会，1976 年加入亚洲排球联合会；卡塔尔乒乓球联合会，建于 1962 年，1976 年加入阿拉伯乒乓球联合会，1979 年加入国际乒乓球联合会，1980 年加入亚洲乒乓球联合会；卡塔尔手球联合会，建于 1968 年，1975 年加入阿拉伯手球联合会，1976 年加入亚洲手球联合会，1978 年加入国际手球联合会；卡塔尔保龄球联合会，建于 1979 年，1980 年加入亚洲保龄球联合会，1981 年加入国际保龄球联合会；卡塔尔马术联合会，建于 1976 年，1980 年加入国际马术联合会；卡塔尔射击和射箭联合会，建于 1987 年，同年分别加入阿拉伯、亚洲

和国际射击与射箭联合会；卡塔尔摔跤联合会，建于 1998 年；卡塔尔拳击联合会，建于 1998 年，同年分别加入阿拉伯、亚洲、国际拳击联合会；卡塔尔田径联合会，建于 1963 年，同年加入国际田径联合会，1975 年加入阿拉伯田径联合会，1976 年加入亚洲田径联合会；卡塔尔网球联合会，建于 1984 年，1985 年分别加入阿拉伯、亚洲、国际网球联合会；卡塔尔橄榄球联合会，建于 1998 年；卡塔尔象棋联合会，建于 1985 年，同年加入国际象棋联合会；卡塔尔举重与健美联合会，建于 1997 年，同年加入国际举重联合会，1999 年加入阿拉伯举重联合会，2000 年加入亚洲举重联合会；卡塔尔台球联合会，建于 1991 年；卡塔尔柔道协会，建于 2001 年；卡塔尔跆拳道联合会，建于 1995 年，1996 年分别加入阿拉伯、亚洲、国际跆拳道联合会；卡塔尔自行车联合会，建于 2001 年，2002 年分别加入阿拉伯、亚洲、国际自行车联合会；卡塔尔击剑联合会，建于 2000 年，2001 年加入国际击剑联合会，2002 年分别加入阿拉伯、亚洲击剑联合会；卡塔尔汽车和摩托车竞赛联合会，建于 1977 年，1982 年加入国际汽车竞赛联合会，2003 年加入国际摩托车竞赛联合会；卡塔尔帆船和划桨联合会，建于 2003 年，同年分别加入阿拉伯、亚洲、国际有关联合会；卡塔尔水上运动联合会，建于 2000 年，同年加入国际水上运动联合会，2004 年加入国际滑水联合会；卡塔尔体操联合会，建于 2000 年，同年分别加入阿拉伯、亚洲、国际体操联合会；卡塔尔高尔夫联合会，建于 1993 年，同年加入国际高尔夫联合会，1994 年加入亚洲高尔夫联合会；卡塔尔游泳联合会，建于 1977 年，同年加入国际游泳联合会，1993 年分别加入亚洲、阿拉伯游泳联合会。

　　除上述体育运动联合会组织外，卡塔尔还建有妇女体育运动委员会和骆驼比赛委员会，亦为青年和体育总局管辖的体育专业性组织机构。

卡塔尔目前建有 16 个综合性的体育俱乐部，分布在首都多哈及其他城市。其中首批兴建的俱乐部有 9 个，分别是阿哈利（国民 Al—Ahli）体育俱乐部，建于 1950 年；阿拉比（阿拉伯人 Al Arabi）体育俱乐部，建于 1952 年；沃克拉（Al－Wakrah）体育俱乐部，建于 1959 年；塔文（Al—Taawun）体育俱乐部，建于 1961 年；卡塔尔（Qatar）体育俱乐部，建于 1961 年；赖扬（Al—Rayan）体育俱乐部，建于 1967 年；萨德（Al—Sadd）体育俱乐部，建于 1969 年；伊帖哈德（联合 Al—Ittihad）体育俱乐部，建于 1979 年；沙马勒（北方 Al—Shamal）体育俱乐部，建于 1980 年。第二批组建的俱乐部有 7 个，分别是纳哈达（觉醒 Al—Nahda）体育俱乐部，伊帖法克（一致 Al—Ittifag）体育俱乐部，沙巴布（青年 Al—Shahab）体育俱乐部，塔达蒙（团结 Al—Tadamon）体育俱乐部，豪尔（Khor）体育俱乐部，希拉勒（新月 Al—Hilal）体育俱乐部和卡迪西亚（Al—Qadishyah）体育俱乐部。

据卡塔尔奥林匹克委员会 2008 年统计，卡塔尔原有 16 个综合性体育俱乐部总数未变，其中萨德、豪尔、阿拉比、沙马勒、沃克拉、卡塔尔、阿哈利、赖扬等 8 个体育俱乐部依然如故，其余 8 个则分别由加拉法（Gharafa）、哈里提亚特（Kharrtiyath）、赛莉亚（Sailiya）、梅塞尔（Maether）、乌姆萨拉勒（Umm Salal）、马尔赫耶（Markhiya）、梅赛米尔（Mesaimeer）和沙哈尼耶（Shahaniya）体育俱乐部取代。

除综合性体育俱乐部外，卡塔尔还有赛车俱乐部、帆船俱乐部、高尔夫俱乐部、残疾人体育俱乐部、赛马俱乐部和水上单车俱乐部等。

卡塔尔青年和体育总局所辖 50 多个青年与体育机构中，除上述体育机构外，还有归属其青年事务部管理的青年事务机构与单位。它们主要是：（1）5 个青年中心：多哈青年中心、乌姆萨拉勒青年中心、纳赛尔青年美术中心、多哈环保朋友中心、沙利哈里吉健康中心。它们主要举办绘画、书法、电脑、摄影、环保和健康知识等学习班，组织青少年参加。（2）2 个青年活动营：一个在北部加利亚（Al—Ghariyah），可容纳 500 名单身青年及 8 个家庭，建有足球场、排球场各 1 个；另一个在多哈郊区的阿布阿布德角，拥有 4 万平方米的营地，可接纳 500 名单身青年和 25 个家庭，除通常的餐馆、咖啡厅外，还建有室外排球、足球和手球场。（3）2 个青年协会：卡塔尔摄影协会和青年家庭协会。（4）2 个青年俱乐部：社会与文化俱乐部、科技俱乐部。此外，青年事务机构还设有接待国内外青年旅游与体育爱好者的青年旅社，该社位于多哈地区。

除国家青年和体育总局下辖的体育俱乐部外，卡塔尔私营企业还建有体操、健身等俱乐部。豪尔与杜汉两地的每上运动俱乐部，既从事教学也组织比赛活动。

三 体育水平及国际交流

自 20 世纪 90 年代以来，在政府的关怀与推动下，卡塔尔体育运动有较明显的发展。体育运动普及面较广，由过去民间自行组织到官方管理与鼓励，群众性参与率较高；参加地区与国际体育比赛较积极，由过去在国际体坛默默无闻到现在较为活跃，并能获得不少奖牌。2003 年，卡塔尔在海湾合作委员会国家男子篮球比赛中获第一名；1989、1999 年两次在国际保龄球赛中获得世界杯；1999、2004 年两次获阿拉伯象棋的冠军；2003 年位居国际马术表演第一名；2004 年，在海湾足球联赛中夺冠；2004 年，获得海湾国家高尔夫球锦标赛的团体冠军；在 2004 年亚洲手球锦标赛中夺冠；在 2000 年阿拉伯乒乓球赛中，获得男子单打冠军；2006 年 12 月，在多哈举办的第 15 届亚洲国家运动会上，卡塔尔选手夺得 6 枚金牌，在海湾国家与

阿拉伯国家中名列前茅。此前，卡塔尔在上届亚运会上，获得 4
金 1 银 4 铜的好成绩，在与会的阿拉伯国家中名列第一。此外，
卡塔尔运动员穆罕默德·苏莱曼在 1992 年巴塞罗那国际奥运会
上夺得 1500 米赛跑项目的铜牌，艾斯阿德·赛义夫在 2000 年悉
尼国际奥运会上获 105 公斤级举重项目第 3 名奖牌。

　　卡塔尔国小人少，而注册的运动员比例却很高，且增长较
快。1995 年时，卡塔尔全国注册运动员约 4500 人，到 1998 年
时已达 7539 人。据统计，这 7539 名注册运动员中，足球运动员
为 2060 人，占 27%；田径运动员 1028 人，约占 14%；篮球运
动员 483 人；手球运动员 863 人；排球运动员 476 人；其余 2629
人（约占 35%）为乒乓球、网球、保龄球、象棋、射击、马术、
高尔夫球、游泳、武术、摔跤和拳击运动员。

　　近年来，卡塔尔体育运动对外交往较多。除卡塔尔国家青年
和体育总局同各国同行之间的官方交往外，国家奥林匹克委员会
亦与外国同行来往较多，各体育专业联合会或协会与各体育俱乐
部对外均有不少交往活动。卡塔尔体育界聘用不少外国专家、教
练，还聘用了一些外籍加盟运动员。

　　卡塔尔积极参加地区与国际体育运动比赛，频繁组织同他国
相互间的体育比赛，还努力为地区运动会做东。在多哈曾举办过
国际保龄球赛、国际橄榄球赛、世界击剑比赛、第三届国际足球
友谊赛、国际帆船赛、国际举重公开赛、第十届国际青年摔跤
赛、国际排球赛等。1999 年，在多哈举行了阿拉伯国家运动会，
多哈"哈利法"体育城举办过世界青年足球锦标赛。

　　近年来，卡塔尔派团参加地区、国际体育比赛活动有长足发
展，举办地区、国际体育比赛活动更为引人注目。据卡塔尔国家
奥委会统计，卡塔尔参加过 1976 年叙利亚、1985 年摩洛哥、
1992 年叙利亚、1996 年黎巴嫩、1999 年约旦、2004 年阿尔及利
亚、2007 年埃及举办的历届阿拉伯国家运动会，参赛项目逐步

增多，由前几届仅参加田径、足球等为数有限几项比赛，发展为参加 20 大项的赛事。卡塔尔自 1978 年起，参加历届亚洲国家运动会，参赛项目由田径单项起步，逐渐增多，在多哈亚运会上参赛项目多达 25 大项。卡塔尔于 1976 年首次派团出席蒙特利尔国际奥运会时，仅有几名行政管理人员前往；1984 年起参加历届国际奥运会，参加项目也逐步增多。

据卡塔尔国家奥委会 2008 年 8 月公布的材料介绍，2006 年卡塔尔举办的国际体育比赛除亚运会外，主要有：国际赛车大师大奖赛、多哈国际手球公开赛、第 5 届卡塔尔国际自行车赛、第 10 届卡塔尔国际乒乓球锦标赛、国际快艇大奖赛、多哈国际击剑大奖赛、世界摩托车锦标赛第 2 回合赛、卡塔尔国际田径超级锦标赛、多哈网球大师锦标赛。2007 年卡塔尔举办的国际体育比赛主要有：国际足球友谊赛、卡塔尔国际自行车赛、多哈国际网球锦标赛、卡塔尔国际橄榄球锦标赛、多哈击剑大奖赛、卡塔尔高尔夫公开赛等。2008 年卡塔尔举办的国际体育比赛主要有：国际马术锦标赛、海湾合作委员会国家第 28 届篮球俱乐部锦标赛、海湾合作委员会国家第 8 届露天游泳锦标赛、卡塔尔世界台球公开赛、亚洲摔跤锦标赛、多哈国际篮球友谊赛、海湾柔道锦标赛、第 3 届海湾男子跆拳道锦标赛、多哈国际男子手球锦标赛、亚洲帆船锦标赛、国际青年网球锦标赛、世界汽车载重锦标赛、第 8 届阿拉伯射击锦标赛、第 4 届亚洲艺术体操锦标赛、海湾帆船冠军杯赛、第 8 届卡塔尔国际保龄球公开赛、第 2 届自行车金衫公开赛、多哈国际青少年手球锦标赛。2009 年卡塔尔已经和计划举办的国际体育比赛主要有：卡塔尔高尔夫球公开赛、多哈国际自行车大奖赛、国际击剑大奖赛、第 8 届国际足球奥林匹克选手友谊赛、第 8 届国际自行车循环赛、第 7 届卡塔尔国际帆船锦标赛、第 5 届国际青少年乒乓球锦标赛、第 13 届卡塔尔国际乒乓球锦标赛、第 9 届卡塔尔国际跨栏 2009 锦标赛、第 18

届卡塔尔国际阿拉伯骏马赛、第 3 届国际青少年橄榄球锦标赛、阿拉伯自行车锦标赛等。

由于承办 2006 年亚运会取得很大成功，卡塔尔首都多哈被列为 2010 年亚运会预备城市，在既定东道主举办困难情况下接手承办这届亚运会。卡塔尔已竞选成功在 2010 年举办世界田径锦标赛，并已当选承办 2011 年足球亚洲杯锦标赛的东道国。此外，多哈已被列为竞争承办 2016 年国际奥林匹克运动大会的世界 7 个候选城市之一。

卡塔尔体育运动水平的迅速提高，承办国际体育赛事能力的彰显，既是广大有关人员和组织不懈努力的结果，也与埃米尔哈马德为首的卡塔尔主要领导人的关注密不可分。埃米尔哈马德和王储塔米姆本身就是体育运动爱好者、积极的倡导与推动人。据报道，埃米尔哈马德热衷于工作，同时酷爱体育运动，是一个成功的潜水员、骑手，还爱好驾车在沙漠中进行狩猎。为了发展本国体育事业、提高卡塔尔在地区与国际上的声望、促进本国各个方面的发展，埃米尔哈马德除了大力拨款用于体育设施建设外，常常不惜花重金组织多种国际性体育运动大奖赛，给应邀参赛各国人员以优厚生活待遇，为比赛优胜的运动员颁发高额奖金。卡塔尔足球组织一度招引不少来自巴西、阿根廷、德国、西班牙等国国际足球明星，不仅所给薪酬极高，还有许多宽厚的优待。此外，还有一些亚非国家优秀运动员加入了卡塔尔国籍，并在不同的国际体育运动比赛中为卡塔尔赢得过奖牌。

四　体育设施

截至 2008 年，卡塔尔全国共有 150 处专用体育及其配套设施，其中主要或突出的有以下单位。

体育精英学院，2004 年建成于多哈。它拥有高水平的国际专业体育场馆，是体育精英最佳训练和比赛场所，也是一座完整的体育城。该院开幕仪式活动时，曾请到世界足球明星贝利和马拉多纳出席。其主体建筑是圆顶钢架体育馆，大小与高度在世界上名列前茅。该院开张以来，已接待过国际体操锦标赛等不少大型体育竞赛活动，其中最突出的是承办了 2006 年亚运会许多赛事。卡塔尔人将此体育综合城当作本国和阿拉伯国家的骄傲，认为它属世界上最美的体育城之一。

运动员村（亚运村），位于多哈市中心。设计接待 2006 年亚运会 12000 人，包揽所有住宿、就餐、娱乐场所等服务设施，还建有足够的公共场所及休闲和训练场地。最理想的是，其位置靠近各赛事地点，10 ~ 20 分钟内即可准确方便地到达各比赛场馆。

卡塔尔骨科医院兼体育运动医疗中心，位于多哈，为体育运动损伤提供专业性的诊断和医疗服务，包括理疗和康复照顾。该院设有 100 张内科床位，4 个外科手术室，还有露天游泳池、水疗池、1 个药剂所、会议厅、病员康复和疗养馆。

哈利法奥林匹克运动城，简称哈利法体育场，1976 年按现代化奥运会标准兴建于多哈。它拥有可容纳 4.5 万名观众的足球场；奥运会标准的室内田径运动馆可容纳 1800 名观众。除篮球、手球、排球和网球等赛场与练习设施外，它还建有 1 个奥林匹克级游泳池和 1 个多功能的体育医务中心。该体育城在 2006 年 12 月承办了第 15 届亚运会的开幕式和闭幕式盛会。

哈利法国际网球与橄榄球综合运动场，建于 1992 年。该综合运动场中心赛场拥有能容纳 4500 人的观众席，2 个室外赛场各有能容纳 750 人的观众席；除了 6 个练习场地外，还有体操与健美中心、露天游泳池及用于婚庆在内的盛大庆典活动的宴会厅。2000 年年底前，又增加 1 个室内网球场和 1 个室内游泳池。

多哈高尔夫俱乐部，于 1997 年建成，从属于卡塔尔国立旅店公司。它拥有卡塔尔第一个绿茵高尔夫球场，也是国际专业比

赛的良好场所。自 1998 年起，每年在这里举行年度性卡塔尔高尔夫球冠军赛。该高尔夫球场分为 9 洞和 18 洞两个场地，间以 8 个人工湖，四周环绕椰枣树和大仙人掌丛，形成一块沙漠绿洲。2001 年，该高尔夫球场又增设了游泳池、冲浪与桑拿浴池、健身中心和儿童室内游乐场。

哈马德国际水上运动中心，位于哈马德国际体育场附近。它按奥运会标准兴建，采用了国际最新技术和规格。它所具备的各种游泳训练和比赛的先进设施、观众看台及贵宾席，适宜举办有关的国内和国际锦标赛。

女子网球场，系卡塔尔最新体育设施之一，建有 2 个赛场和观众看台，只供女性使用。

瓦吉巴少女训练中心，装备最先进的器材，接收青少年女孩，对她们进行体育方面现代化手段的培训。

除上述体育设施外，卡塔尔现有的 16 个综合性体育俱乐部中，均建有 1 个足球场和 1 个体育场馆。其中有 6 个较现代化的俱乐部，每个均设有能容纳 1.5 万名以上观众看台的足球场、1 个田径运动场、1 个室内体育厅及体操房、网球场、橄榄球场、练习场地等设施，有的还配备游泳馆。萨德体育俱乐部 2004 年建成的贾斯姆运动场，不仅有可容纳 15000 名观众的看台，而且建筑风格艺术化，使人感觉非常舒适。赖扬体育俱乐部的艾哈迈德运动场，可容纳 3 万名观众，按国际最现代化技术设计和最高级施工水准建成，卡塔尔人以此引为自豪。与之类似的加拉法体育俱乐部的萨尼运动场，也可容纳 3 万名观众，建有 4 个运动员更衣厅，可满足 4 支球队同时进行连续 2 场比赛的需要，附设的先进电子、照明装备可供电视转播、录像现场直播，2006 年多哈亚运会将其作为足球赛场使用。阿拉比体育俱乐部的哈马德运动场，可容纳 25000 名观众，2006 年多哈亚运会前完成重装修。卡塔尔体育俱乐部的塞希姆运动场，涂以黑、黄两色，也属卡塔尔最美体育场之一，先进的建筑设备和现代化新闻器材，使之非常适宜举办国际体育赛事。沃克拉体育俱乐部的沙特运动场，位于卡塔尔南部地区，2006 年多哈亚运会前完成再装修，适宜举办国际赛事。

为承办 2006 年多哈亚洲运动会，卡塔尔新建了 1 个体育村（包括可接待 2.5 万人的休闲、运动、娱乐场所，可接待 1.2 万人的住宿、用餐等设施），1 个新闻宣传中心，1 个医务所及其他各种必要的设施。卡塔尔政府总共拨款 27 亿美元，用于新建体育村、原有运动场所的扩建和维修以及亚运会筹备工作等各项费用。

此外，卡塔尔不少旅馆、度假村都建有不同的体育设施。卡塔尔大学建有完备的男女分离的体育设施，各公立、私立与外籍中、小学校均设有良好的体育设施。

五 传统体育运动

卡塔尔在开展现代体育运动的同时，对其传统的体育项目仍然情有独钟，也体现了卡塔尔人处处坚持其民族特色的风格。其中，马术与骆驼赛更受到广泛的欢迎。卡塔尔国家青年和体育总局既关注马术比赛、马术俱乐部，也注意对骆驼比赛委员会的领导。在卡塔尔进行赛马与马术比赛或骆驼赛时，按伊斯兰教规定行事，均严格禁止赌博。

多少年来，赛马与马术表演赛一直是卡塔尔体育活动日程中的重要项目。乌姆赛义德海岸地区经常举行卡塔尔本国和国际性沙漠马拉松的骑马竞赛；赖扬跑马场则不时举办国内、地区与国际性马术比赛或表演，包括跑道赛跑、跨栏等项目。有关赛马俱乐部还对外开放培训青年骑手。值得一提的是，卡塔尔统治家族酷爱马术，国家元首埃米尔在沙卡布（Al Shagab）建有一个私人养马场兼骑马俱乐部，传授骑马基本技巧，举行马术表演等。

该养马场因培养出许多冠军赛马而享有较大的声誉。这里的马厩长年保持 200 多头纯种阿拉伯骏马，建有马拉松马厩、选美马厩、骏马诊所、生育房间、骏马游泳池、骑马俱乐部学校等设施。近年来，该养马场对公众开放，成为多哈地区游览景点之一。

骆驼比赛是卡塔尔又一重要传统体育运动项目，备受各阶层人士青睐，也在地区享有盛名。卡塔尔骆驼比赛委员会具体负责本国、地区性骆驼比赛的安排和组织，比较活跃。骆驼比赛主要地点在沙哈尼亚骆驼赛场。那里有数公里长的沙土骆驼赛道，并行有观察、监督比赛的越野车道。卡塔尔赛驼是阿拉伯单峰驼，骑手驾驭不易，弄不好就有摔伤、致残的可能。为了追求赛驼的最大速度，参赛方面尽量降低骑手体重，有时采用少年骑手。2002 年，一名小骑手在骆驼赛中摔伤后不治身亡的事件，引起卡塔尔官方的重视，决定在国际上招标寻求制造轻质机器人骑手，以取代少年骑手。瑞士一家专门研制机器人的公司中标并于2005 年 6 月试制成功，当年即签订了首批制造 150 个机器人的合同，每个售价为 8000 欧元。

卡塔尔还将猎鹰打猎作为一种体育运动。由于猎鹰价格昂贵，如今这一传统体育运动活动范围有所缩小。目前饲养的猎鹰主要是沙欣与侯尔两个品种，狩猎目标主要是野鸽、斑鸠和野兔等；狩猎季节为冬季，地点在离城镇较远的野外。

第六节　新闻出版

卡塔尔新闻出版事务，原来长期由内阁新闻文化部统一归口管理。1995 年 6 月，现任埃米尔哈马德上任后推行改革，其中重要内容之一就是实行新闻自由。为此，他先是很快作出取消原由新闻文化部稽查局对新闻出版物进行检查的决定，后又在 1998 年取消新闻文化部的建制，该部有些下属单位改为直属内阁领导或分别划归外交部等部门管理。

一　报刊与通讯社

1. 报刊

卡塔尔目前出版发行各种日报、周刊、月刊和季刊共 17 份。其中，阿拉伯文日报 4 份、周刊 4 份、月刊 4 份、季刊 1 份；英文日报 2 份、周刊 1 份、季刊 1 份。有关报刊出版发行机构均在多哈。

阿拉伯文日报有：《阿拉伯人》，1972 年由泛阿拉伯印刷出版社创刊，系政治性日报，发行量 2.5 万份；《旗帜》，1979 年由海湾出版印刷公司创刊，属政治性日报，发行量 2.5 万份；《东方》，1987 年由东方印刷出版和发行社创刊，系政治性日报，发行量 4.5 万份；《祖国》，1995 年由祖国印刷出版和发行公司创刊，系政治性日报，发行量 2.5 万份。

英文日报有：《海湾时报》，1978 年由海湾印刷出版公司创刊，系政治性日报，发行量 1.5 万份；《半岛》，1996 年由东方印刷出版和发行社创刊，亦属政治性日报，发行量 8000 份。

阿拉伯文周刊有：《泛阿拉伯》，1970 年由泛阿拉伯印刷出版社创刊，系政治性杂志，发行量 1.2 万份；《旗帜》，系政治性周刊，为《旗帜》日报的姐妹刊物；《召集》，1991 年由"每周新闻"出版社创刊，系社会与娱乐性杂志；《锦标赛》，1978 年由阿卜杜拉·哈马德·阿提亚出版社创刊，系体育类杂志，发行量 6000 份。

英文周刊有：《海湾时报》周刊，系《海湾时报》日报的姐妹刊物。

阿拉伯文月刊有：《珠宝》，1977 年由阿哈德新闻印刷和发行机构创刊，系妇女杂志，发行量 8000 份；《卡塔尔建设》，

1989 年由马哈贸易与建筑公司创刊，系工程与建筑类杂志，发行量 1 万份；《东方女士》，1993 年由东方印刷出版和发行社创刊，系妇女杂志，发行量 1.5 万份；《乌玛》，1982 年创刊，系伊斯兰思想与事务及流行文化作品汇编刊。

阿拉伯文季刊有：《教育》，1971 年由卡塔尔国家教科文委员会创刊，系教育、文化与科技杂志，发行量 2000 份。

英文季刊有：《卡塔尔今天与未来》，1978 年由阿拉伯羚羊出版与广告公司创刊，系旅游信息类杂志，发行量 1 万份。

1969 年创刊的《多哈月刊》和 1980 年创刊的《海湾市场》杂志，分别于 1986 年和 1995 年停刊。1985 年创刊的《今日海湾》日报在 1987 年被《东方日报》取代。

在卡塔尔订阅外国报刊大多数能在出版后 1~2 天内收到。

2. 通讯社

卡塔尔新闻通讯社创建于 1975 年 5 月 25 日，系卡塔尔唯一的新闻通讯社。卡塔尔新闻通讯社原从属于内阁新闻和文化部，该部取消建制后，改属外交部。卡塔尔新闻通讯社总部设在首都多哈。

卡塔尔新闻通讯社自成立以来，一直致力于尽量扩大新闻覆盖面，同时不断更新发展装备和采取最新技术手段。其宗旨既为卡塔尔服务，也致力于阿拉伯和伊斯兰世界的团结。

卡塔尔新闻通讯社在阿拉伯海湾各国和多数阿拉伯国家建有分社，并派有记者；在大部分欧洲、美洲及亚洲重要国家首都派有记者站和常驻记者，从而使其新闻采集面覆盖世界大多数地区。通过外派人员及同许多国家同行签有互换信息协议，卡塔尔新闻通讯社的新闻传输渠道畅通，信誉良好。截至 1995 年，该社在卡塔尔国内拥有 87 家用户，在世界 27 个国家拥有 130 多个用户。该社每天用阿拉伯语、英语、西班牙语和葡萄牙语 4 种文字传输新闻。自 1990 年以来，该社每天 24 小时不间断运转，效率较高，跻身于阿拉伯重要通讯社的行列。

卡塔尔新闻通讯社拥有先进的彩色图像采集与传输设备，装有同时接听 32 个频道广播的器材，1994 年起开始采用电脑网络系统和卫星接收与转输的装置。除了政治、社会、经济等重大新闻外，卡塔尔新闻通讯社还致力于每天反映地区和国际上文化、科学及金融等方面的消息。

卡塔尔新闻通讯社还注意重要文献的收集、汇编和出版工作。该社被阿拉伯新闻通讯社联盟选中，作为该联盟与东南亚及太平洋新闻通讯社联盟之间的新闻与图像交换的收发中心。

在 20 世纪 90 年代，在卡塔尔开设分社或派常驻记者的外国新闻通讯社共有 20 多家。

二　广播、电视

卡塔尔广播、电视台原直属内阁新闻和文化部，1997 年改属新成立的卡塔尔广播电视总局，新闻文化部被取消建制后该局成为独立机构，直接对政府负责。除广播、电视外，该总局还下辖印刷发行局，主管图书、资料与报刊的出版发行事务。

1. 广播

卡塔尔广播局建于 1968 年 6 月，其电台在同一时间首次向世界广播卡塔尔之声。卡塔尔广播电台系国营广播电台，也是卡塔尔唯一的广播电台。自成立以来，它不断致力于更新装备、引进先进技术、改进广播节目，力求为国家和人民提供最佳服务。目前，卡塔尔广播电台每日用阿拉伯语、英语、法语和乌尔都语 4 种语言播音，除了"多哈音乐电台"与"古兰经电台"的广播节目外，每天用 4 种语言播音 50 多小时。

卡塔尔广播电台中波、短波和微波传输等手段较齐备，还引进了数字化先进广播器材。目前有 1 个短波波段、6 个中波波段和 5 个调频波段。

卡塔尔广播电台有时单独或与电视台等方合作，汇编、出版一些书籍与文献。

2. 电视

卡塔尔原来只有一家官方电视台，设有国家电视局。1996年，新建了"半岛"电视台，先为半独立，后改为纯私营，从而使卡塔尔出现国营和私营电视台并驾齐驱的状况，显示了卡塔尔实行新闻自由政策。

卡塔尔电视局 该局多哈电视台首次播出时间为 1970 年 8 月 15 日，原为黑白图像，1974 年更新为彩色传输。目前，该电视台分为阿拉伯语和英语两个频道播出，两个频道播出时间每天共 25 个多小时。卡塔尔电视台建有卡塔尔卫星地面站，可传输和接收电视节目，也可开设卫星电视频道。

半岛电视台 半岛电视台采用卫星频道，是一家总部位于卡塔尔首都多哈而完全独立的新闻电视台，曾被广泛地称为"中东 CNN"或"海湾 CNN"，长年享有 5000 万阿拉伯观众的收视率，还拥有许多关心中东或海湾事务的世界各国观众，其中美国观众在 2003 年有 13.5 万人。该台曾经历功过毁誉反差极大的遭遇，既为卡塔尔带来声誉，也曾招致不少麻烦。

该电视台总部坐落于多哈市区，原有建筑设施显得较为简朴，只有一幢四周棕榈树掩映的火柴盒式的两层办公小楼，屋顶上密布卫星接收锅和各式天线，加上院子面积总共不到 5000 平方米。埃及总统穆巴拉克当年在参观半岛电视台时曾感慨地说："多少纷乱出自这个火柴盒。"2005 年新增英语频道后，半岛电视台的建筑设施得到改善。

半岛电视台创建于 1996 年 2 月，卡塔尔埃米尔哈马德斥资 1.37 亿美元将英国广播公司（BBC）阿拉伯语频道的全部设备买下，聘请著名的播音员、主持人、编辑、记者、专家及技术人员组建了这一新电视台，并于同年 11 月正式开始播出。取名半岛，既标明所在阿拉伯半岛的位置，更寓意于建成"电视新闻自由之岛"的努力目标。该台仅有阿拉伯语频道时的编制人员约 800 人，其中 250 人是记者，播音员与主持人 25 名，大多来自黎巴嫩、摩洛哥、阿尔及利亚、约旦等国；在包括中国在内的 30 多国建有记者站。2003 年上半年，半岛电视台开始创办英语国际频道，2006 年 11 月正式开播，在全球共开设 4 个播报中心（多哈、吉隆坡、伦敦、纽约），节目覆盖全部英语地区。2003 年后，半岛电视台领导层有过数次改组，并于 2005 年 1 月转为纯私营电视台，每天 24 小时滚动播出阿拉伯语和英语新闻节目。

　　半岛电视台长时间为阿拉世界收视率最高的卫星频道，取得较辉煌成就的主要原因：其一，该台建立的初衷是在阿拉伯地区体现言论和新闻自由的形象，其播出方式是通过职业化报导、争论来表达各种不同观点，冲破地区各国传统的束缚，给人耳目一新的感觉，故而很快赢得广大观众的欢迎。该台建立之日就提出"意见与异见"并用的口号，拒绝以牺牲真相为代价来偏袒某一方。其二，该台以报道独家新闻和热点话题访谈见长，播出许多别人做不到的新闻节目。1998 年美英联合发动"沙漠之狐"军事行动空袭伊拉克时，该台是唯一被伊拉克复兴党当局允许在巴格达进行现场转播的外国电视台，节目为世人关注。1999 年该台记者赴阿富汗采访"基地"组织领导人本·拉登的新闻，轰动世界。2001 年美国本土遭恐怖袭击的"9·11"事件后，半岛电视台不断播出美军对阿富汗战争有关的现场转播独家报道，更加让世人刮目相看。在此后的伊拉克战争中，半岛电视台也表现得非常活跃，实地播出节目受到各方关注。其三，高薪与竞争机制吸引优秀人才。该台创建之初，即从英国广播公司等处高薪聘用许多电视新闻专业人才，加之实行新闻自由做法便于他们发挥各自的才华，不仅吸引优秀人才加盟，而且使他们竞争蔚然成风。有关人员全力追踪热点新闻，极力捕捉独家访谈，破除各种顾忌，尽最大努力满足观众的需要。其四，该台处于中东这一世界关注热点问题较多地区，当地官方媒介居多，其传统的新闻报道有许多不足之处，更突出了各方观众对半岛电视台敢于直言的热切需求。

半岛电视台的一系列做法为自己赢得了广大的观众，扩大了卡塔尔的国际影响，但同时也为自己招致一些打击和不幸，为卡塔尔政府带来一定的麻烦。突出的事件为 2001 年以美国为首的多国部队对阿富汗战争和 2003 年美国对伊拉克发动的战争中，半岛电视台坚持战场实地报道，其驻喀布尔与巴格达记者站分别遭到美空军的"误炸"，高级记者塔利克·阿尤布在巴格达遭袭击身亡。更多的麻烦是，因无所顾忌地讨论敏感问题或直言不讳批评各国政府，半岛电视台曾受到许多国家的非难，造成埃及、约旦、科威特、巴林、摩洛哥、突尼斯、利比亚等国向卡塔尔政府递交抗议书；1998 年 11 月，约旦关闭半岛电视台驻安曼办事处；1999 年 1 月，半岛电视台播放伊拉克已故总统萨达姆访谈，遭科威特政府强烈不满，驻科记者站遭到查封；2000 年 5 月，利比亚和突尼斯政府分别召回驻卡塔尔大使；2002 年 9 月沙特阿拉伯召回驻卡塔尔大使；一个月后，海湾合作委员会发表声明，奉劝半岛电视台不要在节目中诋毁海湾国家，否则就停止同其合作、关闭其派驻记者站。卡塔尔政府原来一直以新闻自由为理由，拒绝干涉半岛电视台事务，对各方上千宗抗议持司空见惯的态度。

2003 年美国对伊拉克战争爆发后，进一步认为半岛电视台的有关报道常常攻击美国内外政策、有严重的反美倾向、造成地区反美情绪日益高涨，加之美国早已仇视该台有关阿富汗战场的负面报道，故而加大了对其打压力度。美国以"误炸"方式，

摧毁该台驻伊拉克记者站、炸死高级记者阿尤布；以怀疑结交
"基地"组织等名义，逮捕该台战地记者阿鲁尼和战地摄影师哈
桑等，对半岛电视台直接开刀。与此同时，美国还以削弱双边关
系，甚至取消联合防御协议相要挟，压卡塔尔政府关闭半岛电视
台或对其进行人员大改组。2003 年年底后，半岛电视台数次人
员改组，更换过董事会主席、台长、被美国指责的名记者等，但
仍无济于事，美国还不满意，又进行一年多的持续打压。此外，
半岛电视台受到阿拉伯国家的挤压也在发展。2005 年 1 月，半
岛电视台宣布，出于经济原因，开始实行完全私营化的探索，从
完全由卡塔尔政府拨款向自负盈亏的公司转型，董事会引进非卡
塔尔的阿拉伯国家董事，而独立报道方针不变。

三　图书

1. 图书出版机构

卡塔尔国内图书出版与发行机构主要有 6 家，都位于首
都多哈。它们分别是：阿里·本·阿里媒体和出版
社，除出版图书外，还出版一些卡塔尔电话手册、黄皮书类资料
书籍；泛阿拉伯印刷出版社，主要出版发行《阿拉伯人》日报
和《泛阿拉伯》周刊，同时出版发行一些图书、资料；东方印
刷出版发行社，主要出版发行《东方》日报和《东方女士》月
刊，同时出版发行图书、资料；海湾印刷出版公司，主要出版发
行英文《海湾时报》日报和周刊，同时出版发行一些英文翻译
的图书和资料；阿拉伯羚羊出版与广告公司，以做广告生意为
主，同时出版发行一些图书、刊物；卡塔尔国家印刷社，承印各
种图书、刊物。据统计，卡塔尔在 1996 年共出版发行图书 209
种。

2. 图书馆

卡塔尔政府设有公共图书馆局。其主要职责是兴建与改进公

共图书馆，管理国立图书馆及其分支机构，搜集卡塔尔文化遗产与知识产品并加以保存和分类，通过提供图书资料等促进各方面研究工作，同国内外图书馆、科研部门交流交换出版物、原件复印件。

国立图书馆是卡塔尔最大的图书馆，创建于 1962 年，总部位于多哈。该馆后来分别在首都与外地城市建立了一系列分支机构，其中 1981 年在豪尔所建图书馆系卡塔尔第一个妇女图书馆。国立图书馆共有 35 万册的阿拉伯文和英文藏书，380 多卷微缩手稿复印件，1200 多件手稿原件，348 种流行刊物，597 种阿拉伯刊物，155 种外文刊物（其中有 19 世纪发行的刊物）。国立图书馆除收藏卡塔尔图书与文化遗产，为国内政界、金融界及知识界提供阅读场所和研究所需资料外，还同国内外其他图书馆、资料和数据中心交流交换刊物，组织储存、复印卡塔尔知识产品，组织或参加国内外的图书展览会。

四 信息统计

卡塔尔信息统计的重要单位是中央统计署（局），创建于 1980 年，系政府内阁直属机构。其提供的统计数据等信息同政府计划运转及政策制定有着紧密的联系，使之更为切合实际。因此，中央统计署要求始终谨慎并努力掌握各种统计指数，供政府不同部门的官员、计划人员和研究人员用于做计划和提出政策建议等。

卡塔尔中央统计署每年发表卡塔尔居民生死、婚离、人口增长率与人口分布情况的统计；每年统计家庭消费指数与消费方向等情况和信息，每年完成对工业、外贸、建筑业、建房许可、物价、卫生、教育、水电、库存、银行和保险、交通运输、司法、安全、国民收入、国内生产总值、国营和私营企业劳动力使用、新闻和文化等各方面的统计工作。

为更好地完成大量的统计工作，中央统计署除加强自身人员素质外，也注重同各行各业被统计部门的协调与合作，并对这些部门负责统计工作的干部进行培训，及时交付有关统计要求与统计方法的清单。

　　卡塔尔中央统计署同海湾地区、阿拉伯世界、联合国及其他国家有关机构开展合作，提供对方可能需要的有关卡塔尔的基本数据和统计信息。

　　卡塔尔中央统计署还负责编写、出版和发行对外介绍卡塔尔的小册子——《数字中的卡塔尔》。

第七章

外　交

第一节　外交政策

一　外交政策的宗旨与总则

卡塔尔外交政策的宗旨与出发点是：捍卫国家尊严、安全与国民利益，坚持与发扬卡塔尔自己的政治、经济与社会准则和价值观，积极参与国际事务，努力扩大本国的影响，提高自身的国际地位。

卡塔尔外交政策的总则是：积极参与海湾地区国家所关注的问题及其应对所面临挑战的努力，不断加强同海湾合作委员会的合作进程；不遗余力地推动阿拉伯国家间加强与巩固互信和团结，加强地区性合作；主张通过和平手段解决一切国与国之间的分歧与争端；赞同联合国为维持和平、安全与稳定所作出的努力；尊重并支持各国人民和各民族的自决权；维护与发展同一切爱好和平国家及人民的友好关系。

二　现行外交政策

1. 海湾地区事务

卡塔尔积极参与 1981 年 5 月 25 日海湾阿拉伯国家合作委员会（简称海湾合作委员会）组织的创建活

动，此后一直支持该组织的各项战略决策与奋斗目标。在政治、经济、社会和安全方面，加强同海湾合作委员会其他成员国（沙特阿拉伯、阿拉伯联合酋长国、阿曼、科威特和巴林）的合作，共同谋求六国的振兴与海湾地区的全面发展。外交与政治立场努力同海湾合作委员会其他成员国协调一致；经济上不断加强相互间多种形式的互利合作；安全上重视联合防御措施，派兵参加了解放科威特的战争，并向负责海湾安全快速反应机动部队——"半岛之盾"部队派驻分队。

2. 阿拉伯事务

卡塔尔积极支持阿拉伯联盟国家的团结与合作，主张通过对话解决阿拉伯联盟成员国相互间的分歧与矛盾，努力提升阿拉伯国家的声望与国际地位；同情巴勒斯坦人民为争取合法权益而进行的斗争，支持通过中东和平进程谋求阿以争端全面、公正的解决，其中包括收复圣城耶路撒冷、戈兰高地在内的所有阿拉伯被占失地，巴勒斯坦有权以耶路撒冷为首都建国；赞同阿以冲突和平解决的原则是土地换和平，遵循联合国安理会第 242 号与第 338 号决议等国际决议；在人道主义援助方面，卡塔尔努力向一些阿拉伯国家提供大量的资金、医药和其他形式的援助。

3. 伊斯兰事务

卡塔尔努力发展与加强同伊斯兰国家及人民间的友好合作关系，向他们提供力所能及的物质与道义支持，致力于伊斯兰民族的共同事业；主张和平解决伊斯兰国家内部及相互间的分歧，加强伊斯兰国家间与人民间的团结。

4. 国际事务

卡塔尔承认并恪守联合国宪章，支持联合国关于国际维和、经济发展和社会进步的努力，主张联合国通过财政改革以保证该组织的经费稳定；努力发展同爱好和平国家与人民的友好合作关系，对许多亚非发展中国家提供慷慨资助，积极参与国际和地区

性广泛受益的援助活动；反对各种形式的种族歧视，支持正义的民族解放事业；反对一切形式的恐怖主义活动，但主张将为民族合法权益而斗争的行动与恐怖主义活动区别对待；主张通过和平手段解决国际或地区性分歧与争端，反对诉诸武力或武力威胁；积极参与世界石油输出国组织（欧佩克）活动，为稳定国际石油生产与输出作出自己的努力。随着国际地位的上升，卡塔尔还积极参与国际或地区争端、冲突的调停活动，为和平解决问题而出力。

三　实施外交政策的主要特点

1. 体现独立自主的特性

卡塔尔外交宗旨与具体政策中，均强调了要坚持卡塔尔自身的特性与价值观，在具体行动中也尽力体现出与众不尽相同之处。其突出表现有，卡塔尔在加强与海湾合作委员会及阿拉伯国家协调立场的同时，对伊拉克、伊朗和以色列等问题的做法，既坚持原则又有可灵活之处。卡塔尔同海湾合作委员会及其他阿拉伯国家一起反对美国等对伊拉克发动战争，但在战前为美国开放了军事便利——在卡塔尔建立了美军中央司令部前线指挥部，并接受被沙特阿拉伯驱赶的美空军驻沙特阿拉伯的机构。卡塔尔反对通过暴力与流血冲突手段解决分歧与争端，但收容车臣武装分子头目与巴勒斯坦激进组织领导人，并视之为支持正义的民族解放运动的需要。卡塔尔的国家安全利益决定其同美国等西方国家保持友好合作的关系，但从新闻自由等方面考虑，允许半岛电视台播出不少反美、厌恶西方国家的言论与报道。卡塔尔同阿拉伯国家一样坚决支持巴勒斯坦正义事业，反对以色列对巴施暴等行径，但卡塔尔又是海湾合作委员会中唯一与以色列保持一定外交关系的国家。

2. 高举和平旗帜

卡塔尔以和平为战略选择，不仅追求自身的和平与安全，也重视地区与国际和平与安定；主张通过和平、对话形式解决海湾地区、阿拉伯国家乃至伊斯兰组织内部的分歧与矛盾，处理阿以争端等世界上各种摩擦与冲突；主张与一切爱好和平的国家和人民建立与发展外交关系。为体现和平外交政策，卡塔尔近年来的突出表现有：2006 年，向驻守黎巴嫩同以色列刚刚结束武装冲突的边境地区的联合国维和部队，派遣 200 余人的卡塔尔军队分队；2008 年 5 月，成功举办多哈会议，使黎巴嫩内部冲突双方达成和解协议，并成为黎巴嫩局势缓和好转的里程碑；2009 年 1 月 16 日，在多哈举办部分地区国家元首会议，努力制止以色列袭击巴勒斯坦加沙地带的军事行动，带头捐款 2.5 亿美元建立援助加沙重建的基金机制。

3. 努力表现出外交积极进取的姿态

卡塔尔虽然国小人少，但近年来外交努力较为活跃，在地区和国际事务中的影响明显上升，作用有所加大。卡塔尔不仅在区域性组织中活动较积极，还努力承办世界范围的重大活动；不仅在援助发展中国家和国际抗震救灾捐款方面作出积极贡献，而且在调停地区性冲突与分歧中的作用也时有显露。2006 年 1 月，卡塔尔成功当选联合国安理会非常任成员，在两年任期中为捍卫地区、阿拉伯国家利益作出了积极的努力。同年 12 月，卡塔尔在多哈举办第 15 届亚洲运动会，效果之好受到各方称誉，随即进入申办 2016 年世界奥林匹克运动会的竞争行列，名声大增。2008 年，卡塔尔促成复杂且久拖不决的黎巴嫩内部问题的缓解，令黎巴嫩、地区国家和世界有关大国都刮目相看。2008 年 11 月，卡塔尔在多哈举办国际发展会议，世界 145 个国家官方代表团和 32 个国际组织代表等共 3000 多人与会，其中有 70 个国家元首，盛况在中东地区罕见。仅上述活动，足以显示"小国大舞台"的风范。此外，卡塔尔以世界天然气第三大国身份，参与筹组类似"欧佩克"的"世界天然气输出国组织"。自 2007

年 4 月在多哈举行世界天然气出口国论坛第六届部长级会议以来，卡塔尔同世界天然气第一、二大国的俄罗斯、伊朗等就有关组织事宜，进行了不懈的努力。

四　参加国际组织及同外国建交情况

1. 积极参加的区域性组织

卡塔尔在海湾合作委员会范围内参加的组织主要有：教育科学与文化联合组织中的阿拉伯教育研究中心、阿拉伯海湾大学和高等教育委员会；新闻联合组织中的海湾通讯社、阿拉伯海湾国家联合节目制作公司、石油新闻策划与协调委员会、地区新闻纪录文献中心、海湾广播电视训练协调中心、阿拉伯海湾国家民俗中心和阿拉伯海湾国家国际关系委员会；经济联合机构中的海湾国际银行、地区渔业训练中心、阿拉伯联合海运公司、阿拉伯海湾国家工农商联合会、海湾工业咨询组织、海湾石油化工公司、地区渔民发展与调查项目署、海湾投资公司等；其他方面联合组织还有阿拉伯海湾劳工与社会事务部长级委员会、阿拉伯海湾电讯常设委员会、阿拉伯海湾国家卫生事务总秘书局、海湾邮电总局、阿拉伯海湾农业部长委员会总秘书局和阿拉伯海湾篮球协会等。

卡塔尔在阿拉伯国家联盟范围内参加的组织主要有：阿拉伯航海学院、阿拉伯非洲发展银行、阿拉伯干旱与荒地研究中心、阿拉伯城市组织、阿拉伯经济一体化委员会、阿拉伯司法法庭、阿拉伯社会与经济发展基金会、阿拉伯卫生发展基金会、阿拉伯劳工事务办公室、阿拉伯对非洲贷款基金会、阿拉伯联盟教科文组织、阿拉伯货币基金会、阿拉伯石油输出国组织、阿拉伯行政管理科学组织、阿拉伯农业发展组织、阿拉伯社会反犯罪组织、阿拉伯标准化计量组织、阿拉伯计划学会、阿拉伯民航委员会、阿拉伯工业发展中心、阿拉伯工农商总联合会、阿拉伯国家广播联盟、阿拉伯邮电联盟、阿拉伯联合防御委员会、阿拉伯抵制以色列办公室、阿拉伯新闻特别基金会、阿拉伯国家高等教育中心和阿拉伯卫星组织。

2. 参加的其他国际性组织

卡塔尔迄今参加的其他国际性组织主要有：联合国及其政治机构、联合国开发计划署、联合国粮农组织、联合国工业发展组织、国际民防组织、世界旅游组织、世界贸易组织、世界卫生组织、国际劳工组织、联合国教科文组织、国际邮电联盟、国际无线电与电讯联盟、国际儿童福利联盟、国际重建与发展银行、联合国儿童基金会、联合国环境保护署、国际货币基金组织、联合国贸易发展大会、国际发展组织、国际司法法庭、联合国训练和研究学会、政府间航海咨询组织、国际刑警组织、国际标准化组织、国际民航组织、国际重量与测量规范化组织、世界气象组织、世界知识财富组织、国际空间卫星组织、国际金融组织、国际原子能署、石油输出国组织（欧佩克）等。

卡塔尔参加的伊斯兰组织有：伊斯兰会议组织、世界穆斯林大会、伊斯兰发展银行、伊斯兰通讯社、伊斯兰文化中心。

卡塔尔还是不结盟大会组织成员、西亚经济委员会成员。

3. 派驻国外常设使领馆

卡塔尔派驻国外常设大使馆的国家有近 40 个：阿拉伯联合酋长国、约旦、阿尔及利亚、沙特阿拉伯、苏丹、叙利亚、突尼斯、索马里、伊拉克、阿曼、科威特、黎巴嫩、埃及、毛里塔尼亚、摩洛哥、也门、西班牙、德国、美国、伊朗、巴基斯坦、新加坡、法国、中国、英国、印度、日本、土耳其、意大利、韩国、俄罗斯、菲律宾、奥地利、比利时。卡塔尔还在联合国总部派驻常设代表团，在日内瓦联合国驻欧洲总部派驻常设代表与总领馆，另在巴勒斯坦加沙地带派驻大使级常设代表处。

卡塔尔派驻国外常设领事馆有 6 个，其中有驻阿拉伯联合酋长国迪拜总领馆、驻巴基斯坦卡拉奇领事馆、驻印度孟买领事馆、驻沙特阿拉伯吉达领事馆等。

4. 外国常驻与兼驻卡塔尔的使馆及办事处

向卡塔尔派驻常设使馆的国家有：阿富汗、阿尔及利亚、巴林、比利时、波斯尼亚、孟加拉、缅甸、中国、古巴、塞浦路斯、埃及、厄立特里亚、法国、冈比亚、德国、匈牙利、印度、印度尼西亚、伊朗、伊拉克、意大利、日本、约旦、朝鲜、韩国、科威特、黎巴嫩、利比亚、马来西亚、毛里塔尼亚、摩洛哥、尼泊尔、巴基斯坦、阿曼、菲律宾、巴勒斯坦、罗马尼亚、俄罗斯、沙特阿拉伯、塞内加尔、索马里、南非、苏丹、斯里兰卡、西班牙、叙利亚、泰国、突尼斯、土耳其、阿拉伯联合酋长国、英国、美国、委内瑞拉和也门等 50 多个。

向卡塔尔派兼驻使节的国家有：阿尔巴尼亚（驻利雅得）、阿根廷（驻利雅得）、澳大利亚（驻利雅得）、奥地利（驻科威特）、比利时（驻科威特）、巴西（驻阿布扎比）、布基纳法索（驻利雅得）、布隆迪（驻利雅得）、喀麦隆（驻利雅得）、加拿大（驻科威特）、乍得（驻利雅得）、智利（驻利雅得）、科摩罗（驻开罗）、科特迪瓦（驻利雅得）、捷克（驻阿布扎比）、丹麦（驻阿布扎比）、吉布提（驻利雅得）、芬兰（驻科威特）、加蓬（驻利雅得）、加纳（驻利雅得）、希腊（驻科威特）、几内亚（驻利雅得）、几内亚比绍（驻阿尔及尔）、爱尔兰（驻利雅得）、马里（驻利雅得）、马耳他（驻利雅得）、毛里求斯（驻开罗）、墨西哥（驻利雅得）、尼泊尔（驻利雅得）、荷兰（驻科威特）、新西兰（驻利雅得）、尼加拉瓜（驻纽约）、尼日尔（驻利雅得）、挪威（驻阿布扎比）、波兰（驻阿布扎比）、葡萄牙（驻利雅得）、塞拉里昂（驻利雅得）、斯洛伐克（驻阿布扎比）、瑞典（驻科威特）、瑞士（驻科威特）、坦桑尼亚

（驻利雅得）、乌干达（驻利雅得）、乌拉圭（驻利雅得）。

与卡塔尔建交的国家还有卢旺达、莫桑比克、阿塞拜疆、塔吉克斯坦、越南、格鲁吉亚、乌克兰、黑山、埃塞俄比亚。迄今，同卡塔尔建有外交关系的国家共有 110 多个。

国际组织常驻卡塔尔的机构有：联合国开发计划署、联合国教科文组织海湾地区代表处、海湾工业咨询组织等；兼驻的机构有联合国驻巴林的新闻中心、国际红十字会地区代表团等。

第二节　同美国的关系

一　同美国关系的升温

卡塔尔同美国关系升温于海湾形势剧变之时，尤其是受伊拉克入侵科威特行动的影响。1990 年 8 月，伊拉克悍然出兵侵占科威特，引起海湾地区极大震惊。卡塔尔如同沙特阿拉伯等海湾合作委员会国家一样，由多年支持伊拉克对伊朗战争的立场转为谴责、声讨伊拉克，并允许美国为首的多国部队进驻本国领土，以期迫使伊拉克从科威特撤军。1991 年 2 月，美国为首的多国部队发起解放科威特的军事行动，卡塔尔军队亦派兵参与。自此，卡塔尔同美国关系迅速升温。解放科威特行动使伊拉克大败，但美国为首的多国部队并未推翻伊拉克萨达姆政权，后者对海湾国家的威胁依然存在。为确保自身安全，1992年卡塔尔效仿海湾地区邻国，同美国签订为期 50 年的双边防御协议和一系列军事合作协定，向美提供军事基地使用权及储备军事装备的便利，换取美国对卡塔尔安全防护的承诺。为巩固并发展这一密切关系，在 20 世纪 90 年代里，美国防部长、美军中央总部司令等曾多次访问卡塔尔；卡塔尔外交大臣、王储等先后访美，现任埃米尔哈马德亦于 1997 年 6 月访美。

美国同卡塔尔关系升温前，已在卡塔尔有较多的经济投入。例如，美国公司在卡塔尔天然气公司和拉斯拉凡液化天然气公司中，各占 10% 和 30% 的股份。

二 同美国关系的新高潮

19 95 年，现任埃米尔哈马德上台执政后，对卡塔尔外交政策有所调整，在继续同海湾合作委员会成员国发展友好合作关系的同时，更多强调卡塔尔自身的独立性。卡塔尔与邻国关系的改善与发展，加之海湾地区形势的新变化，促使卡塔尔更加向美国靠拢。迄 2000 年，美军在卡塔尔乌达德地区所建的军事基地，成为美军驻外大型武器装备储存基地之一，所建乌达德空军基地成为美军在中东地区军事网络上重要的战略地点。2001 年美国遭受震惊世界的"9·11"恐怖袭击后，卡塔尔迅速予以谴责，埃米尔哈马德再度访美。此后不久，美国对阿富汗发动"反恐战争"，沙特阿拉伯面对国内强大压力，中止美军使用其空军基地前往阿富汗执行轰炸任务，从而使美军大大提升了对卡塔尔的美军基地及军事便利的使用程度。2002 年，美国扬言"反恐战争"开始向伊拉克延伸，沙特政府拒绝美军使用其在利雅得附近空军基地所设空中指挥控制中心对伊拉克发动进攻性打击行动，美军遂将该中心设施迁往卡塔尔乌达德空军基地。2003 年 3 月，美国对伊拉克战争行将开始前夕，乌达德基地驻有美国空军部队 3000 余人、36 架战斗轰炸机，另有美军盟友英国与澳大利亚空军 26 架战斗机，它们在美对伊战争中发挥了重要作用。卡塔尔还有一处军事基地供美军使用，作为指挥对伊拉克战争的美军中央司令部的"前指"，一度成为世界各国媒体采访报道美对伊战争的风水之地。2003 年 4 月，埃米尔哈马德访问美国，同年 6 月美国总统布什访问卡塔尔，就加强两国战略伙伴关系及地区形势等问题进行了会谈。2004 年，卡塔尔埃

238

米尔哈马德和第一、第二副首相分别访美，美国副国务卿阿米蒂奇访问卡塔尔，两国举行首轮战略对话会议，并宣布成立卡塔尔—美国友好协会。2005 年埃米尔哈马德出席联合国大会，并宣布向美国飓风灾难捐款 1000 万美元；美中央总部司令访问卡塔尔。2006 年，卡塔尔武装部队参谋长访问美国，美国司法部长冈萨雷斯访问卡塔尔。

两国政治与军事关系密切发展的同时，双边经贸关系也随之升温。据统计，2002 年双边贸易额逾 50 亿美元；2003 年，卡塔尔从美国进口总额达 21.71 亿里亚尔，占卡塔尔当年进口总额的 12.2%，连续两年位居卡塔尔进口来源的首位。迄 2000 年，美国在卡塔尔投资才近 30 亿美元。2005 年，美国在卡塔尔投资已逾 100 亿美元，投资领域涉及石油油田开发与改造、液化天然气生产线建设、石化企业建设与生产等诸多方面。

据报道，美国近年来为满足发电等方面的需求，对天然气的依赖增加，本国天然气的产量与储备量均呈不断下降之势，故对卡塔尔天然气需求量有较大的增加。2003 年美国一家公司已同卡塔尔签订一项年产 1500 万吨液化天然气的大型合作项目，为卡塔尔拉斯拉凡液化天然气公司提高液化天然气生产能力，换取该公司的液化天然气产品。

此外，卡塔尔在 2008 年 6 月同美国商谈了和平利用核能的合作事项，主要探讨了建核电站的可行性。

三 同美国在一些重大问题上存在分歧

卡塔尔同美国关系密切，为美国提供军事便利较多，但为维护外交政策的自主与独立性，对美国仍然保持有一定的距离。在地区与国际一些重大问题上，卡塔尔同美国存有明显的歧见。早在 20 世纪 90 年代，卡塔尔就不赞成美国对伊拉克的制裁，对美国的两伊政策表示不满，并向伊拉克提供过人道主义援助，同伊朗建有石油与天然气合作混合委员会并接待过伊朗总统哈塔米访问卡塔尔。在 2006～2008 年美国针对伊朗核问题不断制造紧张和挥舞国际制裁大棒期间，卡塔尔依然如故地坚持和平解决争端的立场，不赞成对伊朗实施国际制裁，并积极发展同伊朗的双边关系，两国高层往来不断。尽管美国鼓励卡塔尔同以色列发展外交关系，卡塔尔还是根据自身利益、形势变化以及阿拉伯国家的主流意见，反复关闭以色列驻多哈的贸易办事处。卡塔尔尽管支持反恐，但坚持把为民族事业而斗争的行动同恐怖主义活动区别对待，同时也反对美国将"反恐战争"扩大化。美国对伊拉克发动战争前，卡塔尔仍主张和平解决争端，不诉诸武力或武力威胁。在美对伊拉克开战前夕，卡塔尔还同阿拉伯联合酋长国一起劝萨达姆下台出走以避免美对伊发动战争。伊拉克战争爆发后，卡塔尔又劝阻美国不要把"反恐战争"矛头指向叙利亚，劝说美国不要在中东制造新的"反恐战争"打击目标。此外，美国官方仍对卡塔尔人权与民主状况不满意，双方看法还有差距。

第三节　同英、法等欧盟国家的关系

一　同英国的关系

卡塔尔同英国关系始于 19 世纪上半叶，英国的炮舰政策曾遭弱小的卡塔尔的反抗。1868 年，英国确认阿勒萨尼家族在卡塔尔的统治地位。1916 年，卡塔尔与英国签订保护国的条约，名义上英国承诺驻军保护卡塔尔安全，实际上卡塔尔的外交事务受到英国控制——未经英国同意，卡塔尔不得出让、变卖、抵押领土，英国驻外使领馆代理卡塔尔外交事务。1971 年 9 月，英国被迫撤军，卡塔尔宣布独立，并同英国签订

平等的友好条约，取代原有的保护国条约。

卡塔尔独立前，主要是由英国公司在卡塔尔开发石油项目。双方曾于 1935 年 5 月签订协议，由英国公司在卡塔尔开采、提炼和出售石油、天然气及其副产品，并由英国低价收购。因第二次世界大战爆发，英国无暇顾及在卡塔尔开采石油，致使卡塔尔石油生产与输出被拖至 1949 年底才真正开始。

卡塔尔 1971 年独立后，一度对英国依赖较深。不久，卡塔尔将石油生产收归国有，逐步转向与法国等西方国家合作较多。尽管如此，卡塔尔一直同英国保持友好相处关系。包括卡塔尔埃米尔、王储、首相在内的军政领导人大多毕业于英国桑赫斯特军事学院，许多军、政人员也毕业于英国各种类型的院校。与此同时，卡塔尔同英国经济贸易关系相对平稳，英国对卡塔尔出口在卡塔尔进口的国家中长年名列前 5 名。20 世纪 90 年代，英国对卡塔尔出口曾一度占据卡塔尔进口国的第二位，仅次于日本。2004 年，英国对卡塔尔出口占卡塔尔进口总额的 8%，位居第四，仅次于美国、日本和德国。1996 年，卡塔尔与英国签署了联合防御协议，双边军政关系进一步发展。据此协议，两国签订了一系列军事合作协定，英国向卡塔尔派军事顾问和专家，帮助训练军队；卡塔尔军队时常与英军进行联合军事演习；允许英军有使用卡塔尔军事基地的便利。

二　同法国的关系

法国的世界大国地位及其对中东地区国家采取的温和政策，颇受包括卡塔尔在内的地区国家的好感。卡塔尔独立后，同法国关系一直较友好，两国政府高层互访较多，经常交换对地区、国际形势的看法。2006 年，卡塔尔埃米尔哈马德曾两次访问法国。首相等高官赴法活动更为频繁。

法国长时间为卡塔尔军队武器装备的主要来源。迄今，法制武器装备仍在卡塔尔陆、海、空三军中占明显优势，达到70%。20世纪90年代发生的伊拉克侵占科威特战争及后来的海湾战争，促成卡塔尔继同美国后于1994年又同法国签订了联合防御协议，两国政、军关系进一步发展。不仅两军互访活动较多，法军向卡塔尔派顾问和专家，而且两军联合军事演习项目也较多。2007年，两军签订了法国圣西尔军校在卡塔尔设立分校的意向书。

法国和卡塔尔经济关系一直较密切。长期以来，法国道达尔为主的石油公司在卡塔尔较为活跃，并在卡塔尔不少公司中占有股份，其中在卡塔尔天然气公司和卡塔尔石化公司中各占10%和20%股份。法国在卡塔尔对外进口贸易中名列前茅，在2004～2006年连续3年位居第一。2003年6月，埃米尔哈马德访法期间，双方签订卡塔尔航空公司在7年内向法国空中客车公司购买37架空中客车飞机协议，总金额达51亿美元。2007年5月，卡塔尔航空公司又订购80架空中客车飞机，这一长期合同总价值达160亿美元。

法国同卡塔尔在其他领域合作较广泛。2008年8月，卡塔尔同法国签订了和平利用核能的合作协议。

三 同欧盟其他国家的关系

塔尔与欧盟其他国家的关系普遍较友好，经贸往来较多。2004年，德国和意大利在卡塔尔进口国家中分别居第三和第五位，分别占卡塔尔进口总额的9.6%和7.4%。荷兰、挪威等国在卡塔尔一些工业公司中也占有可观的股份，其中荷兰壳牌石油公司在卡塔尔石油领域经营时间长、投资大，挪威在卡塔尔化肥公司和卡塔尔乙烯基公司中的股份分别达25%和29.7%之多。此外，西班牙、瑞典、比利时等国均与卡塔尔保持相当数量的贸易往来。

第四节 同俄罗斯、东欧国家的关系

一 同俄罗斯的关系

卡塔尔独立后很长时间里，与俄罗斯保持一般外交关系。伊拉克入侵科威特及其引发的海湾战争后，卡塔尔分别同美国、法国、英国签订了联合防御协定，未像科威特那样也同俄罗斯签署联合防御协议。

卡塔尔原本与俄罗斯关系相安无事，但在车臣闹独立问题出现后一度出现麻烦。卡塔尔从其伊斯兰宗教立场出发，同情要求独立的车臣武装分子，从而同俄罗斯的关系拉开了距离。2004年2月，车臣武装分子头目扎利姆罕·扬达拉巴耶夫左卡塔尔避难被暗杀身亡，卡塔尔当局迅速侦破此案件，数天内即逮捕两名俄罗斯特工，导致两国关系一度紧张。俄罗斯指责卡塔尔政府拒不引渡扬达拉巴耶夫，为伊斯兰极端分子提供庇护。同年6月，卡塔尔法庭判处两名俄罗斯情报特工无期徒刑，并在一个月后驳回其上诉。但在同年12月，卡塔尔还是允许这两名特工返回俄罗斯，使两国间的这场风波得以平息。

近年来，卡塔尔与俄罗斯关系较前有所升温。除了双边高层往来较前增多外，两国在天然气领域共同语言有所增加。作为世界第三和第一天然气大国，卡塔尔和俄罗斯均有意建立如同世界石油输出国组织（欧佩克）那样的天然气欧佩克组织，并就此进行了一系列商谈。

二 同东欧国家的关系

卡塔尔同东欧国家关系一般。虽同多数东欧国家建有正式外交关系，但卡塔尔驻外使馆中，几乎无东欧国家。东欧国家中在多哈设常驻使领馆的仅有罗马尼亚和波斯尼亚等少数国家。在双边经贸关系中，东欧国家在卡塔尔外贸中的分量亦很有限。但在 20 世纪 90 年代，前南斯拉夫联盟分化瓦解过程中，卡塔尔同海湾合作委员会其他成员国一起，对前南斯拉夫联盟中的穆斯林给予物质与道义的支持，尤其是向波斯尼亚人民提供了不少的援助。

第五节　同中国的关系

1971 年卡塔尔独立时，中国国务院总理周恩来致电祝贺，两国当年实现通邮。1988 年 7 月 9 日，两国正式建交。建交后，两国关系发展顺利。

一　互访活动频繁

两国建交后，双边互访代表团较多，且涉及外交、经贸、文化与军事各个领域，其中不乏高层交往。20世纪 90 年代，中国方面出访卡塔尔的高级代表团主要有：国务院副总理李岚清（1993 年 6 月）所率政府代表团，全国政协副主席孙孚凌（1993 年 10 月）所率政协代表团，外交部长钱其琛（1990 年 3 月）所率外交代表团，国防科工委副主任谢光中将（1993 年 2 月）所率代表团，副总参谋长吴铨叙中将（1998 年 4月）所率军事代表团等。卡塔尔方面访华的主要有埃米尔哈马德（1999 年 4 月）、外交大臣哈马德·本·贾西姆（1993 年 4月）、能源与工业大臣阿卜杜拉·阿提亚（1995 年 3 月）等。

进入新世纪以来，卡塔尔和中国间的双边交往活动进一步增加。2001 年 4 月，卡塔尔首相阿卜杜拉·哈利法·阿勒萨尼率团访问中国。2002 年卡塔尔埃米尔特使、财政大臣尤素夫访华，双方就油气合作问题交换了意见。2003 年 1 月，中国国务委员司马义·艾买提率政府代表团访卡塔尔；9 月，中国人民银行行长周小川访问卡塔尔。2004 年 6 月，卡塔尔财政大臣尤素夫参加海湾合作委员会六国财经大臣联合代表团访华，中国广东省省长黄华华率广州申办亚运会代表团访卡塔尔；7 月，卡塔尔市政委员会主席易卜拉欣访华，探讨进一步加强两国在体育、市政等领域的友好合作关系。2005 年 6 月，中国国务院副总理曾培炎出现在多哈举办的"77 国集团 + 中国"第二届南方首脑会议，转交了国家主席胡锦涛致卡塔尔埃米尔哈马德的信函；中国国家体育总局党组书记李志坚和中国人民对外友好协会会长陈昊苏相继于同年访问卡塔尔。2006 年 5 月，中国外交部长李肇星赴卡塔尔出席亚洲合作对话第五次会议并访问卡塔尔；11 月，中共中央政治局委员、北京市委书记刘淇访问卡塔尔；12 月，中国国务委员陈至立赴多哈出席第 15 届亚运会；同年，卡塔尔外交事务国务大臣马哈茂德到北京出席中国—阿拉伯国家合作论坛第二届部长级会议。2007 年，卡塔尔武装部队陆军指挥官法赫德·哈伊利准将、中央市政委员会主席兼多哈市市长纳赛尔·卡阿比先后访华。

2008 年是中国和卡塔尔建交 20 周年，两国高层互访形成又一个高潮。2008 年 4 月，卡塔尔首相兼外交大臣哈马德·本·贾西姆访问中国；6 月，中国国家副主席习近平正式访问卡塔尔；8 月，卡塔尔王储兼奥委会主席塔米姆率官方代表团出席北京举办的第 29 届国际奥林匹克运动会；11 月，中国国务委员兼国防部长梁光烈上将正式访问卡塔尔。

除高层交往外，两国其他互访活动不仅数量大，而且涉及各个领域。其中为数最多的是各种形式、不同层次的经贸与实业界代表团、组；其次是多种形式的文化与体育团、组；其余涉及政治、新闻、妇女、青年、军队、武警等诸多领域。2006 年 12 月，中国派团参加在多哈举行的第 15 届亚运会，由 928 人组成的中国体育代表团参加了 37 个大项、362 个小项的比赛。2008年 8 月，卡塔尔派团参加北京举行的第 29 届国际奥运会，由 34人组成的卡塔尔体育代表团参加了 20 项比赛。

二　签订多项双边协议

93 年 7 月，中国国务院副总理李岚清率团访问卡塔尔时，双方正式签署了《中华人民共和国和卡塔尔国两国政府贸易合作协定》。

1999 年 4 月，卡塔尔埃米尔哈马德率团访华期间，双方签署了两国政府间《相互鼓励和保护投资协定》、《航空运输合作协定》、《教育与文化合作协定》和两国外交部加强协商与合作备忘录。

2001 年 4 月，卡塔尔首相阿卜杜拉访华期间，双方签署了《中华人民共和国与卡塔尔国关于对所得避免双重征税和防止偷漏税的协定》、《中华人民共和国中华全国青年联合会与卡塔尔青年总局合作协定》和《中国化工进出口总公司与卡塔尔石油总公司原油长期购销合同》。

2008 年 4 月，卡塔尔首相兼外交大臣哈马德·本·贾西姆访华期间，双方签署了《中华人民共和国国家发展和改革委员会和卡塔尔国能源工业部关于加强能源合作的谅解备忘录》、《中华人民共和国和卡塔尔国教育文化协定文化 2008～2011 年执行计划》。

2008 年 6 月，中国国家副主席习近平访问卡塔尔期间，双方签署了成立中国—卡塔尔投资促进委员会协议、北京与多哈建立友好城市关系协议以及劳务、船务、旅游、石化等领域双边合作文件。

中国和卡塔尔于 1999 年 4 月所签两国外交部之间加强协商与合作备忘录的主要内容有：双方建立定期政治磋商制度，在两国首都轮流举行高级官员会晤；双方在磋商中就双边关系及共同感兴趣的地区和国际问题交换看法；双方在国际机构、组织、会议等场合进行协调与合作；两国外交部之间开展学术探讨与经验交流；备忘录自签字之日起生效，除非其中一方要求终止，否则继续有效。

　　中国和卡塔尔两国政府于 1999 年 4 月所签《教育与文化合作协定》，全文共有 13 条条款，其内容如下：双方努力加强和巩固在教育、研究和文化领域的关系；双方在商定的条件范围内互派不同教育阶段的专家互访，以考察研究教学经验；双方交流成人教育、扫盲、技艺教育、职业教育、特殊教育、特优生培养方面的经验，派遣专家和有关人员互访；双方尽可能为对方提供不同教育领域的培训机会，包括参加在对方国家召开的会议及研究会，双方每学年拟在本国举办有特色培训班的计划；双方努力以正确理解的方式将足够数量的有关对方国家的历史、地理、文化以及文明的内容纳入教学大纲；双方互换教学资料，并对教学大纲进行研究，以便使两国教育机构颁发的文凭和学位证书对等；双方互换研究成果，互派专业人员访问，交流学校活动和社会服务方面的经验，以发展和更新教学手段；双方努力在有关的国际组织和会议中协调教育与文化合作领域的立场；双方为在中华人民共和国发展阿拉伯语教学和在卡塔尔国发展汉语教学尽可能提供方便；双方根据需要和两国现行的教育制度，尽可能地为对方大专院校缺乏的专业提供奖学金名额，努力研究互相承认两国大专院校所授予的文凭和学位证书的途径和必要条件；双方根据达成一致的条件，互派大学教授和学者作学术报告、举办研讨会，并通过互换资料、科技出版物、科学和文学论文目录以及派专家和专业人员互访等方式开展大学领域的合作；双方鼓励以交换论文和派学者互访的方式发展两国高等教育机构的合作关系，并组织两国大学体育、艺术团体交流与互访。

三　双边经贸合作

中国和卡塔尔之间自 1959 年起就有直接的民间贸易往来。但截至 20 世纪 90 年代前，双边贸易额较小。两国建交后，特别是近年来，中、卡双边贸易额增长较快。

1998 年，卡塔尔同中国贸易额为 6134 万美元，其中卡塔尔对华出口额 4513 万美元，进口额 1621 万美元。到 2003 年，两国贸易额已大增至 4.2 亿美元，5 年中增长了近 6 倍，其中卡塔尔对华出口额 2.58 亿美元，进口额 1.66 亿美元，分别增长了近 5 倍和 9 倍。

2004 年，卡塔尔同中国的贸易额为 4.38 亿美元，其中卡塔尔对华出口额 3.34 亿美元，进口额 1.04 亿美元。2005 年两国贸易额 6.77 亿美元，其中卡塔尔对华出口额 4.73 亿美元，进口额 2.04 亿美元。2006 年，两国贸易额 9.99 亿美元，同比增长 47.7%，其中卡塔尔对华出口额 5.62 亿美元，进口额 4.37 亿美元。2007 年，两国贸易额增至 12.1 亿美元，同比增长 21%。多年来，卡塔尔一直在中、卡贸易中居顺差地位。

卡塔尔对华出口的商品主要是原油、液化天然气、初级塑料、硫磺、石灰、铝及其制品等；进口的主要商品是机电产品、钢铁及其制品、纺织品、成品油、家具及其他零件等。

中、卡两国政府共同支持成立的"中国—卡塔尔投资贸易促进中心"于 2001 年 5 月在卡塔尔工商联合会注册，并多方寻求与卡塔尔商界的合作，为双边经贸往来拓展新的渠道，致力于扩大两国经贸关系，带动中国产品出口到卡塔尔。

中国在卡塔尔开展承包劳务业务始于 20 世纪 80 年代末，1995 年后有较大的发展。截至 2006 年底，中国在卡塔尔累计签订的承包工程合同金额为 13.1 亿美元，承包项目主要集中在石油、化工和建筑行业；累计签订的劳务合同金额为 7589 万美元，涉及石油、化工、服装、服务、加工和建筑等多种行业。据统计，2006 年中国在卡塔尔的劳务人员有 2800 余人。

2003 年和 2004 年，卡塔尔航空公司先后开通两条多哈—上海定期航线；2004 年 11 月，卡塔尔航空公司又开通多哈—北京定期航班。2006 年 3 月，卡塔尔航空公司开通多哈—香港直航航线。2008 年 3 月，卡塔尔航空公司开通多哈—广州航班，使之连接中国的航班每周达 20 次之多。

中国在卡塔尔一些体育项目上派有教练，卡塔尔自 2001 年起向中国派出留学生。此外，近年来中、卡两国旅游往来与合作也有较大的发展，民间相互了解不断增加。

四 卡塔尔同台湾保持经贸关系

卡塔尔同中国建交后，政治上坚持"一个中国，台湾是中国领土一部分"的政策，经济上同我国台湾仍有联系。据统计，2002 年卡塔尔对台贸易额约 1 亿多美元，其中卡塔尔从台湾进口额 1628 万美元，向台湾出口额 8462 万美元。2003 年，卡塔尔同台湾签订协议，自 2008 年起每年向台湾出口 300 万吨液化天然气。台湾公司还在卡塔尔投资，其中两家公司在卡塔尔燃料添加剂公司分别占有 20% 和 15% 股份。

2004 年，卡塔尔与台湾的贸易额为 2.478 亿美元，其中卡塔尔对台湾出口额 2.314 亿美元，进口额 1641 万美元。2006 年卡塔尔与台湾贸易额为 11.95 亿美元，其中卡塔尔对台湾出口额 11.6 亿美元，进口额 3509 万美元。

第六节　同日、韩等亚洲国家的关系

一 同日本的关系

日本为卡塔尔经贸特大户。长期以来，日本对卡塔尔的经济影响较大。20 世纪 30 年代，因日本人工养珠业

兴起，其廉价出口珍珠对卡塔尔当时的支柱产业天然采珠业形成极大的冲击，使卡塔尔经济进入长时间的困难期，直至石油开发成功才有改观。卡塔尔石油与天然气的开发，迅速吸引了日本经贸界的兴趣。日本公司在卡塔尔天然气和石化工业等领域有着较为广泛的投资项目，其中在卡塔尔天然气公司占有15%的股份；在拉斯拉凡液化天然气公司一厂第二条生产线项目中有7%的股份。

　　日本对卡塔尔的贸易长期占卡塔尔对外进出口贸易之首，尤其是在卡塔尔对外出口中迄今未被逾越过。例如，2003年日本对卡塔尔贸易总额达242.7亿里亚尔（约合66.6亿美元），居卡塔尔对外贸易之首；其中，日本从卡塔尔进口金额达224亿里亚尔（约合61.5亿美元），占卡塔尔对外出口总额的46%，位居第一；日本对卡塔尔出口金额为18.66亿里亚尔（约合5.13亿美元），占卡塔尔从外国进口总额的10.5%，居第二位，仅次于美国。近年来，日本在卡塔尔出口中所占份额，平均为44%，位居第一；在卡塔尔进口中所占份额，平均为10%，不下前5名之列。

二　同韩国的关系

　　韩国在卡塔尔市场地位亦较可观。韩国对石油、天然气等能源的需求，使之较为看重卡塔尔市场，其对卡塔尔进出口贸易额在亚洲国家中仅次于日本。2003年韩国对卡塔尔进出口总额达99亿里亚尔（约合27.2亿美元），其中从卡塔尔进口总额90.18亿里亚尔（约合24.77亿美元），占卡塔尔出口总额的18.78%，居第二位；对卡塔尔出口总额8.83亿里亚尔（约合2.43亿美元）占卡塔尔进口总额的5%，居第八位。韩国公司在卡塔尔液化天然气开发项目中有些投资；参与部分建设工程；承建部分液化天然气运输船。

三 同其他亚洲国家的关系

1. 同印度、巴基斯坦的关系

印 度与巴基斯坦人侨居卡塔尔较多，并已逐渐融入卡塔尔社会。印度和巴基斯坦在卡塔尔的侨民，各占卡塔尔外籍人口的 18%，两者相加占卡塔尔总人口的 27%，比卡塔尔本地人（约占卡塔尔总人口的 25%）还多，在卡塔尔外国侨民中名列前茅。在卡塔尔大街小巷，尤其是中小商店里，印、巴侨民比比皆是。他们长期在卡塔尔生活、就业，融入卡塔尔社会较多，形成卡塔尔不可或缺的劳动力来源，为卡塔尔经济与社会发展作出了较大的贡献。其中，印度与卡塔尔经贸关系较为密切。2003 年，印度对卡塔尔进出口贸易总额达 11 亿里亚尔（约合 3 亿美元），其中从卡塔尔进口额 5.4 亿里亚尔（约合 1.47 亿美元），对卡塔尔出口额 5.6 亿里亚尔（约合 1.53 亿美元），在卡塔尔对外进出口贸易中均居第十位；近年来，印度还开始在卡塔尔石油开发方面进行投资尝试。

2. 同新加坡、泰国、菲律宾的关系

新加坡、泰国等国在卡塔尔出口市场中地位也很重要。新加坡、泰国等国对卡塔尔能源需求较大，因此，在卡塔尔出口市场中排位也较靠前。2003 年，新加坡从卡塔尔进口额达 46.28 亿里亚尔（约合 12.7 亿美元），泰国从卡塔尔进口额为 14.52 亿里亚尔（约合 3.98 亿美元），菲律宾从卡塔尔进口额为 5.77 亿里亚尔（约合 1.58 亿美元），分别占据卡塔尔对外出口排序的第三、第四和第九位。

3. 同以色列及巴勒斯坦的关系

长期以来，卡塔尔一直旗帜鲜明地支持巴勒斯坦人民争取合法权益的正义斗争；反对以色列侵占阿拉伯领土，对以色列进行抵制；主张以联合国安理会第 242 和 338 号决议为基础和平解决

阿以争端。

1994年，以色列同巴勒斯坦和平谈判取得初步进展后，卡塔尔对以色列态度有所变化。1994年11月初，以色列外交部副部长尤西·贝林正式访问多哈，不久即在多哈设立一个贸易办事处。1995年，以色列同卡塔尔签订了从卡塔尔进口液化天然气的意向性备忘录。1996年4月，当时的以色列总理佩雷斯正式访问卡塔尔，两国签订双边贸易合作协议。随着以色列国内大选导致以内塔尼亚胡为代表的利库德右翼势力上台，阿以和平进程受阻，卡塔尔同以色列关系在1996年后期走向逆转，卡塔尔宣布向以色列出口天然气的交易取决于阿以和平进程的进展。1997年3月，卡塔尔冻结了同以色列的关系。1999年6月，卡塔尔接待巴勒斯坦伊斯兰抵抗运动——哈马斯原精神领袖艾哈迈德·亚辛的访问，遭到以色列谴责。同年11月，卡塔尔还接待了几名被约旦政府驱逐的哈马斯领导人。1999年8月，在阿以和平进程恢复后，卡塔尔埃米尔曾出访巴勒斯坦自治区，以示支持巴方同以色列和谈。2000年7月，以色列总理巴拉克与巴勒斯坦民族权力机构主席阿拉法特在美国戴维营和谈失败，两个多月后，以巴流血冲突再起。卡塔尔继阿曼、摩洛哥和突尼斯之后，也关闭了以色列驻多哈的贸易代表办事处。后来，卡塔尔与以色列外交关系一度又有所松动，以色列驻卡塔尔贸易代表办事处恢复活动。

近年来，卡塔尔对以巴争端和巴勒斯坦内部问题的关注较前增加。2006年9月邀请巴民族权力机构主席阿巴斯访问卡塔尔，讨论结束巴内部矛盾事宜。卡塔尔多次邀请以色列和巴勒斯坦领导人或高官出席在多哈举办的不同形式的国际性和平与发展论坛会议。其中，2006年10月卡塔尔举办第六届国际民主大会，时任以色列外长利夫尼因巴勒斯坦哈马斯派团参加而婉拒出席。同年12月，时任巴总理、哈马斯的领导人哈尼耶应邀访卡，卡塔尔埃米尔宣布为巴勒斯坦学校教职员工约 4 万人发放薪水。2007 年 4 月，卡塔尔邀请 6 名加沙地带的哈马斯官员访卡，遭以色列当局的阻挠而未能成行。2007 年 11 月，卡塔尔派团出席在美国安纳利斯举办的以、巴和平国际会议。2009 年 1 月，因以色列对加沙地带进行大规模军事行动，卡塔尔在多哈举办地区部分国家首脑会议，谴责以军暴行，带头为加沙地带战后重建捐款 2.5 亿美元，并再度驱逐以色列驻多哈贸易办事处代表。

第七节 同周边及兄弟国家的关系

一 同沙特阿拉伯的关系

1. 双方关系基础较好

卡塔尔统治家族阿勒萨尼家族源自沙特阿拉伯内地，属沙特境内耶卜林绿洲的塔米姆家族的分支，18 世纪初才迁往卡塔尔。阿勒萨尼家族同沙特阿拉伯统治家族有通婚关系，形成了一定的血缘上的联系。两个家族都信奉伊斯兰教瓦哈布派，相互间易于沟通。19 世纪末，沙特阿拉伯内战期间，卡塔尔同情并支持现今的沙特统治家族，还曾接待过其开国元首阿卜杜勒·阿齐兹到卡塔尔暂住。1971 年卡塔尔独立后，与沙特阿拉伯关系一度较密切，1981 年两国一起参加海湾合作委员会组织，1982 年两国签订双边安全合作协议。此后，卡塔尔同沙特阿拉伯既有海湾合作委员会范围内的频繁交往，也不乏双边高层往来。

2. 历史遗留的边界问题及其解决

卡塔尔未独立前，英国统治当局与沙特阿拉伯于 1965 年签订了卡塔尔—沙特阿拉伯边界协定，使卡塔尔失去对卡塔尔半岛南端乌达德湾的主权。卡塔尔独立后，遂同沙特阿拉伯就乌达德

湾遗留问题进行谈判，两国还与相互接壤的阿拉伯联合酋长国的阿布扎比进行谈判。1974年三国通过领土调整与补偿的方式解决了争议，从此卡塔尔同阿布扎比的领土不再相连，乌达德湖南岸为卡塔尔与沙特阿拉伯的分界线。然而，卡塔尔与沙特阿拉伯后来都宣称对边界胡福斯一带沙漠地区拥有主权，且久拖不决。1992年9月，卡塔尔指控沙特阿拉伯军队袭击卡塔尔在胡福斯的边界哨卡，造成卡塔尔士兵2人死亡、1人被俘。沙特阿拉伯否认此事，卡塔尔声称要取消1965年所签订的两国边界协定，并从科威特撤回卡塔尔常驻海湾合作委员会的"半岛之盾"部队的200人分队，两国关系一度紧张。卡塔尔还抵制了海湾合作委员会同年11月分别在科威特、阿拉伯联合酋长国召开的部长级会议。同年12月，在埃及总统穆巴拉克调解下，卡塔尔埃米尔哈利法与沙特阿拉伯国王法赫德签署了《解决卡塔尔—沙特阿拉伯边界分歧协定》，组建两国边界划分委员会。1999年6月，卡塔尔与沙特两国官员在利雅得签署了两国陆、海边界划分的最终版图，实际的划界工作到2001年3月才真正完成，自此两国关系恢复正常。

3. 两国关系出现的问题及发展

卡塔尔与沙特阿拉伯两国边界问题的解决并未使双边关系升温。其主要问题，一是2002年沙特阿拉伯不满卡塔尔没有约束其境内"半岛之声"电视台伤害沙特王国创始人等有关报道，愤然撤回其驻卡塔尔大使，两国关系跌入低谷；二是沙特阿拉伯不让美国使用其境内军事基地发动对伊拉克战争，而卡塔尔接受美军有关单位由沙特迁至其境内，引发沙特阿拉伯对卡塔尔乘沙美关系有所冷淡之时同美国关系升温感到不快；三是沙特阿拉伯对卡塔尔响应美国"大中东民主计划"而采取的一些民主改革措施持有异议。沙特阿拉伯曾以中断卡塔尔经沙特海域向科威特铺设天然气管道项目，作为不满的表示。随后发生的美国对伊朗核问题的对抗性矛盾，直接影响卡塔尔与沙特阿拉伯的安全利益，促使两国重萌和好的愿望。2007 年 9 月，卡塔尔埃米尔赴利雅得进行和解之旅，半岛电视台董事长随行。事后，沙特阿拉伯派回其驻卡塔尔大使，半岛电视台不再报道沙特阿拉伯的负面消息。

目前，卡塔尔同沙特阿拉伯总体以阿拉伯兄弟关系相处，但也存在一些有待解决的问题。例如，卡塔尔取消其境内双重国籍的穆拉部落部分成员的卡塔尔国籍，并将他们中的一些人驱逐到沙特阿拉伯，有关矛盾尚待妥善处理。

二　同巴林的关系

1. 同巴林的历史恩怨

18 世纪 60 年代，贝尼·乌图布部落的分支哈利法家族在现今卡塔尔西北部与巴林隔海相望的祖巴拉地区定居，以贸易与采集珍珠谋生，并逐步获得卡塔尔全境的统治权。18 世纪后期，哈利法家族与当时统治巴林的波斯当局之间因贸易和海上采珠引起的分歧而冲突不已，最后以武力攻占巴林，成为巴林统治者并延续至今。哈利法家族先在祖巴拉实施对巴林的统治，后来又逐步向更为称心如意的巴林迁移。然而，哈利法家族获得巴林后，并不放弃对卡塔尔的统治，同卡塔尔半岛上的其他部落、家族的纷争此伏彼起。1868 年，英国出面干涉哈利法的巴林军队同卡塔尔部落之间的冲突，承认卡塔尔现今统治家族阿勒萨尼家族的祖先穆罕默德·本·阿勒萨尼为卡塔尔的代表和统治者。尽管穆罕默德当时还在表面上代表哈利法家族统治，但哈利法家族实际上已失去卡塔尔半岛东部为主的大部分地区。1872 年，穆罕默德领导的阿勒萨尼家族彻底摆脱哈利法家族的统治，完全自立为王。1916 年，卡塔尔与英国签订接受英国保护条约，英国保护卡塔尔不受海上入侵与陆上攻击。该条约使巴林哈利法统治家族不能对卡塔尔采取军事行动，但没有明确划定巴林与卡塔尔的边界。1935 年英国再度强化对卡塔尔的保护条约，卡塔尔于 1937 年从哈利法家族手中夺回祖巴拉地区，完成卡塔尔半岛的领土统一。但是，巴林一直实际控制着卡塔尔西部海域中的哈瓦尔（骆驼仔 Hawar）群岛，而且不放弃对卡塔尔半岛祖巴拉的主权要求，与卡塔尔始终存在领土主权争议。两国独立后，有关领土争议仍未能解决。1967 年，巴林统治者访问卡塔尔时，卡塔尔对巴林管辖下的法什特迪贝尔（Fasht ad Dibal）岛提出领土要求，遭到巴林拒绝。1982 年卡塔尔与巴林双方因在哈瓦尔群岛地区勘探石油而发生争执。

2. 两国争端的爆发、演变和解决

1986 年 4 月，由于巴林政府让一家荷兰石油公司在法什特迪贝尔珊瑚礁上建海岸警卫站，卡塔尔予以干涉，出兵抓捕该站营建工作的 29 名外籍工人。经沙特阿拉伯出面调解，卡塔尔从该地撤军并释放所带走的工人，巴林同意拆毁有关警卫站设施。1990 年 12 月 10 日，卡塔尔在多哈召开的第 11 届海湾合作委员会首脑会议上，提出最终解决卡塔尔与巴林岛屿争端的要求，有关各方达成协议，将此争端交海牙国际法庭裁决。1991 年 7 月，卡塔尔向海牙国际法庭提出诉讼，对哈瓦尔群岛提出主权要求。1992 年 4 月，卡塔尔宣布"卡塔尔领海为 12 海里"，将其海上边界推至巴林声称拥有的领海，巴林随即予以拒绝并宣称对祖巴拉地区拥有主权。1994 年 2 月，海牙国际法庭就卡塔尔与巴林间的争端举行听证会，5 个月后决定邀卡塔尔与巴林两国在同年 11 月底派代表到庭申辩，结果因巴林代表缺席而未能举行。1995 年 2 月，海牙国际法庭决定受理卡塔尔与巴林领土纠纷案并划定两国边界，遭巴林拒绝。同年 9 月，巴林政府决定在有争议的哈瓦尔群岛新建一个旅游设施，同卡塔尔关系进一步恶化。同年 12 月，卡塔尔前任埃米尔哈利法访巴林并声称他若能复位，将放弃对哈瓦尔群岛的主权要求，卡塔尔立即以电视采访巴林在卡塔尔的流亡分子并刊登巴林侵犯人权的文章予以报复。1996年年中，巴林提议由沙特阿拉伯调解并召开卡塔尔与巴林峰会以解决边界争端，但年底巴林政府宣布拘捕两名卡塔尔间谍事件又冲淡了调解的气氛，巴林还抵制了在多哈召开的海湾合作委员会年度首脑会议。在海湾合作委员会国家调解下，卡塔尔与巴林关系在 1997 年开始松动和改善，两国宣布互设使馆，但并未派出大使。1999 年 3 月，巴林原埃米尔伊萨逝世，同年年底卡塔尔与巴林两国关系进一步改善，双方同意互派大使，发展双边经济与金融合作，并组建混合委员会来解决分歧。2001 年 3 月，海牙国际法庭宣布对卡塔尔与巴林领土争议的裁决，尽管被认为更有利于巴林，但还是被两国接受。该裁决将哈瓦尔群岛归属巴林，法什特迪贝尔的珊瑚礁岛归属卡塔尔，并肯定卡塔尔合法拥有祖巴拉地区，且给予卡塔尔在哈瓦尔群岛与巴林本土之间海域自由航行的权利。这一新的海域边界划定，保证了卡塔尔北部天然气大气田储藏的安全，巴林亦在其水域发现碳氢化合物储藏，双方均感到满意。

3. 双边关系的友好发展

2001 年，卡塔尔同巴林的领土分歧妥善解决后，两国关系迅速改善。两国建立了以两国王储为主席的最高混合委员会，以加强双边合作。两国政府签署了联合兴建连接两国、长达 40 公里的海上长桥"友谊大桥"的备忘录，还签署了石油与天然气领域合作的协议。2004 年年初，两国均批准了兴建海上长桥项目的计划，估计耗资 20 亿美元。2006 年 6 月，两国外交大臣代表两国政府签署了兴建海上长桥的协议，同时签署了一系列有关航空服务、外交领事代表等双边协议。海上长桥项目新的估计预算达 30 亿美元，约需 4 年方能完工。此外，近年两国的经贸合作也有了进一步发展。

三 同伊拉克的关系

塔尔在 1980～1988 年进行的两伊战争期间，同海湾合作委员会成员国一起对伊拉克表示同情，并提供了物质与道义上的援助。1990 年，伊拉克侵占科威特时，卡塔尔站到伊拉克萨达姆政权的对立面，允许美国为首的多国部队进驻其领土，以迫使伊拉克从科威特撤军，并于 1991 年 2 月派出部队参加了解放科威特的军事行动。这次海湾战争结束后，卡塔尔出于对遭受国际制裁而生活困难的伊拉克人民的同情，曾于 1993 年同伊拉克进行试探性接触。1995 年 3 月，伊拉克时任外交部长萨哈夫同卡塔尔外交大臣哈马德·本·贾西姆会晤，卡塔尔明确支持结束联合国对伊拉克的制裁。卡塔尔还向伊拉克提供了人道主义援助。1998 年，卡塔尔外交大臣访问巴格达，呈送埃米尔哈马德给萨达姆的信件。2003 年伊拉克战争爆发前，卡塔尔支持阿拉伯联合酋长国的倡议，呼吁萨达姆下台出走以避免美国对伊拉克开战，结果未成功。伊拉克新政权成立后，卡塔尔主张联合国在伊拉克重建中发挥作用；2003 年卡塔尔向伊拉克赠款 1500 万美元，作为伊拉克高等教育基金；卡塔尔还宣布减免伊拉克欠卡塔尔债务的大部分。

四 同伊朗的关系

朗是卡塔尔近邻，又是海湾地区大国，对卡塔尔有着举足轻重的影响。卡塔尔有伊朗籍侨民 6.5 万多人，占卡塔尔总人口的 8%。卡塔尔在处理对外关系中较为重视同伊朗的关系。

卡塔尔出于对伊朗伊斯兰革命输出的担心，在两伊战争期间，支持伊拉克。伊拉克入侵科威特引发海湾战争后，卡塔尔同伊朗关系迅速改善。1992 年 5 月，两国签订 6 个合作协议，涉及海关、

空运与信息交换等不同领域。1993 年 7 月，当时的卡塔尔副埃米
尔哈马德出访德黑兰；同年 10 月，双方又签署协议，建立促进石
油和天然气领域合作的混合委员会。1994 年 1 月，卡塔尔同伊朗
会谈讨论安全合作事宜，起草了制止在海湾地区贩毒的计划。

卡塔尔虽然同美国签有双边联合防御协定，需要美国的安全
保护，但在外交上依然奉行独立自主的方针政策，其对伊朗关系
表现最为明显，力主通过外交和平方式解决美国与伊朗的矛盾。
1997 年 6 月和 1998 年 3 月，卡塔尔埃米尔哈马德与外交大臣先
后访美时，均敦促美国结束对伊朗的孤立政策。1999 年 5 月，
卡塔尔邀请伊朗时任总统哈塔米访问卡塔尔。2006 年 6 月，联
合国安理会通过针对伊朗的第 1696 号决议，明确伊朗如拒绝中
止其生产铀浓缩计划，将面临国际制裁。该决议在付诸表决时，
作为安理会非常任理事国的卡塔尔，投了唯一的反对票。2006
年 7 月，卡塔尔外交大臣访问伊朗；同年 12 月，伊朗总统艾哈
迈德·内贾德访问卡塔尔并出席第 15 届亚运会。2007 年 12 月，
卡塔尔邀请伊朗总统内贾德出席在多哈召开的海湾国家合作委员
会成员国年度性大会。2008 年，卡塔尔两次举办大型和特大型
国际和平与发展论坛会议，伊朗均在被邀之列；同年 8 月，卡塔
尔埃米尔哈马德访问了伊朗。2009 年 1 月 16 日卡塔尔为制止以
色列在加沙地带采取的军事行动，举办了中东地区部分国家首脑
会议，伊朗总统应邀出席。

尽管如此，卡塔尔同伊朗关系并非一帆风顺。2004 年 6 月，
卡塔尔向一艘在其海域捕鱼的伊朗船只开火，打死一名水手并扣
留了渔船，曾引起两国间的一些争议。

五 同苏丹的关系

卡塔尔和苏丹同属阿拉伯联盟的兄弟国家。两国虽在地
理上分居西亚和北非，相距遥远，但双方共同关心的

利益使两国联系在一起。

2008 年 9 月，卡塔尔首相兼外交大臣哈马德·本·贾西姆接任阿拉伯联盟苏丹达尔富尔问题委员会主席，使卡塔尔介入复杂而棘手的苏丹问题。既要为苏丹政府与达尔富尔反对派谈判牵线搭桥并做东，又要同国际各有关方面进行协调。此外，还要就妥善解决国际刑事法庭对苏丹总统巴希尔的定罪指控问题进行努力。2009 年 2 月，卡塔尔已做东组织了苏丹政府同达尔富尔最大、最活跃的反派组织——正义与平等运动之间的会谈，有关双方达成交换俘虏和商讨终结达尔富尔战争途径的协议。但是，这一协议对整个达尔富尔局势的影响尚不明显。达尔富尔问题的复杂性及西方过分的干预，决定了卡塔尔介入苏丹问题的长期性。

卡塔尔同苏丹关系还体现在双边农业合作方面。卡塔尔虽富有石油美元，但对进口粮食依赖较大，对付世界粮食危机和粮价飙升能力差。苏丹为阿拉伯国家的大粮仓，富有尼罗河水源和沃土，农业待开发余地较大，但缺乏资金。两国在农业上开展合作的互补性强。有鉴于此，卡塔尔同苏丹达成协议，建立共同控股公司，致力于开发苏丹的农业。有关工作组已为此选择了农场地点，计划生产小麦、玉米、油菜等农作物；养殖家禽，喂养牲口并生产奶制品。卡塔尔将其同苏丹的农业合作视为保护卡塔尔食品生命线的战略举措。

卡塔尔新闻文化部编《卡塔尔年鉴 1992～1993》，1994 年 2 月英文版。

卡塔尔新闻文化部编《卡塔尔年鉴 1994～1995》，1996 年 6 月英文版。

卡塔尔外交部编《卡塔尔面面观》，2000 年 3 月阿拉伯文版。

卡塔尔外交部编《卡塔尔面面观》，2001 年 9 月阿拉伯文版。

《军事力量对比 2005/2006》、《军事力量对比 2006/2007》、《军事力量对比 2008》，伦敦战略研究所，英文版。

《中东与北非年鉴》，伦敦，2006、2008 年英文版。

特拉维夫大学雅法战略研究中心编《中东军事力量对比 2000～2001》，英国贝尔福科学与国防事务中心出版，2001 年英文版。

《卡塔尔》，英国 STANCEY INTERNATIONAL，2000 年英文版。

贾玛勒·伊斯梅尔著《我与本·拉登及半岛电视台》，黎巴嫩自由出版社，2001 年阿拉伯文版。

卡塔尔

经济学家情报部编《卡塔尔国别报告》，《经济学家》2006、2008 年英文版年刊及 2008 年 10 月英文版季刊。

卡塔尔外交部编《卡塔尔旅游手册》，2005 年 11 月英文版。

高登·罗比逊和鲍尔·格林维合著《巴林、科威特与卡塔尔》（旅游手册），英文版。

《世界石油与天然气蕴藏及生产量统计》，美国《石油与天然气》杂志，2005 年 12 月刊、2008 年 12 月刊。

卡塔尔外交部与 MARHABA 杂志合作编写《卡塔尔基本情况索引》，2005 年秋季英文版。

《卡塔尔概况》，卡塔尔外交部网站，2006 年英文版。

赵国忠主编《简明西亚北非百科全书·中东》，中国社会科学出版社，2000。

〔伊拉克〕马哈茂德·西奈著《卡塔尔通史》，北京第二外国语学院阿拉伯语教研室译，北京人民出版社，1974。

李光斌主笔《卡塔尔国》，载高放主编《万国博览·亚洲卷》，新华出版社，1998。

《卡塔尔国家概况》，中国外交部网站，2006 年 8 月中文版。

新华社编《各国（地区）概况·卡塔尔》，2003/2004、2008 年中文版。

《世界知识年鉴 2007/2008》，世界知识出版社，2008。

《LOKWE》卡塔尔—中国建交 20 周年特刊，2008 年 12 月中、英文版。

卡塔尔奥林匹克委员会编《卡塔尔在北京》，2008 年 8 月 24 日阿拉伯文、英文版。

中国外交部编《中国外交》（2002~2008 年）。

卡塔尔经济与商务部投资促进处编《关于卡塔尔》，2008 年中文版。

《列国志》已出书书目

2003 年度

《法国》，吴国庆编著

《荷兰》，张健雄编著

《印度》，孙士海、葛维钧主编

《突尼斯》，杨鲁萍、林庆春编著

《英国》，王振华编著

《阿拉伯联合酋长国》，黄振编著

《澳大利亚》，沈永兴、张秋生、高国荣编著

《波罗的海三国》，李兴汉编著

《古巴》，徐世澄编著

《乌克兰》，马贵友主编

《国际刑警组织》，卢国学编著

2004 年度

《摩尔多瓦》，顾志红编著

《哈萨克斯坦》，赵常庆编著

《科特迪瓦》，张林初、于平安、王瑞华编著

《新加坡》，鲁虎编著

《尼泊尔》，王宏纬主编

《斯里兰卡》，王兰编著

《乌兹别克斯坦》，孙壮志、苏畅、吴宏伟编著

《哥伦比亚》，徐宝华编著

《肯尼亚》，高晋元编著

《智利》，王晓燕编著

《科威特》，王景祺编著

《巴西》，吕银春、周俊南编著

《贝宁》，张宏明编著

《美国》，杨会军编著

《国际货币基金组织》，王德迅、张金杰编著

《世界银行集团》，何曼青、马仁真编著

《阿尔巴尼亚》，马细谱、郑恩波编著

《马尔代夫》，朱在明主编

《老挝》，马树洪、方芸编著

《比利时》，马胜利编著

《不丹》，朱在明、唐明超、宋旭如编著

《刚果民主共和国》，李智彪编著

《巴基斯坦》，杨翠柏、刘成琼编著

《土库曼斯坦》，施玉宇编著

《捷克》，陈广嗣、姜琍编著

2005 年度

《泰国》, 田禾、周方冶编著

《波兰》, 高德平编著

《加拿大》, 刘军编著

《刚果》, 张象、车效梅编著

《越南》, 徐绍丽、利国、张训常编著

《吉尔吉斯斯坦》, 刘庚岑、徐小云编著

《文莱》, 刘新生、潘正秀编著

《阿塞拜疆》, 孙壮志、赵会荣、包毅、靳芳编著

《日本》, 孙叔林、韩铁英主编

《几内亚》, 吴清和编著

《白俄罗斯》, 李允华、农雪梅编著

《俄罗斯》, 潘德礼主编

《独联体 (1991~2002)》, 郑羽主编

《加蓬》, 安春英编著

《格鲁吉亚》, 苏畅主编

《玻利维亚》, 曾昭耀编著

《巴拉圭》, 杨建民编著

《乌拉圭》, 贺双荣编著

《柬埔寨》, 李晨阳、瞿健文、卢光盛、韦德星编著

《委内瑞拉》, 焦震衡编著

《卢森堡》, 彭姝祎编著

《阿根廷》, 宋晓平编著

《伊朗》，张铁伟编著

《缅甸》，贺圣达、李晨阳编著

《亚美尼亚》，施玉宇、高歌、王鸣野编著

《韩国》，董向荣编著

2006 年度

《联合国》，李东燕编著

《塞尔维亚和黑山》，章永勇编著

《埃及》，杨灏城、许林根编著

《利比里亚》，李文刚编著

《罗马尼亚》，李秀环编著

《瑞士》，任丁秋、杨解朴等编著

《印度尼西亚》，王受业、梁敏和、刘新生编著

《葡萄牙》，李靖堃编著

《埃塞俄比亚　厄立特里亚》，钟伟云编著

《阿尔及利亚》，赵慧杰编著

《新西兰》，王章辉编著

《保加利亚》，张颖编著

《塔吉克斯坦》，刘启芸编著

《莱索托　斯威士兰》，陈晓红编著

《斯洛文尼亚》，汪丽敏编著

《欧洲联盟》，张健雄编著

《丹麦》，王鹤编著

《索马里 吉布提》，顾章义、付吉军、周海泓编著

《尼日尔》，彭坤元编著

《马里》，张忠祥编著

《斯洛伐克》，姜琍编著

《马拉维》，夏新华、顾荣新编著

《约旦》，唐志超编著

《安哥拉》，刘海方编著

《匈牙利》，李丹琳编著

《秘鲁》，白凤森编著

2007 年度

《利比亚》，潘蓓英编著

《博茨瓦纳》，徐人龙编著

《塞内加尔 冈比亚》，张象、贾锡萍、邢富华编著

《瑞典》，梁光严编著

《冰岛》，刘立群编著

《德国》，顾俊礼编著

《阿富汗》，王凤编著

《菲律宾》，马燕冰、黄莺编著

《赤道几内亚 几内亚比绍 圣多美和普林西比 佛得
　　角》，李广一主编

《黎巴嫩》，徐心辉编著

《爱尔兰》，王振华、陈志瑞、李靖堃编著

《伊拉克》，刘月琴编著

《克罗地亚》，左娅编著

《西班牙》，张敏编著

《圭亚那》，吴德明编著

《厄瓜多尔》，张颖、宋晓平编著

《挪威》，田德文编著

《蒙古》，郝时远、杜世伟编著

2008 年度

《希腊》，宋晓敏编著

《芬兰》，王平贞、赵俊杰编著

《摩洛哥》，肖克编著

《毛里塔尼亚 西撒哈拉》，李广一主编

《苏里南》，吴德明编著

《苏丹》，刘鸿武、姜恒昆编著

《马耳他》，蔡雅洁编著

《坦桑尼亚》，裴善勤编著

《奥地利》，孙莹炜编著

《叙利亚》，高光福、马学清编著

2009 年度

《中非 乍得》，汪勤梅编著

《尼加拉瓜 巴拿马》，汤小棣、张凡编著

《海地 多米尼加》，赵重阳、范蕾编著

图书在版编目（CIP）数据

卡塔尔/孙培德，史菊琴编著. —北京：社会科学文献出版社，
2009.9
（列国志）
ISBN 978 - 7 - 5097 - 0938 - 2

Ⅰ．卡… Ⅱ．①孙…②史… Ⅲ．卡塔尔 – 概况 Ⅳ．K938.5

中国版本图书馆 CIP 数据核字（2009）第 124318 号

卡塔尔（Qatar）

·列国志·

编 著 者 / 孙培德　史菊琴
审 定 人 / 安维华　许林根　赵国忠

出 版 人 / 谢寿光
总 编 辑 / 邹东涛
出 版 者 / 社会科学文献出版社
地　　址 / 北京市西城区北三环中路甲 29 号院 3 号楼华龙大厦
邮政编码 / 100029　网址 / http：//www. ssap. com. cn
网站支持 / (010) 59367077
责任部门 / 《列国志》工作室　　(010) 59367215
电子信箱 / bianjibu@ ssap. cn
项目经理 / 宋月华
责任编辑 / 孙以年
责任校对 / 韩海超
责任印制 / 岳　阳　郭　妍　吴　波

总 经 销 / 社会科学文献出版社发行部
　　　　　　(010) 59367080　59367097
经　　销 / 各地书店
读者服务 / 读者服务中心 (010) 59367028
排　　版 / 北京中文天地文化艺术有限公司
印　　刷 / 三河市尚艺印装有限公司

开　　本 / 880mm×1230mm　1/32
印　　张 / 9　插图印张 / 0.25
字　　数 / 227 千字
版　　次 / 2009 年 9 月第 1 版　2009 年 9 月第 1 次印刷

书　　号 / ISBN 978 - 7 - 5097 - 0938 - 2
定　　价 / 35.00 元

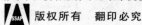

《列国志》主要编辑出版发行人

出　版　人　谢寿光

总　编　辑　邹东涛

项目负责人　杨　群

发　行　人　王　菲

编辑主任　宋月华

编　　　辑　（按姓名笔画排序）

孙以年　朱希淦　宋月华

宋培军　周志宽　范　迎

范明礼　袁卫华　徐思彦

黄　丹　魏小薇

封面设计　孙元明

内文设计　熠　菲

责任印制　岳　阳　郭　妍　吴　波

编　　　务　杨春花

责任部门　人文科学图书事业部

电　　　话　（010）59367215

网　　　址　ssdphzh_cn@sohu.com